柏话易经

柏峻峭 著

陕西新华出版传媒集团
三秦出版社

图书在版编目(CIP)数据

柏话易经/柏峻峭著.—西安:三秦出版社,
2020.4
ISBN 978 - 7 - 5518 - 2107 - 0

Ⅰ.①柏…　Ⅱ.①柏…　Ⅲ.①《周易》-研究
Ⅳ.①B221.5

中国版本图书馆 CIP 数据核字(2019)第 274368 号

柏话易经

柏峻峭　著

出版发行	陕西新华出版传媒集团　三秦出版社
社　　址	西安市雁塔区曲江新区登高路 1388 号
电　　话	(029)81205236
邮政编码	710061
印　　刷	三河市嵩川印刷有限公司
开　　本	787mm×1092mm　1/16
印　　张	18.5
字　　数	279 千字
版　　次	2020 年 4 月第 1 版
	2021 年 7 月第 2 次印刷
标准书号	ISBN 978 - 7 - 5518 - 2107 - 0
定　　价	95.00 元

网　　址:http://www.sqcbs.cn

序　言

自古以来,人类一直在孜孜不倦地探索宇宙的奥秘,从伏羲仰观天文、俯察地理、始作八卦,到文王拘羑里而演《周易》,再到孔子作《十翼》。《易经》汇集了古代圣贤哲人的智慧,其内容涉及哲学、政治、生活、文学、艺术、科学等诸多领域,是群经之首,万经之源,也是中华文化之根。同时它对历代的政治、经济、文化等诸多方面都产生了巨大而又深远的影响,周公制礼,无为而治,中庸之道,百家争鸣,《孙子兵法》等无不与《易经》有着千丝万缕的联系。

如今人们提起《易经》,要么认为它是神秘卜筮之学,并把它和封建迷信等同起来;要么因为它的卦爻辞艰涩难懂,就把它束之高阁,敬若神明。在当今社会《易经》如何才能发挥它应有的作用? 这就需要把《易经》解读得通俗易懂,让更多的人能了解它的智慧,这也是我写这本书的初衷。

本书参考了古代先哲们的典籍,比如王弼注《周易注》、孔颖达疏《周易正义》、朱熹注《周易本义》、陆宗舆著《易经证释》、李光地纂修《御纂周易折中》、《说文解字》以及大量的史料,集百家之长,取其精华去其糟粕,并结合了现代的学术观点,有利于人们重新认识《易经》大道,把《易经》的智慧应用到现实生活中,并赋予它时代的意义。

《柏话易经》以六十四卦为主线,把《序卦传》《彖辞》《象辞》《爻辞》《文言》以及《系辞》的部分内容纳入相关的卦象当中,对六十四卦进行了系统的解读,能够更好地帮助人们理解卦义。譬如,六十四卦的排列顺序就是天地万物的起始、发展、变化的过程:从乾坤开始万物始生,才有屯卦开始"经纶人生",再到蒙卦的"蒙以养正";从需卦的目标追求,必然引起讼卦的"群雄争霸",上升到师卦的"楚河汉界",最终到比卦的"一统江山"。"和平与发展"永远是社会的主题,比卦之后就是小畜,"仓廪实而知礼节",小畜之后就是履卦,也就是礼仪文明,如果人人都能遵守礼乐文明,社会就变得通畅顺达,所以履卦之后就是泰卦。整个六十四卦环环相扣,深刻地阐述了事物发展变化的规律。

《易经》是智慧之海,它的每一卦每一爻每一个字,可以说都是充满智慧的,卦爻辞虽然言辞简短,但寓意深刻,阐述的观点无论是格局、角度都值得我们借鉴。譬如,需卦讲的是"饮食的需求",而爻辞中谈到了"小有言",这是人们对尊重的需求;谈到"致寇至",这是对安全的需求;谈到"需于血",这是公平公正的需求;谈到"需于酒食",这是对精神层面的追求;"不速之客三人行"就是对社交的需求。古人对需求的认知远远超越了马斯洛的需求层次理论,非常令人钦佩。

再譬如小畜卦中古人提出"富以其邻",个人富裕了就要带动周围的邻里共同富裕,进一步兼济天下,让天下人民共同富裕。这是何等的思想境界!我们再看谦卦,谦卦提出"裒多益寡,称物平施",衡量事物的多寡然后公平施予,做到减有余而增不足,"益谦""流谦""福谦""好谦"反映了古人渴求公平正义的意识和追求公平正义的行为。再看节卦,其中提出"节以制度,不伤财,不害民",这就是管理的最高标准,同时也认识到"苦节不可贞",也就是管理不能过于死板。中孚卦提出"孚乃化邦","孚"就是信,诚信是立国之本、立身之道,以诚信来教化国民,走向文明。

古人看到"一阳复生",便感叹"其见天地之心乎?"天地之心就是天地对万物的诚信和爱心。横渠四句:"为天地立心,为生民立命,为往圣继绝学,为万世开太平。"这是中国古代知识分子的至高追求,也是读书做人的终极意义。

《易经》的内容极其丰富,但是要理解《易经》的智慧,还需要掌握相关的基础知识,如阴阳理论,五行理论,八卦理论等等,但关键还要从三方面来理解。

一是"时"。"时"就是天时,天施地生,与时偕行。万事万物随天时的变化而变化,六十四卦就是记录并揭示事物从始到终的变化过程和规律。学习《易经》就是帮助我们理解天地大道,感悟生命的意义。它就像一盏明灯指导我们走出黑暗,走向文明。

二是"位"。"位"也称作地位,万物都有自己的地位,或尊或卑,或当位或不当位,或隐或藏,或升或降。《易经》的爻辞之所以难以理解,主要就是爻辞中所叙述的事件往往没有当事人。因为古汉语的原因,爻辞中隐藏了主语,比如"潜龙勿用",那么谁应该像潜龙一样不要有所作为? 我们就需要寻找事件的当事人。后来发现卦中六个爻,每一个爻对应一个社会阶层的人,这个人就是爻辞中的当事人。其中初爻代表着处于社会最底层的平民。二爻位居下卦的中位,属于地方诸侯之位。三爻位居下卦的上位,"上不在天,下不在田"。不在上面当官,但社会地位、能力比平民要高,属于古代士大夫阶层。四爻位居上卦下位,"上不在天,下不在田,中不在人",虽然居上位,但不是君王,不属于平民,也不属于士大夫,他属于"一人之下万人之上"的相国之位。五爻位居上卦的中位,属于君王之位。六爻位居上卦上位,"贵而无位,高而无民"。属于没落的贵族之位。分清每一个爻所代表的阶层,就找到了事件的当事人,这样才能很好地理解每一句爻辞的含义,这也是本书解读《易经》的重点。比如"潜龙勿用,成德为行"意思就是处于平民之位的人应该像龙一样潜藏,不要想着有所作为。主要原因是有能力,却不一定有德行,潜藏的目的就是要培养德行,德行培养成了,才可以有所作为。

三是万物类象。就是将日常万物按八卦的属性分门别类。如果能深刻地理解万物类象,就能更好地理解八卦的卦意,以及六十四卦每一卦的含义。掌握万物类象是我们《易经》入门的钥匙,后面专门结合《说卦传》整理了万物类象的部分内容,供大家参考学习。

总之,《易经》的智慧博大精深,本书仅仅是研习过程的一点心得,仅供大家参考。在完成这本书的过程中,有很多人默默无私地给予了最大的帮助,在此感谢你们的理解、鼓励和支持!

目　　录

乾（乾下乾上）

乾:元,亨,利,贞。

《彖》曰:"大哉乾元,万物资始,乃统天。云行雨施,品物流形,大明终始,六位时成,时乘六龙以御天。乾道变化,各正性命。保合大和,乃利贞。首出庶物,万国咸宁。"

"大哉乾元,万物资始,乃统天。"万物从乾开始,乾既是构成天地万物最原始的一个元素,又是天地万物的最高领导者,是天地万物运行规律的制定者。

"云行雨施,品物流形"指的是水的变化,水是生化之本。生命的生长离不开水的运化,水的运化又促使生命形成各种各样的形态,而水的运化却受乾道的统治。

"大明终始,六位时成。"大明指的是太阳,代表着火,火也是万物生化之本。"大明终始"指的是太阳周而复始的运转,形成了上下、左右、前后六个方位以及春夏秋冬四季。所以万物的生长也离不开火的运化。

"时乘六龙以御天。"六龙指的是乾卦的六爻,分别是潜龙、见龙、惕龙、跃龙、飞龙、亢龙。水火运化的表现就好像是六龙的变化,而乾正是驾驭六龙的变化,才得以统御天下。

"乾道变化,各正性命。"乾既是万物的组成元素,又是万物生长的统御者,这就是乾道。组成万物的元素是不变的,这就是万物的性。万物生长变化的过程是万物的命,性与命随乾道的变化而变化,万物也因为乾道的变化而形成各自的性与命。孔颖达:"性者,天生之质,若刚柔迟速之别;命者,人所禀受,若贵贱夭寿之属。"性就是性格特征,是精神的生命,命就是肉体的生命。

"保合大和,乃利贞。"保合指的是乾的统天和乾的御天相合,性与命的相合。保合组成万物,万物相和构成宇宙的大和,大和就是太和。"贞"意思

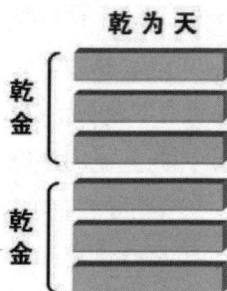

乾为天

乾金

乾金

是纯正的,这里指的是宇宙的真理。也就是说由保合到大和才是宇宙的真理。

"首出庶物,万国咸宁。"乾的功能就是创始、创造。乾为元、为首,乾的作用就是统天、御天。有了乾的领导,万国咸宁。万事万物之所以安宁,是因为各有各的领导。国有国王,家有家长,羊有领头羊,猴有美猴王,老虎为百兽之王。所以,乾代表统治者、领导者、上级、当官的、执法者、富贵者、开车的司机、航行的舵手。反过来,万事万物之所以不安宁,那一定是没有领导或为争夺领导权而斗争。看看世界各地,种族的斗争、宗教的斗争、民族的斗争、党派的斗争等等,无不是为争夺领导权而斗争,甚至于发生战争。

有领导就有被领导,古代把领导者称为天,天就是乾,被领导的大众就是坤,领导国家称作掌握乾坤,更换领导者就叫作变天了,因此可以说,从古到今,人类的历史就是一部乾坤史。

《象》曰:"天行健,君子以自强不息。"

乾卦的卦象是太阳的光气舒展的样子,乾为阳,纯阳之卦,丰盈之象。六爻全阳,阳刚之气最足,两乾叠加更富刚健不弯。天体的运转能尽职尽责,周而复始,永不停息,这是乾的能力、品德和操守,也是一个君子应有的修为。

初九,潜龙勿用。

《象》曰:"潜龙勿用,阳在下也。"

初九,阳居阳位,处于下卦乾的下位,属于平民之位。"潜龙勿用",像潜伏的龙一样不轻举妄动,不要想着有所作为。

"潜龙勿用,阳在下也。"初九本性刚健,但是位卑势弱,适合于韬光养晦。

《文言》:"君子以成德为行,日可见之行也。潜之为言也,隐而未见,行而未成,是以君子弗用也。"

君子应该以树立品德作为自身的行为目标,每天观察自己的品德修行。之所以称为"潜",意义在于隐伏而不显露,原因是品德的修行尚未完成,所以君子不能有所作为。

子曰:"龙,德而隐者也。不易乎世,不成乎名;遁世无闷,不见是而无闷;乐则行之,忧则违之;确乎其不可拔,潜龙也。"

孔子讲:"龙是有大德并能静心修行的君子。操行坚定不为世风所转移,不求树立盛名,隐居避世而不苦闷,不在乎世人是否赏识而没有烦恼。遇到乐意的事就施行它,遇到忧患的事就避开它,志向坚定而不可动摇,这才是潜龙。"

潜龙应该做的是"成德为行",应有的操守是"不易世,不成名,遁世无闷,乐行忧违,确不可拔"。

九二,见龙在田,利见大人。

《象》曰:"见龙在田,德施普也。"

九二,阳居阴位,处于下卦乾的中位,属于诸侯之位。"见龙在田",田:田间,引申为民间。在民间出现了德高望重的龙,他关心民间的疾苦,为民众排忧解难。"利见大人",深得大人的赏识并接见。

"见龙在田,德施普也。"九二有阳刚之气,有中正之德,他开始行走在田间,游历于山川,体验民间的苦乐,把大德爱心广施于人民,向大众普及文明礼仪。

《文言》:"见龙在田,天下文明。""君子学以聚之,问以辨之,宽以居之,仁以行之。"

见龙在田,让天下文明。他把民众聚集在一起来学习道德文明,对民众疑惑的问题进行答疑解惑,使民众能够辨析善恶,教民众以宽厚包容的胸怀相处而达到安居乐业,以仁义慈爱之心相互施行而达到和谐。

这就是见龙在民间应该做的四件事,"学聚,问辩,宽居,仁行"。

子曰:"龙,德而正中者也。庸言之信,庸行之谨,闲邪存其诚,善世而不伐,德博而化。易曰:'见龙在田,利见大人。'君德也。"

孔子说:"龙是有德行而秉性中正的君子。平常言论讲究诚信,平常行为讲究谨慎,面对闲言与邪行能保持诚心,以慈善之心对待世人而不与世人争伐,用自己宽厚广博的品德去感化人民。《易经》所讲的'见龙在田,利见大人'就是君子应有的品德。"

见龙在民间应有的五大品德是"言信,行谨,存诚,善世,德博"。

九三,君子终日乾乾,夕惕若,厉无咎。

《象》曰:"终日乾乾,反复道也。"

九三,阳居阳位,处于下卦乾的上位,属于士大夫精英之位。"君子终日乾乾"，君子每天勤勉不懈，自强不息。"夕惕若，厉无咎"，夜晚休息时仍旧要警惕戒惧，这样虽有危险也能免咎。

"终日乾乾，反复道也"，九三虽然当位，但是不在中位，要想建功立业，就需要每天勤勉不懈，遵循周而复始之道。

《文言》："终日乾乾，行事也。""终日乾乾，与时偕行。""九三重刚而不中，上不在天，下不在田，故乾乾因其时而惕，虽危无咎矣。"

"终日乾乾"，也是君子行事之道，同时要随天时的变化而变化。九三刚健之势更强，但不在中位，还需要继续努力。"上不在天"，虽然处于上位，但还没有居庙堂之高，难以安享尊贵，反受上下刚健之势的挤压，所以危险重重。"下不在田"，九三已经脱离了田间，也就失去了居于田间的那份安宁。如果九三退居田间享受安宁，那他的刚健之势就废了，阳气升发之志向就丧失了；如果九三一味地争强好胜、攀龙附凤，那他就会忘记自己的身份而不知天高地厚，更失去了文明之德，因此九三才要"终日乾乾，夕惕若"。虽然危险，却无大的咎错。

子曰："君子进德修业，忠信，所以进德也。修辞立其诚，所以居业也。知至至之，可与几也。知终终之，可与存义也。是故，居上位而不骄，在下位而不忧。故乾乾，因其时而惕，虽危无咎矣。"

孔子说："君子应当提高自己的道德修养，为社会建功立业。首先要修养自己忠诚守信的品德，其次要在言行上建立诚信，这才是立人之本、安居乐业之本。如果能知道事物发展的极至，当极至到来时就能捕捉一瞬即逝的时机；如果能知道事物发展的最终结果，即使事物达到终点时也要让它的意义永存。所以处于尊贵的地位而不骄傲，处于卑微的地位而不忧愁。所以君子当自强不息，勤奋努力，时时警惕戒惧，虽然处境危险也没有灾害。"

相对于潜龙勿用，惕龙要有所作为，而且是终日乾乾，进德修业。惕龙应有的品德是"忠诚守信，不骄不忧"。

九四，或跃在渊，无咎。

《象》曰："或跃在渊，进无咎也。"

九四，阳居阴位，处于上卦乾的下位，属于贤臣之位。"或跃在渊，无咎"，或许飞跃而上，兴云吐雾；或许进入深渊，纵横四海。一切遵守天命而不妄行就没有灾难。

"或跃在渊,进无咎也。"九四进德修业,杜绝私心,消除妄念,切不可窥探王权,更不要懈怠天命。欺上瞒下是九四的大忌,只要能做到"先天下之忧而忧,后天下之乐而乐","为天地立心,为生民立命,为往圣继绝学,为万世开太平",面对进退能够做到"宠辱不惊,闲看庭前花开花落;去留无意,漫随天外云卷云舒",就不会有咎难。

《文言》:"或跃在渊,乾道乃革。""或跃在渊,自试也。"

试就是用的意思,表示规范性的言行。"乾道变化,各正性命",乾道变化本质是水火的相互作用,火的特点是"跃",水的特点是"渊","或跃在渊"都在于自己去把握、去适应,能够达到水火既济就不会有咎难。

"九四重刚而不中,上不在天,下不在田,中不在人,故或之,或之者,疑之也。故无咎。"

九四刚健之势更盛,但不当位,也不在中位。"上不在天",虽然处于上位,但不占据天位,不是君王之位。"下不在田",处于下位,又不占据地位,不是诸侯之位。"中不在人",处于中间,但不是普通的人位,属于近君大臣之位。所以相对其他人他处于上位,相对君王又处于下位,他的一举一动都容易受别人怀疑。只要九四尽职尽责,做好上情下达、下情上传,就无咎。

子曰:"上下无常,非为邪也。进退无恒,非离群也。君子进德修业,欲及时也,故无咎。"

孔子说:"有时处在上位,有时处在下位,本来就是变化无常的,而不是行为偏斜不正。有时奋进,有时退隐,随时在适应变化,并非是脱离人群。此时君子仍然在培养品德增进学业,与时俱进,所以没有灾难。"

九五,飞龙在天,利见大人。

《象》曰:"飞龙在天,大人造也。"

九五,阳居阳位,处于上卦乾的中位,属于至尊之天位。"飞龙在天,利见大人",九五刚健中正,就像龙遨游于天空,腾云驾雾,呼风唤雨,斩妖除魔,最终使天下大治。九五的文治武功、经国济世必然会得到大人的赏识和肯定。

"飞龙在天,大人造也",九五君王能像飞龙一样遨游于天空,这都是德高望重的大人所培养的结果。

《文言》:"飞龙在天,乃位乎天德。""飞龙在天,上治也。"

九五君王处于尊位,具备天德,能像飞龙一样遨游于天空,这也是君王的管理之道。

"夫大人者,与天地合其德,与日月合其明,与四时合其序,与鬼神合其吉凶。先天而天弗违,后天而奉天时,天且弗违,而况于人乎? 况于鬼神乎?"

《文言》讲:"大人是指品德高尚的人,他与天地的品德相合,他的光辉与日月一样普照万物;他的行为操守与四季一样守信有序;他的感知与鬼神一样通晓吉凶。他先天而行动,但上天不会背弃他,他后天而行动,那是依奉天时行事。上天尚且不背弃他,更何况人呢? 更何况鬼神呢?"

子曰:"同声相应,同气相求;水流湿,火就燥;云从龙,风从虎。圣人作,而万物睹,本乎天者亲上,本乎地者亲下,则各从其类也。"

孔子说:"声息相同就互相应和,气味相投就互相求助。水向低湿的地方流动,火向干燥的地方蔓延。云萦绕着龙,风追随着虎。圣人的所作所为被万物景仰效法。根基在天上的附丽于天空,根基在地上的依附着大地,万物都归属于各自的类别当中。"

九五与九二都"利见大人",因为他们与大人同心同德,只是所处位置不同而已,九五居庙堂之高而心怀天下,与天同德;九二处田间小舍而广施仁德,与地同德。

上九,亢龙有悔。

《象》曰:"亢龙有悔,盈不可久也。"

上九,阳居阴位,处于上卦乾的上位,属于没落的贵族之位。"亢龙有悔",上九依然亢奋而行,必然会势穷力衰,灾祸随之而来,最终悔恨终生。

"亢龙有悔,盈不可久也。"上九阳刚至极,盛极而衰,天道在于"日中则昃,月盈则亏",满盈的状态不可能长久存在。

《文言》:"亢龙有悔,穷之灾也。""亢龙有悔,与时偕极。"

随着时间的推移,当势力达到极致,盛极而衰,势穷而灾来。

"亢之为言也,知进而不知退,知存而不知亡,知得而不知丧,其唯圣人乎! 知进退存亡而不失其正者,其唯圣人乎!"

之所以会"亢",因为他自以为居高位,凭借至阳至刚之势,战无不胜,攻无不克,所向披靡,只知道进而不知道退,只知道存在而不知道灭亡,只知道不断地获得而不知道会丧失，这样做能成为圣人吗？因为只有圣人才会懂得进退存亡，又不偏离正道。

子曰："贵而无位，高而无民，贤人在下位而无辅，是以动而有悔也。"

孔子说："太过尊贵而没有相应的职位，太过高大而失去了民众支持，轻视贤德之人而得不到他们的辅佐，在这样的形势下轻举妄动肯定会失败。"

用九，见群龙无首，吉。

《象》曰："用九，天德不可为首也。"

用：运用。中国古代哲学的一对重要概念就是"体用"，指本体和作用。一般认为，"体"是最根本的、内在的、本质的、形体，"用"是"体"的外在表现、表象以及功能、运用。

用九，指的是以乾卦为主体，六个阳爻该如何的发挥作用。六个阳爻就如六条巨龙，每一条巨龙处于不同的地位而发挥着相应的作用，而且都是非常重要的作用，他们共同构成乾卦，是一个完整的统一体，缺一不可，所以说群龙之中没有哪条龙最重要，没有尊卑贵贱之分，也就是群龙无首，他们全部听命于乾，乾为首。

"用九，天德不可为首也"，天德也是综合六龙所修养的品德，缺一不可。

《文言》："乾元用九，天下治也。""乾元用九，乃见天则。"

乾"时乘六龙以御天"，乾就是通过驾驭六龙而统御天下，天下才得到大治，这就是天则，遵守天则就会吉祥。

坤(坤下坤上)

坤:元亨。利牝马之贞。君子有攸往,先迷,后得,主利。西南得朋,东北丧朋。安贞吉。

《彖》曰:"至哉坤元,万物资生,乃顺承天。坤厚载物,德合无疆。含弘光大,品物咸亨,牝马地类,行地无疆,柔顺利贞。君子攸行,先迷失道,后顺得常。西南得朋,乃与类行。东北丧朋,乃终有庆。安贞之吉,应地无疆。"

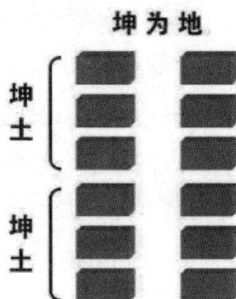

坤为地

坤土

坤土

"至哉坤元,万物资生,乃顺承天。"坤也是构成天地万物的最原始的一个元素,坤的功能就是生养万物。坤为顺,坤的特点是承天、顺天,就是顺承乾的统御,承受大自然的变化,顺应大自然的规律。

"坤厚载物,德合无疆。"坤为地,大地宽厚能承载万物。乾讲的是道,"乾道变化"指的是大自然变化的规律,而坤讲的是德,坤既生养万物,又承载万物,坤的美德达到无限的广阔。

"含弘光大,品物咸亨。"坤无所不包,无所不有,蕴藏美好,自然光大。各种各类的事物都能顺承天道,并亨通顺利地生长。

"牝马地类,行地无疆,柔顺利贞。"牝马就是母马,它具有坤的品德,是坤德的象征。像牝马这类动物能驰骋万里,是因为它们能柔顺真诚地顺从天道。

"君子攸行,先迷失道,后顺得常。"君子的行为处事一开始会迷失,原因是每个君子仅仅学习乾道而不知坤道,一味地自强不息而不知厚德载物。走向社会,与众人相处要懂得用柔而不是用刚,所以迷茫中的君子效仿坤的厚德载物、柔顺包容之后,一切行为就变得有序有常。

"西南得朋,乃与类行。"西南方位在后天八卦中为坤位,坤为众,也就是在众人之中可以找到同样具有坤德的朋友。

"东北丧朋,乃终有庆。"东北方位在后天八卦中为艮位,艮为少,与坤不是一类,所以在很少的人中就很难找到同样具有坤德的朋友,最终值得庆幸的是明白了哪些是同类,哪些是异类。

"安贞之吉,应地无疆。"坤道的柔顺包容能减少争斗,能创造一个和谐平安的环境,让万物真正感受到吉祥。大地就是应和了坤德,所以才能达到万里无疆。

《象》曰:"地势坤,君子以厚德载物。"

"坤"是伸的意思,也有顺的含意。"坤"是地气舒展的形象,如大地的地形地势,无限向外延伸,很难知道大地的厚度和广度。相对于"乾"阳光刚健的形象,"坤"更加柔顺,坤德以柔顺为核心,所以厚德能承载万物。乾卦与坤卦又互为错卦。

初六,履霜,坚冰至。

《象》曰:"履霜坚冰,阴始凝也。驯致其道,至坚冰也。"

初六,阴居阳位,处于下卦坤的下位,属于平民之位。"履霜,坚冰至",踩到寒霜时感觉轻盈柔软,瞬间融化消失,同时预示着坚冰即将到来。

乾卦的初九是阳气资始,坤的初六是阴气始生;以龙比喻阳,没有具体的实物,用霜来比喻阴是无中生有;阳由下而上,"潜龙勿用",霜是自上而下由空气中的水汽凝结而成。阳热阴寒;阳为主宰,阴为承载。

"履霜坚冰,阴始凝也。"初六位卑势弱,阴气开始凝聚,就像秋冬刚刚来到,"月落乌啼霜满天",冰雾弥漫,冷风凄凄,当你踩到寒霜时感觉轻盈柔软,瞬间融化消失,但是随着阴气的进一步凝结,"千里冰封,万里雪飘"的严寒马上就会来到。"驯致其道,至坚冰也",驯:顺从,使顺从。阴初始是柔弱的,只要顺从坤道就会逐渐地积累势力,当势力达到极致时就会变得无比坚硬刚强。所以说"履霜之微,而能得坚冰之著"。

《文言》:"积善之家必有余庆,积不善之家必有余殃。臣弑其君,子弑其父,非一朝一夕之故,其所由来者渐矣。由辩之不早辩也。《易》曰:'履霜,坚冰至。'盖言顺也。"

《文言》:"积德行善的人家,必有不尽的吉祥;积累恶行的人家,必有不尽的灾殃。臣子弑杀他的国君,儿子弑杀他的父亲,并不是一朝一夕形成的,之所以出现这种局面是逐步发展的结果,更应该及早分辨其中的原由,如果不能及早分辨出原由,就会出现这样的结果。《易经》:'履霜,坚冰至。'

大概就是顺从循序渐进的规律。"

坤为众,众人之中每一个人的力量是柔弱的,就像凝聚力不强的霜,当人们越聚越多时,众人的力量就变的无比强大,这就是柔顺积善的道理。

六二,直、方、大,不习,无不利。

《象》曰:"六二之动,直以方也。不习无不利,地道光也。"

六二,阴居阴位,处于下卦坤的中位,属于诸侯之位。"直、方、大",正直,厚重,包容。"不习,无不利",习即鸟之学飞,小鸟学习克服各种坎险的本领。只要能做到"直、方、大",就是不学习克服坎险的本领,也会无所不利。

"六二之动,直以方也。"诸侯管理一方民众,在实际做事时既要正直,又要讲求厚重包容。"不习无不利,地道光也。"地道就是坤道,就是厚德载物。只要把坤道发扬光大,按照坤道去行动,即使你没有学习其他本领,也能"行地无疆,柔顺利贞"。

《文言》:"直其正也,方其义也。君子敬以直内,义以方外,敬义立而德不孤。直方大,不习无不利。则不疑其所行也。"

《文言》:"'直'指的是内心坚守正直,对外才能承载、体现坤的仁德;'方'指的是品行端正,敦实厚重,承载万物,体现坤的道义;君子恭在外表,敬存内心,心存正直的仁德,外在的行为就能体现出道义。一旦仁德道义树立起来,就不会感到孤单,德不孤,必有邻。此时你的力量就会慢慢变得强大,即使没有学习其他的本领,也会无所不利,所以就不用怀疑他的行为是否正确。"

如果说初六告诉我们,由弱变强是一个循序渐进的过程,那么六二就告诉我们,由弱变强需要内外兼修,内有正直的仁德,外有端正的品行,达到德不孤,才会变得强大,直方大合起来就是厚,厚德才可以载物。

六三,含章可贞,或从王事,无成,有终。

《象》曰:"含章可贞,以时发也。或从王事,知光大也。"

六三,阴居阳位,处于下卦坤的上位,属于士大夫精英之位。"含章可贞",不显露自己的光华,不张扬自己的才能,这才是难得可贵的品德。"或从王事",有可能追随君王,为君王分忧解难。"无成,有终",不求有所成就,不争名夺利,贵在于至始至终坚持到底。

"含章可贞,以时发也。"六三阴柔之势更强,连接上下,属于中流砥柱。六三有光华而不显露,随天时而绽放光彩。六三就像陪衬红花的绿叶,不在乎他人只关注牡丹的富贵。"或从王事,知光大也",六三为君王做事,义不容辞,敢于担当,他知道"修身、齐家、治国、平天下"才是光明大道。

《文言》:"阴虽有美,含之以从王事,弗敢成也。地道也,妻道也,臣道也。地道无成而代有终也。"

《文言》:"坤阴虽有美德,却不张扬、不显露,默默地服务于君王,不敢自居有功。这是地道即平民百姓之道,也是妻道的原则,同样是臣道的原则。坤道自始至终坚持顺从乾道而不居功自傲。"

六四,括囊,无咎,无誉。

《象》曰:"括囊无咎,慎不害也。"

六四,阴居阴位,处于上卦坤的下位,属于贤臣之位。"括囊",括:扎,束。扎紧布囊。"无咎,无誉",没有什么咎难,也不想获得赞誉。

"括囊无咎,慎不害也。"六四当位但不居中,同样是连接上下,面对阴气的增长,不得不扎紧布囊,收缩阴气的增长气势。由于六四身居高位,也接近六五君王之位,因此而诚惶诚恐,谨小慎微,以避免受到伤害。

《文言》:"天地变化,草木蕃;天地闭,贤人隐。《易》曰:'括囊,无咎无誉'盖言谨也。"

《文言》:"天地相交,阴阳相通,草木就开始茂盛繁衍;如果天地阻隔不通,阴阳不交,万物会萧条,贤能之人也会隐退。《易经》说:'括囊,无咎无誉',讲的就是坤应该紧密配合乾的行动而谨慎行事,不求赞誉,只求无过。"

乾为主,坤为从,坤的势力增长是随乾的变化而变化,乾坤相互配合,万事通泰,所以坤的行为要非常谨慎,不要做出超越乾的行为,这也是为臣之道。

六五,黄裳,元吉。

《象》曰:"黄裳元吉,文在中也。"

六五,阴居阳位,处于上卦坤的中位,属于至尊之位。"黄裳,元吉",黄:黄色属于五行的土色,位于中位,黄色也是阴阳平衡的体现。裳:下衣,裙子。《帝王世纪》:"黄帝始去皮服,为上衣以象天,为下裳以象地。"黄裳是大地的象征,承接上面的乾,天地阴阳交合,通泰元吉。

"黄裳元吉,文在中也。""文"同"纹",纹饰,美化。六五就像国母一样,母仪天下,以自己的美来衬托君王的高贵。君王身穿黄裳,更加威武庄严,因为以中道为基础,刚柔相济形成的纹饰,给人一种美的感觉。

《文言》:"君子黄中通理,正位居体,美在其中,而畅于四支,发于事业,美之至也!"

《文言》:"君子如果懂得阴阳平衡之道,内心正直刚健,通达事理,外在表现坤顺载物,含光美德,就可以畅行无阻,事业发达,这是最为美好的。"

六五告诉我们,黄中通理的道理。阴阳平衡,内刚外柔,这才是柔顺之道,天下元吉。如果坤居中而不忠于乾,处下而不顺从乾,那就是凶。

上六,龙战于野,其血玄黄。

《象》曰:"龙战于野,其道穷也。"

上六,阴居阴位,处于上卦坤的上位,属于没落的贵族之位。"龙战于野",野:郊外,荒野,界限。阴极而刚,并自称为龙,与阳刚之龙两强争霸,激战于郊野。"其血玄黄",玄黄:天玄而地黄,天地相交之处,如同黄昏时的晚霞。阴阳相斗,异常激烈,流淌的鲜血染红了天际,像晚霞一样壮烈。

"龙战于野,其道穷也。"上六虽然位正,但不是中位,阴柔至极。从履霜之微,到坚冰之至,极阴则阳生。上六以阳刚之势挑战君王的尊位,唯有一战,对于上六来说到了穷途末路。

《文言》:"阴疑于阳必战,为其嫌于无阳也,故称龙焉;犹未离其类也,故称血焉。夫玄黄者,天地之杂也,天玄而地黄。"

《文言》:"当阴气的势力增长到极致,阴极就表现出刚健之势,必然受到阳的怀疑,就会发生阴阳之争,因为阴盛阳衰,极阴嫌弃无阳,自称为龙,其实阴并未脱离其属类,所以又称为血,血是有形之物属于阴,龙是无形之物属于阳。所谓玄黄指的是天玄地黄,是天地相交的色彩,也是气血结合的状态。"

用六,利永贞。

《象》曰:"用六永贞,以大终也。"

"利永贞",永:生生不息。贞:正也。有利于坚守正道,永恒的发展。

"用六永贞,以大终也。"从乾阳开始,到坤阴"坚冰至"而终了,万物开始阴阳交替,周而复始,生生不息,这就是天地之道。

屯(震下坎上)

《序卦传》:"有天地,然后万物生焉,盈天地之间者,唯万物,故受之以屯。屯者,盈也;屯者,物之始生也。"

水雷屯

坎水

震木

有天有地,天地定位,阴阳始交,诞生万物,万物占据整个天地,所以乾坤之后就是屯卦。屯就是充盈的意思,屯也代表着事物的诞生,是一切事物的初始状态。

有日有月,日月和明,光照天下。有男有女,男婚女嫁,生生不息,人生从此开始。

屯:元亨,利贞。勿用有攸往。利建侯。

《彖》曰:"屯,刚柔始交而难生,动乎险中,大亨贞。雷雨之动满盈。天造草昧,宜建侯而不宁。"

"屯",像草木初生的卷曲包裹之形,像刚萌发的豆芽。本义:卷曲、包裹。引申义:聚集、屯积。

"刚柔始交而难生",乾刚坤柔,阴阳之气开始相交,万物得以诞生。小篆为"屯"像草木之初生,破土而出,只是这"生"是难生,来得艰难,从阴阳交配到生命的诞生真的是充满了艰辛和幸福。

"动乎险中,大亨贞。"下卦震为动,上卦坎为险,明知有坎险却不畏惧,仍然勇往直前,这是因为阴阳相交是世间的规律,谁也不能改变,传宗接代是万物的目的。为了这个目的不惧艰难,所以"大亨贞"。万事开头难,尽管困难甚至有风险,依然要迈出第一步,就像唐僧取经一样,为了目标矢志不移。

"雷雨之动满盈",震为雷,坎为雨。雷声与雨滴遍布整个天地之间,这是一种满盈的状态。上卦坎水代表着坎水是从天上来,古人提出"天一生水"的观点,而坎水又生震木,生命开始诞生。

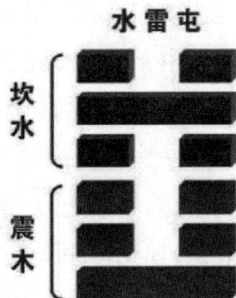

13

科学家在研究生命的起源时提出：随着电闪雷鸣，雨水以及二氧化碳、氮气等在霹雳之火的作用下大量结合，形成大量的有机物，这些有机物不断浓缩和稀释，最后产生生命物质氨基酸，生命终于有了开端。而《易经》早就提出了"雷雨之动，万物始生"这一观点，不能不承认我们祖先的智慧。

"天造草昧，宜建侯而不宁。"天造地设，万物处于草昧状态，此时就需要建立政权来管理混乱不宁的社会，使社会变得有秩序。

屯卦，万物始生，处于"昧"的状态，生机不畅，充满艰难险阻。屯卦为始生之卦，水生木，生的伟大在于起步之艰难。

中医讲肾属水，为先天之本。水是一切物体诞生的根源，有水才有生物，自然界如此，人类社会也一样。古代的文明大都是从河流附近起源和发展的，如我国的黄河文化与长江文化，古埃及的尼罗河文化，古巴比伦的底格里斯河与幼发拉底河文化，古印度的恒河文化等。如果把文明比作离火，那么水火交融就是新生事物诞生的必要条件，屯就是水火生化的成果，就是种子，就是受精卵。

《象》曰："云雷屯，君子以经纶。"

屯既有生命的冲动，又有资源的储备，幼小的生命既代表着希望，又充满艰难险阻。面对混沌蒙昧的生命，我们有什么启发呢？"经纶"指的是古代整理丝缕、理出丝绪和编丝成绳，引申为筹划治理国家大事。"君子以经纶"要求君子从蒙昧时期就要规划自己的人生，使自己走出混沌草昧的状态而茁壮成长，并有责任和义务治理混沌蒙昧的社会，建立井井有条、文明有序、遵纪守法的礼仪之邦。

人生从此开始，如同在一张白纸上用一生的时间绘制出辉煌灿烂的图案。

初九，磐桓（pán huán），利居贞，利建侯。

《象》曰："虽磐桓，志行正也。以贵下贱，大得民也。"

初九，阳爻阳位，处于下卦震的下位，属于平民之位。"磐桓"，磐：大石。桓：大柱也，古代立在驿站、官署等建筑物旁作为标志的木柱，古称桓表，后称华表。相传尧时立木牌于交通要道，供人书写谏言，针砭时弊。远古的华表皆为木制，东汉时期开始使用石柱作华表。磐石厚重，承载万物；桓柱挺拔，志向远大。初九就像磐石桓柱一样矢志不移，要建立坚实稳固的根基。

"利居贞",有利于家庭长居久安。"利建侯",有利于建侯立国。

"虽磐桓,志行正也。"初九虽然位卑,但具有阳刚之气,虽然幼小,但是要树立正确的目标和坚定的志向,立志要齐家治国平天下。对于个人来讲,刚柔相交,建立家园,娶妻生子,繁衍后代这才是正道,也是阳刚男子所应有的责任,所以他要像磐石桓柱一样打好根基。"以贵下贱,大得民也",对于国家来讲,具有尊贵身份的阳爻主动来到卑贱之地,刚柔相交,这种谦恭敬人的品德深得民心,民众自然归顺臣服,有利于稳固基础。刚健的男子是家的顶梁柱,家是国的磐石根基。有家就有国,家能长居久安,国就能繁荣昌盛。

经纶之道,首先在于打好根基。

六二,屯如邅如,乘马班如,匪寇婚媾。女子贞不字,十年乃字。

《象》曰:"六二之难,乘刚也。十年乃字,反常也。"

六二,阴居阴位,处于下卦震的中位,属于诸侯之位。"屯如",屯者,盈也。好像是长大了,实际上并没有丰满成熟。"邅如",邅(zhān),辗转,行踪不定,改变方向。就是好像要改变的样子,体现了少女蒙昧好奇的心理。"乘马班如",班,本义:分割玉,比喻像分开的玉一样整齐排列。迎娶的车马有秩序地分列迎宾。"匪寇婚媾",阳刚男子像匪寇一样以不正当的婚礼仪式强行婚媾,这违背六二少女的心愿。"女子贞不字,十年乃字",字是生育,六二少女感到这样的婚姻不是她想要的正当的婚姻,所以她守贞如玉,坚持贞德,而不生育,十年之后,丰满成熟之时再孕育子女。

"六二之难,乘刚也。"六二诸侯阴柔势弱,却要以柔乘刚,管理能力不足,但处于中正之位,能坚守中道,坚持原则。要管理那些野蛮草昧、不服教化的民众,对六二来说是一种磨难,而且要经历各种磨难。"十年乃字,反常也。"十年之后的诸侯已经羽翼丰满,更懂得了管理之道,所以无论何时何地坚持原则是非常重要的,有时女子的坚贞更胜男子的匪寇,这确实是反常的情况。

经纶之道,在于讲究文明,消除野蛮。

六三,即鹿无虞,惟入于林中,君子几,不如舍,往吝。

《象》曰:"即鹿无虞,以从禽也。君子舍之,往吝穷也。"

六三,阴居阳位,处于下卦震的上位,属于士大夫精英之位。"即鹿无虞",虞是预料,防备。在没有防备的情况下,遇到了小鹿,想捕获它,却没有准备好捕获的工具。"惟入于林中",小鹿进入了树林中。"君子几,不如舍",君子考虑到小鹿尚未成熟,便放弃了追逐。"往吝",如果前往追逐,只会破坏狩猎之道,使自己陷入困境。

"即鹿无虞,以从禽也","禽"通"擒"。意外遇到小鹿,放弃了追逐,因为要遵从狩猎之道。田猎不捕幼兽,不采鸟卵,不杀有孕之兽,不伤未长成的小兽,不破坏鸟巢。另外,围猎捕杀要围而不合,留有余地,不能一网打尽,斩草除根,"劝君莫打三春鸟,子在巢中盼母归"。逐鹿之人能遵从狩猎之道,所以称之为"君子"。"君子舍之,往吝穷也",懂得放弃未成年的小鹿,这是一种美德,如果前往追逐,只会破坏狩猎之道,使自己陷入困境。

六三比六二成熟一些,但依然阴柔有余,刚健不足,想实现志向还比较困难,而且不能坚守本位,又蒙昧好动,就像情窦初开的少女,向往外面的环境,刚好碰到男子求偶,惊讶之余,匆忙逃离。这就像一个仁义君子打猎时遇到惊慌失措的小鹿,考虑到时机不成熟,又要遵守狩猎之道,于是就放弃了追逐。男婚女嫁要遵守礼法,不能违背天伦,还要把握时机。

经纶之道,在于遵守礼法,使社会变得有序。

六四,乘马班如,求婚媾。往吉,无不利。

《象》曰:"求而往,明也。"

六四,阴位阴爻,最当位,处于上卦坎的下位,属于贤臣之位。"乘马班如,求婚媾",阳刚美男子乘马列队,向窈窕淑女求婚。"往吉,无不利",前往迎娶心上之人,永结百年之好,吉祥如意,无所不利。

"求而往,明也。"六四阴气势盛,已经成熟丰满,又能谨守本分,能得到九五君王的赏识和重用,同时他对君王也忠心耿耿,全力辅佐。这就像丰满成熟的女子与阳刚美男子心心相印,以身相许。"明"是一阴一阳相合,日月合明,天地开始化育,万物始生,这是屯卦的核心,也代表着君臣有义,夫妇有爱,此心天地可鉴,此情日月可昭。

经纶之道,在于阴阳相合。君臣相遇、男婚女嫁的最大原则就是相互匹配。

九五,屯其膏。小,贞吉;大,贞凶。

《象》曰:"屯其膏,施未光也。"

九五，阳居阳位，处于上卦坎的中位，属于君王之位。"屯其膏"，"屯"是满盈，"膏"是肥美的肉，这里指精华物资。九五君王刚健中正，建国之后就应该治国平天下，以实现自己的志向，来养育万民，保障社会和谐。男婚女嫁的目的也是繁衍后代，男子在成家之后应该尽一个丈夫的责任，辛勤劳动，屯积物资，养家糊口，而且要开源节流。"小，贞吉"，指的是把大量屯积的物资慢慢地少量地使用，才能保障一个家庭长久和睦发展，所以是贞吉。"大，贞凶"指的是把屯积的物资广泛而不加节制地使用，必然导致"穷必乖"。没有了经济基础，家庭就会破裂，国家就会动荡，这是非常凶险的。

"屯其膏，施未光"，"施"就是使用。"光"就是显露得明明白白而没有剩余。万物的生存要有充盈的物资，充盈的物资来源于勤俭，只有大进小出，勤俭持家，才能保证家庭和睦。家庭稳固，社会就会安宁。

经纶之道，在于蓄积物资，谋求长治久安。

上六，乘马班如，泣血涟如。

《象》曰："泣血涟如，何可长也。"

上六，阴居阴位，处于上卦坎的上位，属于没落的贵族之位。"乘马班如，泣血涟如"，一旦错过了青春年华，待到人老珠黄时，即使有男子乘马列队迎娶她，她依然痛哭流涕，血泪涟涟。

"泣血涟如，何可长也。"上六阴极而刚，太过于要强，即使有男子乘马列队迎娶她，她也担心因不能生育而遭到丈夫的嫌弃，不知道"如何才能长相厮守"。上六恃才傲物，君王难以驾驭，因此就得不到重用。聪明反被聪明误，必然"亢龙有悔"。

婚姻不是买卖，不能待价而沽，而要男女把握时机缔结姻缘。同样，能力超强者应该谦卑做人，这样才有用武之地，否则，志向也就难以实现。

经纶之道，在于把握时机。

蒙(坎下艮上)

《序卦传》:"屯者,物之始生也;物生必蒙,故受之以蒙。蒙者,蒙也,物之稚也。"

山水蒙

艮土

坎水

屯卦是阴阳之气充盈的状态,此时,阴阳相交,万物始生。刚诞生的事物经过一段时间的成长,就会进入蒙昧幼稚的状态,所以屯卦之后就是蒙卦。玉不琢,不成器;木不雕,不成材;人不学,不知理。处于幼稚状态的蒙童需要启蒙教育,而且启蒙教育不光是开智,还要立德。

蒙:亨。匪我求童蒙,童蒙求我。初筮告,再三渎,渎则不告。利贞。

《彖》曰:"蒙,山下有险。险而止,蒙。蒙,亨,以亨行,时中也。匪我求童蒙,童蒙求我,志应也。初筮告,以刚中也。再三渎,渎则不告。渎,蒙也。蒙以养正,圣功也。"

"蒙,山下有险。"蒙卦,上卦艮山代表着阻挡、阻止,下卦坎水代表着险陷。蒙就是面对高山流水,不知道山有多高,水有多长,一切都是蒙的。

"险而止,蒙。"前有高山阻挡,后有流水险陷,真是困难重重,更不知道如何排除艰难,犹豫不决,深感蒙昧,可贵之处在于能知止,艮为止。蒙也是人们对未知世界的初始认知,见险能知止,是一种本能的条件反射,"一朝被蛇咬,十年怕井绳"。

"蒙,亨,以亨行,时中也。"蒙就是蒙昧无知,在无知的情况下却能遇险知止而不鲁莽行动就是亨。"时中"就是不进不退,暂时停下来,保持中正。

"匪我求童蒙,童蒙求我,志应也。"不是我求童蒙,而是童蒙来求我,求我开蒙启智,我就答应他的请求。蒙昧无知的儿童遇到困难能向智者求教,这种行为难能可贵,所以说"以亨行"。

"初筮告,以刚中也。"筮就是占卜,一开始按照《易经》的道理告诉他,遇到险阻要保持阳刚中正。

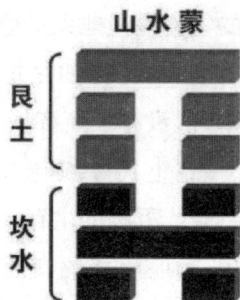

"再三渎,渎则不告。渎,蒙也。"渎:轻慢;不敬;烦琐。蒙童再三地询问,言语轻慢而烦琐,给他不断地解释,他依然迷茫,就不必再给他解答。这种蒙昧无知、态度轻慢的现象,就是蒙的状态。

对于蒙童的教育是一个难题,用正常的道理去给他解释,他可能听不懂,用他能理解的道理去回答,又太浅显,他会接下去问更多的问题。这个阶段的孩子好奇心太强,所以有专门针对蒙童出版的《十万个为什么》。

"蒙以养正,圣功也。"开启蒙童的智慧,使他走出蒙昧的状态,并把他培养成有道德、有文化、有志气的人,其功劳可以和圣人相比。蒙童教育是影响一个人一生的教育,这个阶段是儿童的心理健康和性格形成的关键时期。

《象》曰:"山下出泉,蒙。君子以果行育德。"

上卦为艮山,象征着阻碍,同时也象征着坚定刚毅,下卦为坎水,虽然代表着坎险,同时也象征着智慧和灵气。当艮山坚定刚毅的个性没有被约束时,那就是原始的野蛮和霸道。当坎水的智慧和灵气没有被开启时,那就是任性、幼稚和无知。面对蒙的状态,我们要做的就是果行育德,启蒙开智。果行就是果断地快速地行动,育德就是进行道德规范教育。通过"果行育德"普及了文明,消灭了野蛮,培养了道德,开启了智慧,把杂乱无章的事物进行规范,使它变得有序,这是人类认识自然、改造自然的活动。

初六,发蒙,利用刑人,用说桎梏(zhì gù),以往吝。

《象》曰:"利用刑人,以正法也。"

初六,阴爻居阳位,位不当,处于下卦坎的下位,全卦最底层,属于平民之位。"发蒙",通过启发教育来消除蒙昧。"利用刑人",利用对罪犯实施刑罚来启发教育那些蒙昧无知的人。"用说桎梏","说"意思是讲习道义。"桎梏"是古代的刑具,在足曰桎,在手曰梏,类似于现代的手铐、脚镣,这里代指法律。利用刑具的使用规范来讲解法律,以此教育他们遵守礼法。"以往吝",往后不要再发生蒙昧无知的过错。

"利用刑人,以正法也。"初六是社会最底层的人群,他们受教育的程度低,由于蒙昧无知而常常违反道德礼仪制度,甚至于违法犯罪。刑罚的目的就是教育人,对一人行刑,可以教育众人;对现在的人行刑,可以教育以后的人,这是刑之仁。最终使蒙昧无知的人知法、守法。

启蒙之道在于运用实例启发教育。

九二,包蒙,吉。纳妇,吉。子克家。

《象》曰:"子克家,刚柔节也。"

九二,阳居阴位,处于下卦坎的中位,属于诸侯之位。"包蒙,吉","包"是包含、包裹、容纳的意思,起保护作用。对少儿的幼稚蒙昧的行为给予包容,这是吉祥的现象。"纳妇,吉","妇"指的是妇人,或者是妾。迎娶妇人,让妇人悉心照顾少儿,使少儿能健康成长,自然是吉祥如意。"子克家","克"是战胜、承担。儿子长大后就能够继承家业,但是这需要对年幼无知的少儿进行道德教育,为他树立正确的价值观,以保证他思想上能健康成长。

"子克家,刚柔节也。"少儿稚嫩时能得到家人的照顾抚养,等儿子长大后继承家业,又来赡养老人,这种扶老携幼、世代相传就是"刚柔有节"。九二诸侯要像照顾儿子一样包容百姓的蒙昧行为,同时要广施文明道德,教化百姓,以后百姓也会像赡养父母一样养活诸侯,从而国运昌盛,万代相传。

启蒙之道在于包容。

六三,勿用取女,见金夫,不有躬。无攸利。

《象》曰:"勿用取女,行不顺也。"

六三阴居阳位,处于下卦坎的上位,属于士大夫精英之位。"勿用取女","取"通"娶",不要娶这样的女子为妻。"见金夫,不有躬",这样的女子遇见有钱的、强壮的男子,不能自持洁净之身。"无攸利",娶这样的女子为妻没有任何好处。

"勿用取女,行不顺也","不顺"就是"逆"。六三自恃聪明,本应该"含章可贞",却贪求功名,为了飞黄腾达,极力攀附权贵。一旦遇到权贵就不能把持自己,这样的女子行为悖逆,违背妇道,不能娶她为妻。

作为女子应该学习妇德,洁身自好。作为有能力的精英人士应该戒贪戒躁,佛家三毒"贪嗔痴"会致心性愚昧、迷于事理、是非不明、善恶不分、颠倒妄取、起诸邪行。不能因贪色而乱了纲常礼仪,甚至于毁家灭国。

六三之蒙,为情所蒙。

六四,困蒙,吝。

《象》曰:"困蒙之吝,独远实也。"

六四,阴居阴位,处于上卦艮的下位,属于贤臣之位。"困蒙",因为蒙昧而受困。被困的不仅仅是身体,更重要的是被困住了心。"吝",过分贪求,不愿意舍弃，应该做的事却不愿意做。

"困蒙之吝，独远实也。"六四当位，处于君王之下、万人之上的高位，本来应该谨慎行事，不忧不骄，尽职尽责，有所作为，但是他上面有六五和上九，下面有六三和九二，上下爻就像坚固的牢笼困住了六四。六四身居高位而不思进取、孤芳自赏，甚至于贪求安逸享乐，结果脱离现实，实质上是最愚昧无知的表现。

人性的弱点就是，人们都有自尊心，更希望别人也尊重自己，不愿意被他人所小看，往往把自己无知的一面掩盖起来，一旦遇到现实情况，必然导致自己进不能进，退不能退，举步维艰，穷途末路，究其根源就是一个字"吝"，是自己的心困住了，自己不愿意舍，又怎么能得。解困之道在于解脱自己的心，处困求济在于自救，自己放弃贪念。

六四之蒙，为名利权势所蒙。

六五，童蒙，吉。

《象》曰："童蒙之吉，顺以巽也。"

六五，阴居阳位，处于艮卦的中位，属于君王之位。"童蒙，吉"，蒙童虽然蒙昧无知，但是他没有掩饰，没有虚华，不亢不卑，探寻根源，存乎自然天性。《论语·为政》："知之为知之，不知为不知，是知也。"所以吉祥。

"童蒙之吉，顺以巽也。"六五居尊又能柔顺谦卑，对自己未知的事不耻下问，虚心听取众人的意见，就像蒙童一样，当然吉祥。知识是不分高低贵贱的，无论是君王还是百姓，在自己未知的领域，我们应该和儿童一样去求知，这才是正确的启蒙方法。

启蒙之道在于虚心地学习。

上九，击蒙，不利为寇，利御寇。

《象》曰："利用御寇，上下顺也。"

上九，阳居阴位，处于上卦艮的上位，属于天位。"击蒙"，上九居高临下，有监管、护佑的职责，对天下所有执迷不悟、蒙昧无知的人，用一般的说教方法不能使他认识到自己的无知，所以要进行猛烈的"敲打"，迫使他醒悟，迷途知返，改过自新。俗话说："不打不灵醒。""不利为寇"，击蒙的原因并不是把他当作贼寇，而是为他启蒙开智，使他能自食其力，成为一个有用的人才。"利御寇"，更有利于他抵御贼寇。

"利用御寇,上下顺也",上卦艮为山,下卦坎为泉。艮山笃实,被击蒙之后,清泉涌出。山有了水的灵气,水有了山的志气,上下通气,气通则顺。所以抵御贼寇,既需要艮山的笃实,又需要坎水的智慧,上下一致,才能百战百胜。

对于一般的蒙昧无知者通过教育使他觉察,通过道德修养使他知耻,甚至通过刑罚使他改正,但是对待那些顽固不化者就需要"击蒙",才能使他们清醒。

但通过外力迫使他醒悟毕竟不是最好的办法。美猴王被师父在头上敲打了三下,便悟了。而他的师兄弟们却没有这样的灵性。即使是击蒙,他们依然不开悟。

启蒙之道在于自悟。

需(乾下坎上)

《序卦传》:"物稚不可不养也,故受之以需。需者,饮食之道也。"

幼稚的蒙童无法自养,还需要他人养育。经过启蒙开智,蒙以养正,逐渐树立起正确的价值观,此时蒙童已经变成了一个有志向、有朝气的青春少年,他知道自己的需求是什么,并为实现自己的理想而努力拼搏,所以蒙卦之后就是需卦。需讲的是饮食之道,也是生存之道。大千世界,万物共生,各取所需,各得其养。

需:有孚,光亨。贞吉,利涉大川。

《彖》曰:"需,须也,险在前也。刚健而不陷,其义不困穷矣。需有孚,光亨贞吉,位乎天位,以正中也。利涉大川,往有功也。"

"需,须也,险在前也。"需:雨水。须:胡须,引申为必须。上卦坎为水,下卦乾为天,天将要下雨了,必须找个地方避雨,等雨过天晴后再赶路。

上卦坎为险,下卦乾为人,人不可前行,因为前面有坎险。需是对饮食的需求,而获取饮食是一种本领,是一种智慧的较量,处处充满了风险,搞不好自己就成了他人的盘中餐。有需求,不会马上得到满足,从树立目标,到目标实现,要经历一个艰辛的过程。

"刚健而不陷,其义不困穷矣。"内卦乾为刚健,代表着自强不息;外卦坎为陷,代表着聪明才智。在获取食物的时候,既要行动刚健,又要防止陷入困境,只有自强不息与聪明才智相结合,才能实现自己的追求。如果怕风险而不愿意行动,只愿意守株待兔,其结果就是穷困。

"需有孚。"孚:诚信。坎为饮食,是生命所需的资源;乾为刚健,是自强不息地劳动。"天一生水",天会满足人们的饮食需求,而人只有通过自强不息地劳动才能获得自己所需的资源。"诚者,天之道也。诚之者,人之道也。"需求以诚信为原则,没有诚信的聪明才智是奸邪狡猾,没有诚信的刚健

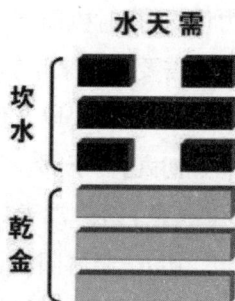

是凶恶残暴。

"光亨贞吉,位乎天位,以正中也。"需卦中的九五至尊位居天位,光明正大,公平公正,使天下苍生各取所需、各得其养,亨通吉祥。

《象》曰:"云上于天,需,君子以饮食宴乐。"

上卦坎为云,下卦乾为天,乾金生坎水,坎水在上化作云,云在天上蓄积力量,等待时机而下,以解大地的旱情。水天需就是大地需要雨水来滋润,万物需要大地来生养,人需要饮食来生存。人除了生存还需要"宴乐",需要的是精神享受,以及价值的体现。

初九,需于郊,利用恒,无咎。

《象》曰:"需于郊,不犯难行也。利用恒,无咎,未失常也。"

初九,阳居阳位,处于下卦乾的下位,属于平民之位。"需于郊",郊:距国百里为郊。这是说生活在近郊的农牧民或者是从事服务业、手工业、商业的人员,如何获取自己的需求。"利用恒",恒者,久也。天地恒久不变地给人们提供生存的环境,人们持之以恒地通过辛勤劳动来满足自己的需求。"无咎",咎的意思是灾祸,灾殃,过失,罪过。无咎就是没有灾祸。

"需于郊,不犯难行也。"生活在近郊,一般没有贼寇入侵,即使有贼寇侵犯,人们可退可守,不会有太大的危险和灾祸发生,而且近郊交通便利,有利于商品流通,能满足各种需求。"利用恒,无咎,未失常也",初九虽然卑下,但有刚健之势,能自强自立,他追求的就是衣食无忧,平安健康。只要周而复始、持之以恒地劳作,就能实现,而且没有偏离常理,没有偏失一个平常人的生存之道。

初九之需,是人们的基本需求。

九二,需于沙,小有言,终吉。

《象》曰:"需于沙,衍在中也。虽小有言,以终吉也。"

九二阳居阴位,处于下卦乾的中位,属于诸侯之位。"需于沙",在沙滩边获取需求,也就是讲生活在沙滩、河边、海边的渔民,如何获取自己的需求。"小有言",有一些诽谤、指责的言语。天天要和河水作斗争,打渔有收获了,就有饭吃,没打到鱼,甚至掉到河里,就会受到指责,甚至有人指责他们不劳而获,因此得不到他人的尊重。"终吉",他们终究生活无忧无虑,吉祥如意。

"需于沙，衍在中也。""衍"本意是水流入海，这里指水里的衍生物。渔民以水产品为食，还发展盐业，古代的食用盐大部分来源于海水。"虽小有言，以终吉也"，虽然会受到指责，得不到尊重，但能衣食无忧，自给自足，终究生活无忧无虑，吉祥如意。

九二刚健而中，管理一方百姓，他的需求是获得权势，获得民众的认同、服从，以及尊重。诸侯既要带领百姓克服坎险，又要满足百姓的基本需求。如果管理不善，就会受到大家的指责。因此能尽职尽责为百姓做事，即使有闲言碎语，也不放在心上，不计荣辱，最终吉祥。

九二之需，是人们对尊重的需求。

九三，需于泥，致寇至。

《象》曰："需于泥，灾在外也。自我致寇，敬慎不败也。"

九三，阳居阳位，处于下卦乾的上位，属于士大夫精英之位。"需于泥"，在泥滩中获取需求，也就是生活在稻田边的人，以种植水稻为生。泥是水土的混合，属于沼泽地带，容易深陷其中，行动阻塞，但是适合种植水稻和发展渔业。中国的水稻播种历史已有 14000～18000 年。"致寇至"，生活在鱼米之乡，富庶之地，常常招致贼寇的侵犯，没有安全感。

"需于泥，灾在外也。"九三刚健之势更强，内在的能力也非常突出，生活在鱼米之乡，虽然有泥潭的阻难，只要能吃苦耐劳，种植水稻，养殖渔虾，就会获得丰富的物产。然而富裕之地必遭盗贼，还有洪水肆虐，不是天灾就是人祸，都是来自外部。"自我致寇，敬慎不败"，自己招致的贼寇，需要自己面对。九三以阳刚之躯，临危不惧，积极加强防御，提高警惕，定会立于不败之地，这也是士大夫精英人士的处世之道，生存之道。

九三之需，是人们对安全的需求。

六四，需于血，出自穴。

《象》曰："需于血，顺以听也。"

六四，阴居阴位，处于上卦坎的下位，属于贤臣之位。"需于血"，"血"在古代是一种特殊的祭品。古人相信血是有灵魂的，在丰收之后，先用牲畜的血来祭祀神灵，以获得神灵的保佑，消灾避难，再把收获的物资分配给各家各户。后来的祭祀活动一直流传着分胙这一环节，所以"需于血"实际上是通过宰杀牲畜后取血来祭祀神灵，最后分配祭品。"出自穴"，"穴"就是洞穴,相当于现在的家。每个人能分配多少祭品,是按照一个家所付出的劳动多少来分配,体现了公平公正的原则。

"需于血,顺以听也。"六四贤臣主要掌管守卫和操办国家的祭祀活动,"国之大事,在祀与戎"。通过祭祀活动,并公平公正地分配食物,因此而得到大家的顺从和拥护,并听其号令。

六四之需,是人们对公平公正的需求。

九五,需于酒食,贞吉。

《象》曰:"酒食贞吉,以中正也。"

九五,阳居阳位,处于上卦坎的中位,属于君王之位。"需于酒食","酒食"特指"饮食宴乐",收获之后人们开怀畅饮,载歌载舞,体现了人们在精神上的需求。"贞吉",纯真守信、吉祥,安享天伦之乐。

"酒食贞吉,以中正也",九五阳刚中正,光明正大,德高望重。在他的管理下人们能顺承天道,物产丰富而不贪婪,享受天伦而不纵欲失节,饮食宴乐是对美好生活的一种向往,也是一种精神上的需求,非常吉祥。

九五之需,是人们对精神上的需求。

上六,入于穴,有不速之客三人来,敬之终吉。

《象》曰:"不速之客来,敬之终吉,虽不当位,未大失也。"

上六,阴居阴位,处于上卦坎的上位,属于天位。"入于穴",下卦乾行动刚健,在寻找食物时不小心走进洞穴之中,来到陌生人的家。"有不速之客三人来","不速之客"指没有受到邀请突然而来的客人。对于上六来说,乾三阳就是三位不速之客,面对三位全副武装的不速之客,他感到非常惊讶恐惧,担心对方强取豪夺。三位不速之客也担心上六设置陷阱,也感到惊慌失措。"敬之终吉",进门都是客,上六以礼待客,敬奉来人为上宾,不速之客也恭敬不如从命。诚信待客就能化干戈为玉帛,最终吉祥如意。

"不速之客来,敬之终吉",上六居高临下,有监管、护卫的职责。面对不速之客,"需有孚",以诚相敬,以礼相待,最终吉祥如意。"虽不当位,未大失也",上六没有刚健之势,虽然高而无位,退隐田园,不问世事,但是面对不速之客,他以长者的身份、丰富的经验,从容面对,以柔克刚,最终化解危机,而没有大的损失,也体现了以诚待人的美德。

上六之需,是人们对社会交往的需求。

讼(坎下乾上)

《序卦传》:"需者,饮食之道也;饮食必有讼,故
受之以讼。"

天 水 讼

乾
金

坎
水

讼,争也,就是争讼、争斗的意思。需卦谈的是
饮食之道,也是生存之道。整个自然界的生物为了
自身的生存和繁衍,不得不与其他生物进行资源的
争夺,并且由此而产生复杂的食物链,所有食物链组
成一个生态平衡系统,物竞天择,适者生存,所以需
卦之后就是讼卦。

讼卦与需卦互为综卦,都是乾与坎的组合,意味着"天一生水",水既是
需求,又引来争讼,需求与争讼都有天数。刘向:"天予弗取,必受其咎,时至
不行,反受其殃。"上天赐予的东西你如果不接受,不但得不到奖赏,反而会
受到惩罚;时机成熟了你却不行动,不但得不到赞扬,反而会遭受灾祸。天
上掉馅饼你得接住,天上没有馅饼你就是跳得再高也没用。既不要放纵自
己的欲望,也不要降低自己的需求;既不要无谓地争讼,也不要任人宰割。

讼:有孚窒,惕中吉,终凶。利见大人。不利涉大川。

《彖》曰:"讼,上刚下险,险而健,讼。讼,有孚窒,惕中吉,刚来而得中
也。终凶,讼不可成也。利见大人,尚中正也。不利涉大川,入于渊也。"

"讼,上刚下险。"讼卦的上卦乾为刚健,下卦坎为险陷。乾金为白色,代
表正义的一方。坎水为黑色,代表着阴暗的一面。一白一黑,一正一邪,斗
争不息。

"险而健,讼。"下卦坎水设险防止刚健的乾金来抢夺物资,而上卦乾金
处处提防阴险的坎水盗取物资,这就导致了争讼。

"讼,有孚窒。"孚:诚信。窒:阻塞不通。争讼是因为相互之间丧失了诚
信,不信任是争讼的主要原因。

"惕中吉,刚来而得中也。"争讼暴露了双方的矛盾,使矛盾由暗转明,为

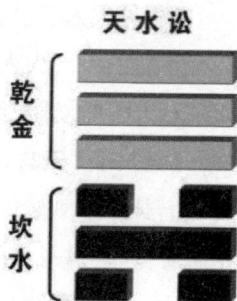

27

了保护自己的利益,为了满足自己的需求,相互之间警惕戒惧,所以吉祥。原因是大家都处于刚健的位置,坎水是柔中有刚,乾金是刚健不阿,互不相让,必然引起争讼。

"终凶,讼不可成也。"两强相争,必然两败俱伤,争讼不可能达到目的,所以终凶。

"利见大人,尚中正也。不利涉大川,入于渊也。"大人指的是道德高尚并有智慧的人。大人能秉持中正之道,如果发生争讼,就需要大人来调解。如果双方不听劝阻,继续争斗下去,就如坠深渊,将不利于事业的大发展。

《象》曰:"天与水违行,讼。君子以做事谋始。"

上卦乾金刚健向上,下卦坎水柔润向下,背道而驰,引起争讼。人世间充满着竞争,君子要想立于不败之地,既要具有乾金的刚健以"做事",又要学习坎水的智慧先"谋始",在做事之前就要预先谋划好,以便应对各种争讼,也就是"运筹帷幄之中,决胜千里之外"。

初六,不永所事,小有言,终吉。

《象》曰:"不永所事,讼不可长也。虽小有言,其辩明也。"

初六,阴居阳位,处于下卦坎的下位,属于平民之位。"不永所事","永"是长久。不要长时间被一些事情所困扰。"小有言,终吉",虽然有一些言语争吵,却有利于明辨是非,终究是吉祥的。

"不永所事,讼不可长也。"初六地位卑下,一般会为日常琐碎的事情而与他人争吵,但是不应该长期被琐事所困扰,因为任何争讼都不可能长久地进行下去。"虽小有言,其辩明也。"普通百姓之间虽然常常发生口角,却有利于辨明是非,从而就争讼的问题达成一致。

初六之争,在于争理。

九二,不克讼,归而逋(bū),其邑人三百户,无眚(shěng)。

《象》曰:"不克讼,归逋窜也。自下讼上,患至掇(duō)也。"

九二,阳居阴位,处于下卦坎的中位,属于诸侯之位。"不克讼",克者,能也,胜也。在争讼时没有战胜对方。"归而逋",逋:逃跑。失败而归,后来又逃窜到外地,远走他乡。"其邑人三百户,无眚",邑是大夫的封地。眚:眼睛生翳,盲目。九二即使退回到自己的封邑,三百户邑人的眼睛是明亮的,不会为九二所蒙蔽,也不会接受他的叛逆行为,所以九二只有落荒而逃,邑人也没有受到牵连。

"不克讼，归逋窜也。"九二有很大的领地，其邑人有三百户，是非常富有的一方诸侯，但他依然与九五君王争权夺利，结果被君王打败。九二逃回自己的封邑，邑人也不接纳他，他又逃窜到外地。这也反映了九二的群众基础不牢固，没有争取到民心。"自下讼上，患至掇也"，掇：拾取，摘取。下不能犯上，地不能逼天，人不可贪得无厌。九二挑战九五尊位，属于以下犯上，以小争大，以弱凌强，结果是自取祸患。

九二之争，主要在于争权夺利。

六三，食旧德，贞厉，终吉。或从王事，无成。

《象》曰："食旧德，从上吉也。"

六三，阴居阳位，处于下卦坎的上位，属于士大夫精英之位。"食旧德"，指享用祖先的余荫，或者是保持旧有的功德，无需与人争讼。"贞厉，终吉"，士大夫如果仅仅依靠祖上的荫德而不思进取，那就非常危险了。如果能积极进取，又不与人争名夺利，最终会非常吉祥。"或从王事，无成"，士大夫如果能服从君王，听从君王的差遣，积极地为君王做事，不要想有什么成就，不争名夺利，尽职尽责地做事，就非常吉祥了。

"食旧德，从上吉也。"六三虽然能力不足，却可以依靠祖上的荫德而生活。如果能积极进取，为君王做事而不争名夺利，就非常吉祥了。"上善若水，水善利万物而不争"，"以其不争，故天下莫能与之争"。

六三之争，在于争名。

九四，不克讼，复即命渝。安贞吉。

《象》曰："复即命渝，安贞不失也。"

九四，阳居阴位，失位且不居中，处于上卦乾的下位，属于贤臣之位。"不克讼"，争讼没有成功。"复即命渝"，渝：改变，违背。返回之后，改变原来的做法，根据民情来调整政策。"安贞吉"，执行每一项政策都要保证国泰民安，平安吉祥。

"复即命渝，安贞不失也。"九四阳刚气盛，辅佐君王处理朝政，在具体执行政策时太过刚健，以势压人、以强凌弱，必然与民众发生争执。民众能以柔克刚，致使九四争讼不成功，政策也执行不力，失败而归。好在能急时调整政策，不与民争利，民得其养，官得其享，这样才不会失去民心，社会才能长治久安。

在竞争中合作,在合作中竞争,最终实现共赢发展,安贞吉祥。

九五,讼,元吉。

《象》曰:"讼,元吉,以中正也。"

九五,阳居阳位,处于上卦乾的中位,属于君王之位。"讼,元吉",九五君王的职责就是制定国策,以评判纷争、调和矛盾,从而达到长治久安,吉祥如意。

"讼,元吉,以中正也。"君王中正刚健,才能公平公正地评判善恶,减少争斗,使民心归顺,天下元吉。《道德经》:"圣人处上而民不重,处前而民不害。是以天下乐推而不厌,以其不争,故天下莫能与之争。"圣人虽然位居于民众之上,但民众并不因此感到有负担;虽然身居于民众之前,而民众并不因此感到有所妨碍。天下之人全都乐意推举他成为君王而并不厌烦其在上位,就是因为他无欲不争,因此天下也就没有谁能够同他相争。

评判争讼要秉持中正之道。

上九,或锡之鞶(pán)带,终朝三褫(chǐ)之。

《象》曰:"以讼受服,亦不足敬也。"

上九,阳居阴位,处于上卦乾的上位,属于没落的贵族之位。"或锡之鞶带","锡"同"赐",赐给。鞶带是古代官服的服饰。上九常常以战功卓越而封官加爵,获赐鞶带。"终朝三褫之",褫是剥夺,在一日之内多次被剥夺了鞶带。上九一味追求战功,导致争讼不止,战乱频繁,民不聊生,这不是君王和百姓的意愿。最终上九会被人民所唾弃,被君王罢官免爵。

"以讼受服,亦不足敬也。"上九过于强势,亢奋好动,与人争讼,所向披靡。因为争讼成功而获赐官爵,这种荣誉不足以受到人们的尊敬。战争的目的是为了和平,为战而战,为争而争,终将身败名裂。"飞鸟尽,良弓藏。狡兔死,走狗烹。"《道德经》:"善为士者不武,善战者不怒,善胜敌者不与,善用人者为之下,是谓不争之德,是谓用人之力,是谓配天古之极。"这句话大意是说,善做武士者不逞武勇;善于打仗者不会被激怒;善于取胜者不与敌人发生战争,不战而屈人之兵;善于用人者以谦卑待人。这就是所说的不争强好胜的品德,这就是所说的用人之道,这就是所说的遵循天地大道。

因争讼而获得的荣誉不值得敬重。

师（坎下坤上）

《序卦传》："讼必有众起，故受之以师。师者，众也。"

讼卦讲的是个体之间的争斗。如果每个人使出浑身解数，用十八般兵器都无法决出胜负，斗争就升级为群雄逐鹿，所以争讼必然引起聚众。众人组成团队，并以集体的力量来争夺资源，所以讼卦之后就是师卦，师就是聚众。

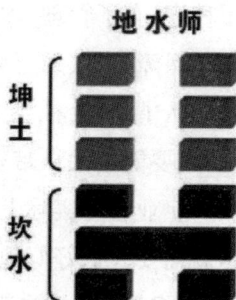

地水师

坤土

坎水

聚众是人类的特点，荀子在他的儒家思想体系中就提出"群"的概念，荀子讲："人生不能无群。"群是人类理性区别于动物本能的表现，是人的社会性生命的力量集合，是人类社会生存与发展的基本能力。我们把有组织、有纪律、有团队的聚众称之为师。

师：贞丈人吉，无咎。

《彖》曰："师，众也。贞，正也。能以众正，可以王矣。刚中而应，行险而顺，以此毒天下而民从之，吉又何咎矣。"

"师，众也。贞，正也。"师卦上卦坤土，厚德载物；下卦坎水，滋润万物。坤土过于厚重，缺乏灵活性，而坎水润下，不惧艰险，灵活多变，有勇有智，因此坤土以坎水为学习的榜样，坎水把坤众组织在一起就是师，师就是大众。"正"是"一"与"止"联合起来，表示"征战止步于天下一统之时"，引申义为"天下统一"的意思，并代表着正义、正直。

"能以众正，可以王矣。"能坚守正义，让所有的大众都信服，并把大众统一在一起，这样才可以平定天下。能够把众人凝聚起来而又能行守正之道就可称王天下。

师旅聚众的原因是为了"刚中而应，行险而顺"。个体面对坎险时，力量有限，而群体共同面对坎险，无论是因保家卫国而涉险，还是突出重围而脱险，建立一个以共同利益为中心的不以他人意志为转移的捍卫之师、正义之师,就能形成强大的力量。

"以此毒天下而民从之,吉又何咎矣。""毒"是凶狠、猛烈的意思,在这里是指严格的管理、残暴的统治。我们常说"无毒不丈夫",实际上就是指大丈夫应该有威严。为师之道重在于严,严师出高徒,师旅聚众必须要有严格的纪律,否则就是一盘散沙。有了师道,社会、国家、个人行动就有了榜样,有了秩序,有了管理,才能解决各种问题。社会不再是乌合之众,国家安全也有了保障,个人的行为不再迷茫懈怠。用现在的话讲,就是找到组织了,有了团队了,整个社会才会和平、安定、繁荣。以此来治理天下,人民必然顺从,只要能给大众带来吉祥,即使严格一点也不用过于咎责。

企业管理实际上也是"师"的管理。"师"与我们生活的联系如此密切,这就需要我们好好地了解"师"卦的特点。

《象》曰:"地中有水,师。君子以容民畜众。"

需卦与讼卦是乾卦与坎卦的组合,代表着"天一生水",水既是生存所需,又是争讼的对象;师卦与比卦是坤卦与坎卦的组合,意味着"地六成之",水得地而蓄而流,地得水而润而柔。君子应该学习大地的厚德载物以"容民",效法上善之水以"畜众"。

水是万物生存的基本物质,哪里有水哪里就有生物,所以水是万物聚集的根源,特别是在远古时期,动物与人类的迁徙都与水有关。水有两方面特征,既代表着坎险,又是智慧的象征。师是因水而聚,所以师也分文武之道。师之文道,在于聚众育人,传上善之德,答智慧之疑,解坎险之惑,那些教人育人、答疑解惑者被尊称为师长。师之武道,在于聚众排险、开疆拓土、抵御外敌,那些统领千军万马保家卫国者也被尊称为师长。无论文道或者武道,作为师长不但要能组织领导众人,而且要养育和教育众人。

初六,师出以律,否臧凶。

《象》曰:"师出以律,失律凶也。"

初六,阴居阳位,处于下卦坎的下位,属于平民之位。"师出以律",行军打仗,首先要纪律严明,有律则师,无律则乱。"否臧凶",如果没有严明的纪律,军队就是乌合之众,冒然出师就一定潜藏凶祸。

"师出以律,失律凶也。"初六位卑势弱,不当位,又不安分守己,在军队里属于士兵。行军打仗,首先要纪律严明,没有严明的纪律,必然导致失败。

所以说"以此毒天下而民从之,吉又何咎矣"。

师道,首先在于纪律严明。

九二,在师中吉,无咎,王三锡命。

《象》曰:"在师中吉,承天宠也。王三锡命,怀万邦也。"

九二,阳居阴位,属于诸侯之位。"在师中吉",九二虽不当位,处于下卦坎的中位,却是师卦的主位,在军中担任主帅,能统领众人,把三军训练成战无不胜的威武之师,是非常吉祥的事。"无咎","咎"指过失,罪过,怪罪。九二统领全军,并没有什么过失,也不用担忧君王会责怪他。"王三锡命","锡"通"赐",赐给。九二以威武之师无敌于天下,立下了赫赫战功,因此获得君王的多次嘉奖。

"在师中吉,承天宠也。"一阳统领众阴,众阴服从于一阳,九二有雄才大略,足智多谋,有上善之德,这样的王者之师是国之重器,必然受到上天的宠爱和倚重。"王三锡命,怀万邦也。"君王多次嘉奖威武之师,原因是君王倚重它而威加海内,使万邦臣服并感怀恩德,确保国泰民安。

师道,在于保家卫国。

六三,师或舆尸,凶。

《象》曰:"师或舆尸,大无功也。"

六三,阴居阳位,处于下卦坎的上位,与上卦坤相邻,属于士大夫精英之位。"师或舆尸,凶。""师"指的是战争;"舆"指古代奴隶中的一个等级,泛指地位低微的人,也指众人,如舆论,舆情;"舆尸"指战车狼藉,尸横遍野。经过激烈的战斗,尸横遍野,战车狼藉,溃不成军,这是战败的凶象。

"师或舆尸,大无功也。"六三阴柔不当位,却急于建功立业,与六四短兵相接。水土相斗,坎水欲冲垮岸堤,坤土人多势众,以土克水,六三终因寡不敌众而损兵折将,无功而返。

《道德经》:"兵者不祥之器,非君子之器,不得已而用之,恬淡为上。"用兵打仗是不祥的事,不可以意气用事。

师道,具有残酷无情的一面。

六四,师左次,无咎。

《象》曰:"左次无咎,未失常也。"

六四,阴居阴位,处于上卦坤的下位,属于贤臣之位。"师左次",在古代的军队中,右进左退,右是前进,而左是撤退。次:有秩序。六四调度有方,行动有序,率领军队有秩序地撤退,以保全实力。"无咎",以退为进,诱敌深入,战术灵活,才能免除灾难,没有咎错。

"左次无咎,未失常也。"六四当位,身处平原,无险可守,面对坎水强势犯境,率领军队有秩序地撤退,没有过失。从战术上讲,师之强弱,不在进取,或者固守,而贵在随机应变,在于审时度势,避其锋芒,挫其锐气,这并不是指挥失常。《孙子兵法·始计篇》:"兵者,诡道也。故能而示之不能,用而示之不用,近而示之远,远而示之近。利而诱之,乱而取之,实而备之,强而避之,怒而挠之,卑而骄之,佚而劳之,亲而离之。攻其无备,出其不意。此兵家之胜,不可先传也。"

师道,在于随机应变。

六五,田有禽,利执言,无咎。长子帅师,弟子舆尸,贞凶。

《象》曰:"长子帅师,以中行也。弟子舆尸,使不当也。"

六五,阴居阳位,居中不正,处于上卦坤的中位,属于君王之位。"田有禽",田地里有猛禽来侵犯,比喻国土有强敌入侵。"利执言",有利于决策并执行命令。面对外敌入侵,君王马上召集文武群臣商议,兴举正义之师,讨伐叛逆之敌。"无咎",没有过错。"长子帅师","长子"是古时对大儒的尊称,这里代表德才兼备、深得民望的人。任命长子为帅,他必然获胜。"弟子舆尸","弟子"代表德才欠缺、还需要学习的学生。让弟子领兵抗敌,结果是大败而归,尸横遍野。"贞凶",真正的凶险。

"长子帅师,以中行也。"六五缺阳刚之气,只有阴柔之德,在选贤任能方面优柔寡断,不知道选"长子"还是选"弟子",因此而贻误战机。吉凶全在决策的瞬间决定了。任命长子为帅,他能居中守正,行有法度,必然获胜。"弟子舆尸,使不当也",弟子领兵抗敌,大败而归,裹尸还乡,原因是用人不当。弟子能力不足,难服众望,难以凝聚军心。

师道,在于师出有名,决策英明,选拔将帅。

上六,大君有命,开国承家,小人勿用。

《象》曰:"大君有命,以正功也。小人勿用,必乱邦也。"

上六,阴居阴位,处于上卦坤的上位,属于庙堂之位,也就是天位。上六有监管、护佑的职责。"大君有命",当战争结束后,大德君王颁布诏命,论功行赏。"开国承家","国"是指诸候的领地,"家"是指卿大夫的领地,即在原有国家的基础上继承并重新建立统一的国家。"小人勿用",对于那些见风使舵、唯利是图的卑鄙小人绝不可以重用。

"大君有命,以正功也",大德君王颁布诏命,论功行赏,有的人封为诸侯,有的人封为上卿,有的人封为大夫,以表彰众人的功绩。"小人勿用,必乱邦也",对于那些见风使舵、唯利是图的卑鄙小人绝不可以重用,因为任用小人,只会祸国殃民,扰乱朝邦。

师道,在于建立和平的家园。战争的目的在于和平。

比(坤下坎上)

师卦就是众人组成团队一起参与竞争,要么我战胜你,要么你打败我,要么分疆而治,最后达到一个新的平衡关系,也就是和平,和平是战争的目的,所以师卦之后就是比卦,比的意思是比和、和平。有共同的方向,共同的目标,众人比翼齐飞。

比卦,一阳居中位,群阴奉一阳,即大众归于一主之象,也是君临天下、群臣辅佐之象。如果说师卦是群雄逐鹿,那么比卦就是一统江山。

比卦上坎下坤,坎是上善之水,坤有厚德载物,两种美德相遇,让人心旷神怡。春雨滋润大地,久旱恰逢甘霖,水得地而蓄而流,地得水而润而柔,水与地亲密比辅,自然吉祥。

比:吉。原筮,元永贞,无咎。不宁方来。后夫凶。

《象》曰:"比,吉也。比,辅也,下顺从也。原筮,元永贞,无咎,以刚中也。不宁方来,上下应也。后夫凶,其道穷也。"

"比,吉也。比,辅也,下顺从也。"比,两人步调一致,比肩而行,意味着众志成城,和平吉祥。比是辅佐、顺从的意思。

"原筮,元永贞,无咎,以刚中也。"按照《易经》原本的道理,开国之初都能长久地保持天下和谐,没有过失,就是因为君王威武刚健,秉持中道,天下臣服。

"不宁方来,上下应也。"比卦是胜利一方成为真正的王者,社会重建和平,那些依然处于动乱不宁的人们纷纷前来归顺,君王也以厚德宽容之心迎接归顺的民众,上下相应,安居乐业,快乐吉祥。战争是残酷的,受害的总是平民百姓,他们总是向往和平。

"后夫凶,其道穷也。"最后剩下那些不愿意归顺的人,他们已经走投无路,非常危险。

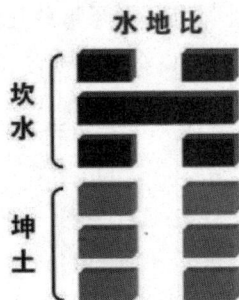

《象》曰："地上有水，比。先王以建万国，亲诸侯。"

比卦，坤为地，坎为水，地上有水，水地比和，上善之水与厚德载物相结合，达到和谐，有地有水就能聚人，人聚就形成邦国。

师是群雄逐鹿，比是一统江山。"先王"打败了殷商，建立了周朝，使万国来朝，诸侯亲睦，天下和谐。

初六，有孚比之，无咎。有孚盈缶，终来有它，吉。

《象》曰："比之初六，有它吉也。"

初六，阴居阳位，处于下卦坤的下位，属于平民之位。"有孚比之"，孚：诚信，"鸟之孚卵，皆如其期不失信也"。上善之水给予民众恩泽，赢得了天下民心，民众非常虔诚地归顺君王，君王与民众和平相处。"无咎"，没有过错。"有孚盈缶"，缶（fǒu）：古代一种大肚子小口的盛酒瓦器。民众非常虔诚地用缶盛满美酒，并敬献给胜利军，表达对和平的期盼。《孟子·梁惠王上》："箪食壶浆以迎王师。""终来有它，吉"，终于盼来了胜利之师，犹如久旱逢甘霖，和平吉祥。

"比之初六，有它吉也。"初六位卑而德厚，战争给百姓带来了无比的伤痛，他们期盼和平，虔诚地欢迎胜利之师，因为胜利之师能给他们带来和平吉祥。君能上善若水，民就厚德载物，你投之以桃，我报之以李，这才是真正的亲密比和。

比和之道，在于给百姓创建一个和谐的社会。

六二，比之自内，贞吉。

《象》曰："比之自内，不自失也。"

六二阴居阴位，处于下卦坤的中位，属于诸侯之位。"比之自内"，发自内心地欢迎和平，诸侯之国甘愿归顺君王，并与君王同心同德，保持一致。"贞吉"，水地比和，君臣有义，至诚至信，深得民心，所以贞吉。

"比之自内，不自失也"，六二诸侯看到君王有上善之美德和诚意，就积极地响应先王"建万国，亲诸侯"的政策，发自内心地愿意归顺君王，因为他没有迷失自我，离经叛道，而是谨守中正之道，德厚宽仁。

要想征服别人，关键是征服别人的心，"攻心为上，攻城为下，心战为上，兵战为下"，使他真正心服口服，自愿认输。

比和之道，在于自愿拥护和平。

六三,比之匪人。

《象》曰:"比之匪人,不亦伤乎?"

六三,阴居阳位,处于下卦坤的上位,属于士大夫精英之位。"比之匪人",匪人就是行为不正当的人。对于那些有私心、行为不正的人来说,不是真心地拥护和平。

"比之匪人,不亦伤乎?"六三上不在天,下不在田,左右摇摆。六三与上卦坎相接,坎为险陷,所以他既害怕归顺君王之后,遇到坎险,上当受骗,又受六二和六四归顺的影响,不得不与大家保持一致,这种"人在曹营心在汉"的行为就是匪人的行为。对待和平他意志不坚定,存有私心,阳奉阴违,投机钻营,难道不是伤人害己吗?

比和之道,在于价值观的认同。

六四,外比之,贞吉。

《象》曰:"外比于贤,以从上也。"

六四,阴居阴位,处于上卦坎的下位,属于贤臣之位。"外比之",比,辅也。外国纷纷臣服于君王,万国来朝,和睦友善。"贞吉",非常吉祥。

"外比于贤,以从上也。"六四上能辅助君王管理朝政,下能安抚百姓,忠心耿耿,励精图治,运筹帷幄,足智多谋。外臣学习内臣的贤德,上下团结一致,共同辅佐君王,整个国家才能和平安定。

比和之道,在于树立贤德爱民的价值观,以此凝聚人心。

九五,显比,王用三驱,失前禽,邑人不诫,吉。

《象》曰:"显比之吉,位正中也。舍逆取顺,失前禽也。邑人不诫,上使中也。"

九五,阳居阳位,处于上卦坎的中位,属于君王之位。"显比",彰显和平共处、睦邻友好的政策。"王用三驱,失前禽。"三驱:古代田猎的制度。田猎时三面驱赶,须让开一面,以示好生之德。失:丢弃。前禽:先前擒获的猎物。君王借用田猎之制,网开一面,像释放先前擒获的猎物一样释放战争中的俘虏,以大赦天下。"邑人不诫,吉","诫"同"戒",戒备、警惕。以仁德之心争取战败国的民心,从而让那些被占领的邑人不再戒备,并诚心诚意地归顺君王,所以吉祥。

"显比之吉,位正中也",九五至尊,一阳统领众阴,建万国,亲诸侯,以此彰显和平，并制定睦邻友好的政策，这是一种吉兆，因为君王处于中正之位，能秉承中正之道。"舍逆取顺，失前禽也"，释放那些叛逆的俘虏，并争取归顺者的民心，因为君王要效法狩猎之道，以大赦天下。"邑人不诫，上使中也"，那些诸侯国的邑人不再戒备，并诚心诚意地归顺君王，听中央之国的命令，原因是君王以仁德宽容之心，使那些离心叛道的人回归到中正之道，不再迷茫和恐惧。

比和之道，在于以人为本，舍逆取顺。

上六，比之无首，凶。

《象》曰："比之无首，无所终也。"

上六，阴居阴位，处于上卦坎的上位，属于没落的贵族之位。"比之无首，凶"，没有了首领，不知道归附于谁，当然是凶险。

"比之无首，无所终也。"上六位高身贵，然而国破家亡，曾经辉煌的王公贵族变成了亡国之奴，他们不愿屈服和归顺君王的统治，又无依无终，心灰意冷，就像行尸走肉一样失去了灵魂，不知所终，当然是凶险无比。

比和之道，在于价值观的认同。人各有志，强求不得。

小畜（乾下巽上）

《序卦传》："比必有所畜也，故受之以小畜。"

比卦代表着和平，而"和平与发展"永远是时代的主题。当战争结束后，在和谐的社会里人们安居乐业，发展经济，不但解决了温饱问题，甚至小有积蓄，生活水平得到极大的改善，所以比卦之后就是小畜卦。

风天小畜

巽木

乾金

小畜卦主要讲"如何才能发展经济，如何才能让千家万户有积蓄并过上幸福的生活"，更难得的是古人提出"富以其邻"的思想，让人深感古人胸怀之广、境界之高。

小畜：亨。密云不雨，自我西郊。

《彖》曰："小畜，柔得位而上下应之，曰小畜。健而巽，刚中而志行，乃亨。密云不雨，尚往也。自我西郊，施未行也。"

"小畜，柔得位而上下应之，曰小畜。"小畜是上巽下乾，五阳一阴，阳能养阴，阴又得位。乾有刚健的体魄，善于劳动；巽有柔顺的品德，善于储蓄收藏，上下相应，所以说是小畜。

"健而巽，刚中而志行，乃亨。"下卦乾卦有刚健的能力，上卦巽像风一样柔弱顺从，刚健中正，确定了共同目标，志向不改，顺势而行，就一定会亨通。小畜的卦象就像一把拉开的弓，蓄势待发。

"密云不雨，尚往也。"上卦巽为云，下卦乾为天，天上布满密云但没有下雨，蓄势待发，准备行动。

"自我西郊，施未行也。"从西郊准备出发，但还没有实施行动，因为蓄积的力量还不够，仍然需要继续蓄势。

小畜重在于蓄势，趁着和平的环境大力发展，不断蓄积人力、物力、财力，更重要的是蓄积内在的德、才、智、勇，达到德才兼备，智勇双全。蓄势需要耐心，需要毅力，需要勇气，需要汗水，需要拼搏，需要磨砺，积蓄力量择机

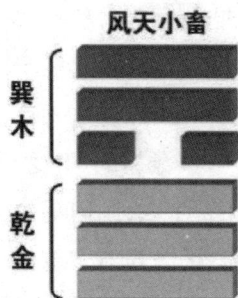

释放,不鸣则已,一鸣惊人,不发则已,一发重的。

《象》曰:"风行天上,小畜。君子以懿文德。"

小畜卦,上卦巽为风,下卦乾为天,风行天上,蓄势待发。《说文解字》:"懿,专壹而后可久,可久而后美。"懿就是长时间地做一件事,达到深入精专之后就会很美好。君子应该坚持不懈地蓄积德行。

初九,复自道,何其咎?吉。

《象》曰:"复自道,其义吉也。"

初九,阳居阳位,处于下卦乾的下位,属于平民之位。"复自道",日出而作,日落而息,周而复始地按照自己本来的生活方式劳作。"何其咎?"能够顺应天时,怎么会有咎错呢?"吉",非常吉祥。

"复自道,其义吉也",初九有刚健之势,并自强不息。通过周而复始的劳动,自力更生,发家致富,其意义是非常吉祥的。

小畜之道,在于勤劳致富。

九二,牵复,吉。

《象》曰:"牵复在中,亦不自失也。"

九二,阳居阴位,处于下卦乾的中位,属于诸侯之位。"牵复,吉",牵,引也。引导民众春耕夏长、秋收冬藏,周而复始地劳作,这是吉祥的事。

"牵复在中,亦不自失也。"九二刚健中正,作为德高望重的一方诸侯,把先进的劳动技能传播给老百姓,指引百姓更好地劳作。因为九二秉持中正之道,百姓按照他的指引就不会出现迷失自我的情况,所以吉祥,这也体现了"见龙在田,天下文明"。

小畜之道,在于正确地引导,不偏正道。

九三,舆说辐。夫妻反目。

《象》曰:"夫妻反目,不能正室也。"

九三,阳居阳位,处于下卦乾的上位,属于士大夫精英之位。"舆说辐","舆"指车厢。"说"通"脱",是脱离、脱落的意思。"辐"指车轮上的辐条。九三有刚健之势,自认为可以拉动更多的财物,却由于车子负重太过而导致辐条折断,辛苦所得无法运回而损失惨重。"夫妻反目",夫妻就如同舆与辐的关系,舆辐配合得好,就可以承载更多的东西,如果舆辐不相配,什么东西都不能承载。丈夫劳动,妻子节俭,夫妻配合好就能积蓄大量的财物。由于贪心不足,导致夫妻反目成仇,小畜也就成了空谈。

"夫妻反目,不能正室也。"下卦乾为夫,上卦巽为妻,互卦火泽睽,睽为反目。"正室"就是齐家。夫妻反目,家庭不和,万事不兴,因为不能齐家。有方言俗语说:"男人是搂钱的耙儿,女人是装钱的匣儿。不怕这耙子没齿儿,就怕这匣子没底儿。"齐家在于戒贪戒躁。

小畜之道,在于齐家,家和万事兴。

六四,有孚,血去,惕出,无咎。

《象》曰:"有孚惕出,上合志也。"

六四,阴居阴位,处于上卦巽的下位,全卦中唯一的阴爻,属于贤臣之位。"有孚,血去","孚"就是诚信。"血"指血汗。坚持诚实守信、付出血汗而获得财富。"惕出",惕:警惕,戒惧。把血汗钱花出去时要警惕戒惧,以勤俭节约为原则,不能胡乱花费。"无咎",没有过失。

"有孚惕出,上合志也。"六四阴柔当位,心怀诚信来聚财,心怀戒惧去散财,这才符合天地大道,也符合人们的理财之道。

小畜之道,在于理财,理财需要诚信、谨慎、开源节流。

九五,有孚挛如,富以其邻。

《象》曰:"有孚挛如,不独富也。"

九五,阳居阳位,处于上卦巽的中位,属于君王之位。"有孚挛如",挛:手脚蜷曲不能伸开,比喻互相牵连。"挛"通"孪",也可理解为孪生同胞。亲如孪生,心怀诚信,紧密合作,一个能辛勤劳作,一个能勤俭理财;上下相辅,君臣有义,夫妇有情,才能无所不能,富甲一方。"富以其邻",让他的邻里乡亲也能共同富裕。

"有孚挛如,不独富也。"九五至尊,刚健中正,心怀天下。效法天道之诚信,爱民如孪生同胞。《中庸》:"诚者,天之道也。诚之者,人之道也。"天有好生之德,对万物以诚相待;君子有成人之美,视他人如手足兄弟。"中也者,天下之大本也;和也者,天下之大道也。致中和,天地位焉,万物育焉。"天道忌盈,地道忌满,人道忌贪,万物相互牵连,只有致中和,万物才能生养。因此人不能独富,社会贫富差异不能太大。

小畜之道,在于共同富裕。

上九,既雨既处,尚德载。妇贞厉,月几望,君子征凶。

《象》曰："既雨既处,德积载也。君子征凶,有所疑也。"

上九,阳居阴位,处于上卦巽的上位,属于没落的贵族之位。"既雨既处",从最初的"密云不雨",蓄积力量,到此时此刻开始下雨,就像甘露滋润着大地。"尚德载",尚:尊崇,注重。崇尚厚德载物,只有厚德,才能蓄积财物,而蓄积财物的目的就是要周济天下。"妇贞厉",妇人只会持续不断地蓄积财物,那就危险了。"月几望",几:将近,几乎。望:农历每月十五,满月。月亮几乎满盈,意味着月盈则亏。"君子征凶",征:征兆,迹象。君子认为继续蓄积财物,达到满盈就是一种凶兆,必然会导致灾祸。

"既雨既处,德积载也。"上九的刚健之势已经达到顶峰,此时蓄积的财物已经满盈,需要把财物施舍给大众。不光是"富以其邻",而是要"富则兼济天下",像雨露滋润大地一样,让天下所有人都富裕,原因是他心怀天下并不断地积累着厚德。"君子征凶,有所疑也",君子崇尚的也是厚德载物,所以他看到"月几望"这种现象,心生疑惑,认为继续蓄积财物,必然会导致凶祸而"亢龙有悔"。

致富之道在于自强不息和厚德载物相结合,自强不息表现在你能创造多少财富,厚德载物表现在你能拥有多少财富,蓄德才能蓄财。

小畜之道,在于蓄德,德行天下。

履（兑下乾上）

《序卦传》："物畜然后有礼，故受之以履。"

小畜卦代表着经济发展了，家家户户有了积蓄，生活水平得到了极大的提高。"仓廪实而知礼节，衣食足而知荣辱"，孔子讲："富而好礼者也。"有了积蓄就开始讲礼治，讲规则，定秩序，所有小畜卦之后就是履卦。小畜卦是以贫求富，履卦是以礼来求贵。

天泽履

乾金

兑金

"履"的本义是踩踏、践履、履行的意思，有行动就要有规则，引伸为行为准则。履者礼也，为礼仪制度、行为准则。履卦就是制定行为准则和文明礼仪规范。

履卦的上卦乾代表行动，下卦兑代表着言语，礼就是对人们的言行进行规范。远古时期，伏羲手持矩，乾为矩；女娲手持规，兑为规，规矩为文明之象。

履：履虎尾，不咥人。亨。

《彖》曰："履，柔履刚也。说而应乎乾，是以履虎尾，不咥人，亨。刚中正，履帝位而不疚，光明也。"

"履，柔履刚也。"上卦乾为刚健，下卦兑为阴柔，柔随着刚而行动。

"说而应乎乾"，兑为说，为讲习道义。告诉人们，柔弱一定要顺应乾的领导，这样就不会有危险。

"是以履虎尾，不咥人，亨。"咥：吃掉。就好像踩着了老虎的尾巴，老虎却没有吃掉你，当然亨通顺利。

礼教的核心就是以文明礼仪来规范人们的行为，化解人的野性，使人们走向文明。《易经》用"履虎尾"来阐述以下尊上的道理。小畜是为了追求富裕，往往表现出野性残暴的一面，为富不仁，贪婪好斗，甚至于嗜杀成性，更有甚者与虎谋皮。只有通过礼乐教化来规范人的行为，走向文明。

"刚中正，履帝位而不疚，光明也。"乾居上位，刚健又能保持中正，尊享

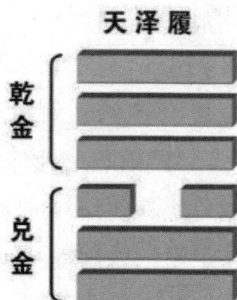

帝王之位而没有负疚，原因是他的行为光明正大，也能遵守礼治，不随意吃人、害人。

礼治是社会文明的标志，人们讲礼尊礼的程度就是衡量社会文明的标尺。履帝位者是文明礼仪的制定者、倡导者，如果整个社会从上到下都能克己复礼，社会一定会达到高度文明。

《象》曰："上天下泽，履；君子以辨上下，定民志。"

上卦乾为天，乾为行动；下卦兑为泽，兑为言语。上天下泽，无论居庙堂之高，还是处于江湖之远，都应该规范自己的言与行，这就是履，履即礼。

乾为矩，兑为规，履就是规矩。没有规矩难成方圆，没有礼仪社会就无秩序。"辨上下"就是定位，把社会分成上下分明的等级。"定民志"就是规范不同等级的人们的行为准则，使上下和睦，各尽其责，各司其位。

在道路上行走，有开车的，有骑自行车的，有徒步的等等，我们把道路也分成不同的功能区域，汽车行走在中心区，行人在边上走，各走各的道，并在十字路口设立红绿灯来调节不同方向的矛盾，如果违反交规就会受到惩罚，大家都遵守交通规则就不会拥堵，人生之路也是如此。礼治就是人生之路的交规。

"履，德之基也。"礼是为人处世之本，"不学礼，无以立"，"人而无礼，焉以为德"，不学习礼就无法立身处世，人无礼就谈不上道德修养。中国古代的一部礼经就从此卦开始。

初九，素履往，无咎。

《象》曰："素履之往，独行愿也。"

初九，阳居阳位，处于下卦兑的下位，属于平民之位。"素履往"，"素"就是质朴、本色，质朴无华。履：行动、行为。"素履往"就是素位而行，根据所处的地位行事。《礼记·中庸》："君子素其位而行，不愿乎其外。素富贵行乎富贵，素贫贱行乎贫贱，素夷狄行乎夷狄，素患难行乎患难，君子无入而不自得焉。"这句话的意思是君子根据平时他所处的位置来行事，不要超越本位。平时富贵，就根据富贵的标准行事；平时贫贱，就根据贫贱的标准行事；平时居住在少数民族地区，就根据少数民族地区的标准行事；处于困难之时，就根据困难的情况行事。君子无论进入什么位置，自己都会感到得意。"无咎"，这样做才没有过失。

"素履之往,独行愿也",初九地位最卑下,属社会最底层的人,应该谨守本位,素位而行,不怨天尤人,独自按照自己的本位做自己应该做的事。子曰:"在上位,不陵下;在下位,不援上。正己而不求于人则无怨。上不怨天,下不尤人。故君子居易以俟命,小人行险以侥幸。"在上位的时候,不欺凌下面的人,在下位的时候,不攀援上面的人,端正自己的德行不求于别人,就没有怨恨。上不埋怨天,下不责怪别人。所以君子处在平坦安全的地方来等待命运给的机会,小人做冒险的事情来靠侥幸获得非分的东西。

礼治也是基于人的本性。认识自己的本性很重要。自己是几斤几两,自己有多大的胃口,自己要清楚。知道自己没有酒量,却死要面子活受罪;知道自己喝酒了还要开车,心存侥幸,结果害人害己。迷失本性,超越本位,邪念丛生,必然会凶险。

履道,在于谨守本位,素位而行。

九二,履道坦坦,幽人贞吉。

《象》曰:"幽人贞吉,中不自乱也。"

九二,阳居阴位,处于下卦兑的中位,属于诸侯之位。"履道坦坦",礼仪之道就是一条平坦而广阔的光明大道。"幽人贞吉",幽:僻静又昏暗的地方。使那些处于黑暗中见不到光明的人看到了光明,并使他们行走在平坦宽广的大道上,当然是吉祥的。

"幽人贞吉,中不自乱也。"九二刚健,德高望重,深知礼仪之道,不但自己的行为不会迷乱,并且"见龙在田,德施普也",把道德文明传播给民众,规范了人们的行为方式,教育人们要懂得礼义廉耻,从而使那些处于幽暗中的人看到了光明,就像为他们树立了目标和方向一样,使他们的行为不再迷茫慌乱,当然是吉祥的。

履道,在于教化人们走向文明。

六三,眇能视,跛能履,履虎尾,咥人凶。武人为于大君。

《象》曰:"眇能视,不足以有明也。跛能履,不足以与行也。咥人之凶,位不当也。武人为于大君,志刚也。"

六三,阴居阳位,位不当,处于下卦兑的上位,兑为缺,代表着有残疾的人,属于上大夫精英之位。"眇能视","眇"指一只眼睛看不见。用一只眼能看,但看得不是很清楚。"跛能履","跛"指腿或脚有毛病,指瘸腿的人。跛子虽然能走,但走起来身体不平衡。"履虎尾,咥人凶","咥"就是吃掉的意思。看不明、行不正的人却自以为是,踩到老虎的尾巴,结果被老虎吃掉,这是很凶险的。"武人为于大君","武人"指刚健勇武的人,也指将帅军人。"大君"指有大德的君王。那些刚勇的莽夫在圣德君王面前耀武扬威,也一定会被君王消灭。

"眇能视,不足以有明也",瞎子虽然能看,但不足以看得清楚明了。"跛能履,不足以与行也",跛子虽然能走,但不足以与大家步调一致。"咥人之凶,位不当也",六三阴柔却处于刚位,以柔乘刚,自认为自己的行为没有错,实际上已经违反了行为规范。踩到老虎的尾巴,老虎不会因为你身体的残疾而原谅你,被老虎吃掉,虽然很凶险,却告诫人们,规则是不容被践踏的。"武人为于大君,志刚也",那些刚勇的莽夫在圣德君王面前耀武扬威,这就好比关公面前耍大刀,鲁班门前弄大斧,这种无畏无知必然造成灾祸,所以说刚健之人也要遵守行为准则,不能因为自己能力超群而凌驾于规则之上。《国语·晋语六》:"武人不乱,智人不诈,仁人不党。"其中武人就是指刚勇的莽夫。无论是武人、智人还是仁人都应该遵守规则。

履道,在于人人都要遵守规则。

九四,履虎尾,愬愬,终吉。

《象》曰:"愬愬终吉,志行也。"

九四,阳居阴位,处于上卦乾的下位,有阳刚之气,属于贤臣之位。"履虎尾",不小心踩到了老虎的尾巴。"愬愬终吉",愬愬(shuò):恐惧的样子。冒犯了君王,生怕君王怪罪他,所以他惊恐万分,而君王看他惊恐的样子,知道他不是有意而为,并知错能改,就原谅了他,最终是吉祥的。

"愬愬终吉,志行也。"九四刚健忠诚,但是伴君如伴虎,与老虎相处,一定要顺着老虎的习性,不可冒犯它;和君王相伴,就要遵守礼仪制度,不可肆意妄行。一旦不小心冒犯了君王,就如同踩到了老虎的尾巴。知道自己错了便惊恐不已,能得到君王的原谅,终究是吉祥的。原因是他本身行事端方,又忠心耿耿,"知错能改善莫大焉"。

履道,在于行事端方,知错能改。

九五,夬履,贞厉。

《象》曰:"夬履贞厉,位正当也。"

47

　　九五,阳居阳位,正当位,处于上卦乾的中位,属于君王之位。"夬履","夬"就是决断,决定,制定人们的行为规范。"贞厉",制定行为规范是一件非常严肃的事,既要坚守正道、光明正大,又要惕厉戒惧、谨小慎微。

　　"夬履贞厉,位正当也",九五处于至尊之位,中正当位,光明正大,公平公正,有生杀予夺的至高权力,所以只有君王代表着最高权力机关,能制定礼仪规范。

　　履道,只有最高的权力机关才有权制定行为规范。

　　上九,视履考祥,其旋元吉。

　　《象》曰:"元吉在上,大有庆也。"

　　上九,阳居阴位,处于上卦乾的上位,属于天位。"视履考祥",视:察看,审视。祥:吉凶的预兆。严格详细地审视每一个人的行为是否符合礼法,考察他们的行为所造成的影响是吉是凶。"其旋元吉",旋:反复,循环,周期。元吉:顺应天道而获得的吉祥。只有反复地、周期性地进行检查监督,才能达到元吉。

　　"元吉在上,大有庆也。"上九位居高位,相当于太上皇的位置,高瞻远瞩,有监国之权,又不争名夺利,因此能秉公执法。无论是平民还是国君,所有人的行为都受他的监督,这种吉祥之兆是天赐洪福,是天下苍生之福,所以是非常值得庆祝的大事。

　　履道,反复地严格地考察才能保障行为规范得到遵守。

泰(乾下坤上)

《序卦传》:"履而泰,然后安,故受之以泰;泰者通也。"

履卦讲的是以礼治国。大家都遵守规则,讲文明礼仪,无争无仇,社会就会通泰,然后达到长治久安的太平盛世,所以履卦之后才有泰卦。泰就是通顺、亨通,没有争斗。

泰卦是上坤下乾,地气下降,天气上升,乾坤交合,天地之间才能通顺畅达,万物才能兴旺繁盛,社会才能政通人和。"履"是"泰"的前提,"泰"是"履"的结果。这就好比交通运输,只有根据当前的实际情况来制定相应的交通规则,并且得到所有人的遵守,交通才能通畅顺达,即使出现小范围的交通事故,依法来处理,很快会恢复通泰,也只有这样社会才能达到文明和谐、长治久安。

《易经》从乾坤到泰否是一个阶段。"天尊地卑,乾坤定矣。"乾坤确定后,万物开始生长,从混沌无序的沌蒙阶段,逐渐发展到以礼治国,最后达到太平盛世。

泰:小往大来,吉,亨。

《彖》曰:"泰,小往大来,吉亨。则是天地交而万物通也,上下交而其志同也。内阳而外阴,内健而外顺。内君子而外小人,君子道长,小人道消也。"

"泰,小往大来,吉亨。"从一阳来复,二阳莅临,到三阳开泰,阳长阴消。随着德高望重的大人来到此处,奸诈卑鄙的小人不得不前往他处,因此社会变得亨通吉祥。

"则是天地交而万物通也。"于是,地气下降,天气上升,天地相交,万物相通,才能达到兴旺繁盛,政通人和。

"上下交而其志同也。""上"指管理者,"下"指平民百姓。上下有共同

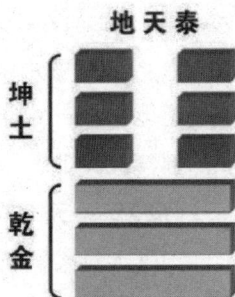

49

的志向,因此能相互交流。对于家庭来说,父子、夫妇、兄弟,各尽其道,各具其德,就会家庭和睦,家道昌隆。对于国家来说,君与臣、官与民,各尽其道,各具其德,就会国泰民安。

"内阳而外阴,内健而外顺。"内卦为乾为阳,外卦为坤为阴,内心怀有乾的刚健之气,外表修养坤的柔顺之德,这才是泰卦的核心。

"内君子而外小人,君子道长,小人道消也。"内阳代表着君子,外阴代表着小人。"内"就是亲睦,"外"就是远离。亲近君子,远离小人,因为君子修德之道能长久,小人虚妄之道很快就会消失;遵礼守法的正气增长,违法犯罪的邪气在减少。

《象》曰:"天地交,泰。后以财成天地之道,辅相天地之宜,以左右民。"

地气太过柔顺,有阳气的进入,才能调动地气的母性,使地气变得有活力,有生命力,有魅力;天气太过刚健,有阴气的包容,使天气变得人性化,愿意低下头承担父性的责任,展示天气的风采,这就是天地交泰。由此而促使万物生长发育,永葆蓬勃的生机,这也是宇宙自然所遵循的普遍规律,称为"天地之道"。

天、地、人为三才,天地交泰就是天地之道,人应该效法并遵守"天地之道",适应天地的变化规律,根据"天地之道"制定相应的管理之道,这就是"天地之宜"。"左右"就是管理的意思。乾离开尊位,深入民众之中,了解民情,解民于倒悬,救民于水火,人民没有不欢迎的。人们富裕了之后,就更加会遵守礼仪教化,最终达到万事通泰,物阜民康。

乾坤相合,则国泰民安,乾坤不合,则逆天妄行,祸国殃民。

初九,拔茅茹,以其汇。征吉。

《象》曰:"拔茅征吉,志在外也。"

初九,阳居阳位,处于下卦乾的下位,属于平民之位。"拔茅茹,以其汇","拔"指的是植物生长发育时主茎向上提升的状态,比如拔尖,拔节,出类拔萃。"茅茹",叶子如矛,所以称作"茅",其根相互牵连,称作"茹"。"汇"就是集中涌现。因为茅草的根部牵连在一起,所以茅草拔节就如雨后春笋般,迅速地从地下集中涌现出来。"征吉",这是非常吉祥的象征。

"拔茅征吉,志在外也。"初九位卑但有刚健之势,在天地交泰之际,阳气开始升发,茅草拔节,生机勃勃,这是吉祥的象征。百姓纷纷耕田生产,因为他们有远大的志向,这当然是吉祥的象征。

通泰之道,在于人人都奋发向上。

九二,包荒,用冯河,不遐遗。朋亡,得尚于中行。

《象》曰:"包荒,得尚于中行,以光大也。"

九二,阳居阴位,处于下卦乾的中位,中正刚健,属于诸侯之位。"包荒","包"是果子未成形,有包含、包裹、容纳的意思。"荒"是长满野草的蛮荒之地。诸侯带领百姓开疆拓土,把广阔无垠的蛮荒之地容纳为自己的领地。"用冯河,不遐遗","冯"通"凭",凭借的意思。"冯河"就是凭借自己的能力渡河,即徒步过河。遐:远。遗:放弃。为了开拓荒蛮之地,长途跋涉,再远也不放弃。"朋亡","朋"指小人。小人失道寡助,他们相互勾结,成群逃亡,溃不成军。"得尚于中行",得益于诸侯崇尚中正之道,并能自强不息、艰苦奋斗。

"包荒,得尚于中行,以光大也。"九二居中守正,遵礼守法,行动刚健,勇往直前,毫不畏惧。九二诸侯能开疆拓土,得益于他崇尚中正之道,并能自强不息、艰苦奋斗。"见龙在田,德施普也。"九二的职责就是开拓社会道德的蛮荒之地,把道德传播给大众,把文明发扬光大。

通泰之道,在于道德文明的发扬光大。

九三,无平不陂,无往不复。艰贞无咎,勿恤其孚,于食有福。

《象》曰:"无往不复,天地际也。"

九三,阳居阳位,处于下卦乾的上位,属于士大夫精英之位。"无平不陂",陂(bēi):土地隆起处,山坡,斜坡。没有始终平坦而不起波折的地方,平坦与起伏相互交错。"无往不复",没有只前进而不返回的事情。事情都是有往有复,循环往复,上下交流。"艰贞无咎",虽然过程艰难但能保持纯真的心态,就不会有什么咎难。"勿恤其孚","恤"就是周济,担忧。不用担心忧虑他的处境艰难,只需要正常交往,因为他心怀诚信。"于食有福",天地相交以诚信为本,万物相通,国泰民安,衣食无忧,这就是人民的福祉。

"无往不复,天地际也。"九三时逢太平盛世,士大夫雄姿英发,羽扇纶巾,又处于天地交界之处,正是驰骋疆场、大显身手之时,需要礼尚往来,阴阳相济,周而复始,相互交流。虽然艰辛,却可以达到丰衣足食,国泰民安。

通泰之道,在于万物相通并循环不已。

六四,翩翩,不富以其邻,不戒以孚。

《象》曰:"翩翩不富,皆失实也。不戒以孚,中心愿也。"

六四,阴居阴位,处于上卦坤的下位,属于贤臣之位。"翩翩,不富以其邻","翩翩"就是自由洒脱地飞翔。像飞鸟一样翩翩飞翔,一旦发现左邻右舍的民众不富裕,便迅速给予帮助,消除贫富差距。"不戒以孚",大家相互不戒备,而是以诚相待。

"翩翩不富,皆失实也。"六四阴柔当位,处于太平盛世依然谨慎行事。为了让民众安居乐业,达到共同富裕,贤臣像鸟翩翩飞翔一样仔细地查询不富裕的地方,并消除贫穷。然而大家都很富裕,所谓的不富与实际不符。"不戒以孚,中心愿也",大家以诚相待,互不戒备,是因为大家的中心愿望都是国泰民安、国富民强。

通泰之道,在于民众富足,国家强盛,民风淳朴,国泰民安。

六五,帝乙归妹,以祉元吉。

《象》曰:"以祉元吉,中以行愿也。"

六五,阴居阳位,处于上卦坤的中位,属于君王之位。"帝乙归妹",归妹:女子出嫁。帝乙是殷纣王之父,他把妹妹嫁给当时的诸侯姬昌,采用和亲的办法来加强商周联合,达到双赢,共同推动了整个社会的发展。"以祉元吉",因此带来了和平,带来了福祉,平安祥和,生生不息。

"以祉元吉,中以行愿也。"六五帝王阴柔之气强盛,而下卦乾的阳刚之气强盛,阴气下降,阳气上升,阴阳相交,天地相合。君臣联姻,社会和平,人民乐业,达到太平盛世,长治久安,这是所有人共同的愿望,也是诸侯与君王都居中守正、努力实现的愿望。

通泰之道,在于天地相通,福祉绵延。

上六,城复于隍,勿用师,自邑告命。贞吝。

《象》曰:"城复于隍,其命乱也。"

上六,阴居阴位,处于上卦坤的上位,属于没落的贵族之位。"城复于隍","隍"就是城池,有水曰池,无水曰隍。"复"通"覆",坍塌。上六保守,不愿意与人往来,闭关自守。民众也不愿受昏君的统治,揭竿而起,从内推倒了城墙,填覆了城隍,迎接自由。"勿用师",民心已失,政权崩溃,大势已去,根本无法动用军队来平叛。"自邑告命",各地的族人相互转告,保守的势力被推翻，大家得到了解放，实现了自由、平等，达到了理想的大同社会。"贞吝"，上六保守、吝啬，造成了国破家亡的结果，真令人惋惜。

"城复于隍，其命乱也。"上六阴柔之气过强，极阴则刚，不愿意下行，导致阴阳不交。上六闭关自守，天地不通，政令不畅，民心大乱，于是民众推倒城墙，推翻政权。

通泰之道，在于交互相通，闭关锁国必然导致国破家亡。

否（坤下乾上）

《序卦传》："泰者通也。物不可以终通，故受之以否。"

"履而泰，然后安"，人人都能尊礼守法，上下有序，条理清楚，就达到了太平盛世。但是随着时间的推移，万事万物发生了各种变化，新生事物对原有的规则难以适应，原有的规则又不能很快得到改进，反过来就阻碍了社会的发展进步，于是新旧势力之间就会产生难以调和的矛盾，因此社会不可能永远保持通泰，泰极则否来，所以泰卦之后就是否卦，否就是否塞、堵塞。

天 地 否

乾 金

坤 土

泰极否来、否极泰来是自然规律，但是"礼"是否泰转化的核心。保守的统治者往往会骄奢淫逸，被华丽的盛世掩盖双眼，抛弃用晦而明的要术，忘记非礼弗履的告诫，更不愿意革旧鼎新，因此导致社会礼崩乐坏，不讲礼就成了否。这就好比交通运输，原来的交通工具仅仅是马、马车以及人流，道路是通畅的，后来出现了汽车、自行车、摩托车等，交通就变得越来越否塞。

"成也萧何，败也萧何"，人们往往因为某种原因而成功，最终也会以某种原因而失败。一个淘宝让零售业苦不堪言，支付宝让银行业惊慌失措，所以古人讲："贤人君子，明于盛衰之道，通乎成败之数，审乎治乱之势，达乎去就之理。"总之，一切都在变，适者生存。

否：否之匪人，不利君子贞，大往小来。

《彖》曰："否之匪人，不利君子贞，大往小来。则是天地不交，而万物不通也；上下不交，而天下无邦也。内阴而外阳，内柔而外刚。内小人而外君子，小人道长，君子道消也。"

否，阳主升却处于上面，阴主降却处于下面，阳升得越来越高，阴降得越来越低，阴阳背道而驰，中间隔绝就形成了否。

"否之匪人，不利君子贞"，"匪"意思是行为不正。否塞的社会，礼崩乐

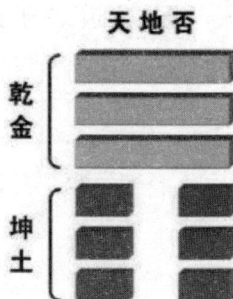

坏，使人的行为变得不端正，不利于君子保持贞洁。

"大往小来"，否是上乾下坤，乾阳为往，坤阴为来，随着奸诈卑鄙的小人来到此处，德高望重的大人不得不前往他处。

"则是天地不交，而万物不通也。"于是，地气居下，天气处上，天地阴阳互不交合，万物的生养互不畅通。

"上下不交，而天下无邦也"，"上"指管理者，"下"指平民百姓。君民不相来往，政令难以畅通，德教不行，礼崩乐坏，天下没有一个完整的礼仪之邦。

"内阴而外阳，内柔而外刚。"内卦为坤为阴，外卦为乾为阳，内心奸诈阴险而柔弱，外表争强好胜而刚健，实际上是外强中干的纸老虎。

"内小人而外君子"，亲近小人，远离君子，小人得到重用，正人君子被辞退，这就是亡国的原因。

"小人道长，君子道消也。"阴长阳消，小人卑劣之道盛起畅通，而君子德行之道云消日落。

《象》曰："天地不交，否。君子以俭德辟难，不可荣以禄。"

天地不交，万物不通，就是否塞的状态。君子应当俭德辟难，淡泊名利，不要与小人同流合污，苟且偷安，更不能为了荣华富贵而丢失名节。

《素书》："国将霸者士皆归，邦将亡者贤先避。地薄者大物不产，水浅者大鱼不游，树秃者大禽不栖，林疏者大兽不居。"国家强盛了众人都会归附，国家将要灭亡时人们都会避难，与覆车同轨者倾，与亡国同辙者灭。农业社会被工业社会所替代，工业社会又将被信息社会所替代，大势所趋，天道如此，谁也难以阻挡。

初六，拔茅茹，以其汇。贞吉，亨。

《象》曰："拔茅贞吉，志在君也。"

初六，阴居阳位，处于下卦坤的下位，属于平民之位。"拔茅茹，以其汇"，"拔"在这里指收割、收获。秋冬季节，阴长阳消，正是茅草成熟的季节，此时百姓收割茅草，并把它们汇集在一起，以待使用。"贞吉，亨"，积极地进行秋收，收获自己的劳动所得是非常吉祥亨通的事。

"拔茅贞吉，志在君也。"初六位卑势弱，但能顺应天道，辛勤劳作。茅草成熟时，收割茅草，用来祭祀，或者盖茅草屋。秋收冬藏是非常吉祥的事，因为他们追求安居乐业,志向是成为仁人君子。

在否塞的状态下,依然能顺应天道,就是吉祥的。

六二,包承,小人吉,大人否亨。

《象》曰:"大人否亨,不乱群也。"

六二,阴居阴位,处于下卦坤的中位,属于诸侯之位。"包承","包"是包含、包裹、容纳。"承"是继承、承受。"包承"指私欲膨胀,想承揽万物。面对秋季的累累硕果,内心的私欲开始膨胀,想占有一切物资,拓展自己的地盘。"小人吉",面对丰富的物质诱惑,人性中最丑恶的贪婪之心萌动,那些奸邪小人善于阿谀奉迎、结党营私,能占有一切,对小人来说是吉祥之事。"大人否亨","否"是否定的意思。《乾·文言》:"亨者,嘉之会也。"亨是美善的事物汇集在一起。德高望重的大人没有贪婪之心,不会中饱私囊,更不会与小人同流合污,而是集各种美德于一身。

"大人否亨,不乱群也。"六二阴柔当位,但是人性不同,小人有贪欲,大人有美德。大人坚持君子之道,洁身自好,俭德辟难,不乱本性,不愿与小人同流合污、结党营私。

在否塞的状态下,私欲横流,贫富差距会越来越大,社会矛盾会越来越尖锐。

六三,包,羞。

《象》曰:"包,羞,位不当也。"

六三,阴居阳位,处于下卦坤的上位,属于士大夫精英之位。"包,羞",本想占有更多的东西,却没有得到,反而蒙受了羞辱。

"包,羞,位不当也。"六三阴柔却不当位,妄自尊大。他自以为能力超群,却过于贪求名利,忘记了含章可贞。想得到君王的重用,于是就攀龙附凤,结果德不配位,又刚愎自用,必然自取其辱。

在否塞的状态下,"德不配位,必有余殃"。

九四,有命,无咎,畴离祉。

《象》曰:"有命无咎,志行也。"

九四,阳居阴位,处于上卦乾的下位,属于贤臣之位。"有命,无咎",肩负着使命,所以无咎。"畴离祉","畴"指田畴,即安身立命的口粮田、自留地。"离"是附丽,依靠。"祉"是福祉。只要谨守天道,守住自有的田地,不要有贪欲,必然会得到神灵的护佑而获得福祉。

"有命无咎,志行也",九四有刚健之势,但不当位。他听命于君王,不贪权夺利,忠心耿耿地保卫君王的安危,因为他肩负着使命,只要按照自己的志向做事,就没有过失。

无论是通泰还是否塞,都要坚守自己的使命。

九五,休否,大人吉。其亡其亡,系于包桑。

《象》曰:"大人之吉,位正当也。"

九五,阳居阳位,处于上卦乾的中位,属于君王之位。"休否","休"是指停止、阻止。整个社会阴气迷障,否塞不通,君王斩妖除魔,铲除奸邪,以消除否塞的状态。"大人吉",对于德高望重的大人来说是吉祥的。"其亡其亡",而那些奸邪小人只有纷纷逃亡。"系于包桑","包"通"苞",丛生盘根的植物,它们根系坚固,再生能力特别强。"桑"指桑树,那些小人把安危寄托于朋党结私,就像桑树一样盘根错节,根深蒂固,以为没有人能打败他们,没想到刚健的九五如秋风扫落叶一样把他们斩草除根。

"大人之吉,位正当也。"九五君王刚健中正,要斩妖除魔、铲除奸邪,倚重的就是中正刚健、德高望重的大人。这对大人来说是吉祥之事,因为他们处于中正之位。

子曰:"危者,安其位者也;亡者,保其存者也;乱者,有其治者也。是故,君子安而不忘危,存而不忘亡,治而不忘乱;是以身安而国家可保也。《易》曰:其亡其亡,系于包桑。"

孔子说:"处于危难之中的人,长期处于平安之地;处于逃亡之中的人,长期有势力在保护他的生存;处于动乱时期的地方,长期有人在治理。所以,君子处于平安时也不要忘记危难,生存时也不要忘记灭亡,治理时也不要忘记动乱,只有这样才能平安,国家才可以安保太平。这就是《易》所讲的,把自己的安危维系在朋党的势力之下,就会像苞桑一样被秋风扫落叶而纷纷逃亡。"

无论是通泰还是否塞,都要懂得居安思危。

上九,倾否,先否后喜。

《象》曰:"否终则倾,何可长也。"

上九,阳居阴位,处于上卦乾的上位,属于天位。"倾否","倾"指倾覆。

小人被铲除,乱世被终结,否之匪气最终烟消云散,邪恶势力最终土崩瓦解。"先否后喜",先前的否塞乱世让人心生悲痛之情,但小人被铲除之后,否塞的乱世变成通泰的盛世,使人心生喜悦之情。

"否终则倾,何可长也",处于天位的上九勇猛刚健,有护佑君王、保家卫国的职责。他以至刚战胜至柔,正义战胜邪恶,终结了否塞的状态,让社会恢复了通泰。否极泰来,泰极否来,否与泰怎么可能长久不变呢?

无论是通泰还是否塞,都不可能长久,泰与否相互转化。

同人（离下乾上）

《序卦传》："物不可以终否,故受之以同人。"

当礼崩乐坏,社会进入否塞状态时,如何才能终结乱世呢?

首先,分析产生乱世的原因。乱世是新旧势力、正义与邪恶的斗争所造成的。其次,通过比较把人群分类,找出革新派与保守派,认清正义的一方和邪恶的一方。凡是有共同的目标和理想,坚持正义与革新,有共同价值观的人,都可以称为"同人"。同人就是志同道合的人,同人以礼而聚,拨乱反正,革故鼎新,终结否态,所以否卦之后就是同人卦。

同人:同人于野,亨。利涉大川。利君子贞。

《彖》曰:"同人,柔得位得中,而应乎乾,曰同人。同人曰:同人于野,亨。利涉大川,乾行也。文明以健,中正而应,君子正也。唯君子为能通天下之志。"

"同人,柔得位得中,而应乎乾,曰同人。"同人是上乾下离,外刚内柔,离火阴柔既得位又得中,刚柔相应。

乾为天,离为火。阳光照耀整个天空,才能显示天空的广阔,太阳也需要广阔的天空来展示自己的光芒。"天得其清,火发其光,乾著其健,离昭其明。"你需要我,我也需要你,彼此求大同存小异,这就是和同的原则。

"同人曰:同人于野,亨。"乾居正位,统领天下;离为日,居民间,为民众带领光明。乾与离相映,正大而光明。同人告诉我们,只要大家志同道合,齐心协力,那么无论朝野,一切都会亨通。

家家都敬奉灶王爷,称灶王爷为"一家之主",如果说乾为君王在上,主管一切,那么灶王爷就居民间,主管一家的香火,这就是同人于野。乾与离二人同心同德,为天下苍生服务,万物也遵循乾与离的循环轨迹,生生不息。

"利涉大川,乾行也。"乾行刚健,在太阳的照耀下,有利于他跋山涉水。

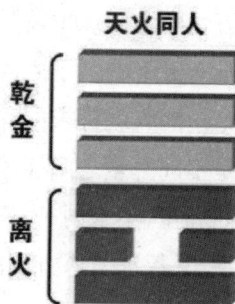

"文明以健,中正而应,君子正也。"同人卦的下卦离火代表着文明,具有明辨是非的能力;上卦乾金具有组织能力,他行动刚健,嫉恶如仇,所以同人能"内文明而外刚健"。内心能明辨是非,树立目标方向,外在的行动才能刚健有力。内外相应,保持中正之道,这才是君子应该走的正道。

"唯君子为能通天下之志。"唯有君子能做到"文明以健",才能通达天下万物的志向。也就是说,唯有君子内心坦荡荡才能知晓万物生长的愿望,也唯有天下的君子之间才能同人。

同人就是求同存异。求同,就是寻找共同点,共同的思想、共同的利益,是不同力量之间能够和谐共处和合作的基础。存异,就是保留不同意见、不同利益,不求同一,是不同力量达到和谐的条件。求同存异既建立起合作关系,又保证了各方面的不同利益,从而达到了和谐,并组成一种联合体,所以求同存异体现了和而不同。

从泰到否,由否到同人,就是事物发展变化的过程。万物的生长,世事的变革,国家的兴替,无不是这样的规律。乱而转治,必找同人。

《象》曰:"天与火,同人。君子以类族辨物。"

离火为明,明的最大特点就是"辨",明辨是非、曲直、黑白、善恶。乾金为刚,刚的最大特点就是"分",以刚决柔,一分为二,行动刚健。乾与离相映,正大而光明,遏恶扬善,所以天与火能成为同道中人。君子根据天与火的特点,学会"类族辨物",即对万事万物进行分类比较,找出自己的同道中人。

类族辨物是我们观察、认识事物的最基本、最实用的方法。无论是学习知识,还是工作实践,我们都应该掌握类族辨物的能力。《素书》:"同志相得,同仁相忧,同智相谋,同恶相党,同爱相求,同美相妒,同贵相害,同利相忌,同类相依,同义相亲,同难相济,同道相成,同艺相规,同巧相胜,同声相应,同气相感,此乃数之所得,不可与理违。"

初九,同人于门,无咎。

《象》曰:"出门同人,又谁咎也。"

初九,阳居阳位,处于下卦离的下位,属于平民之位。"同人于门",师从一个门派,共同接受品德和技能的教育,有共同价值观的同人,如同门、同学、同窗。他们之间平等相处,友谊真挚。"无咎",这类同人之间矛盾少,相处时不会有大的过错。

"出门同人，又谁咎也。"初九位卑势弱，正是接受教育、培养价值观的时期。师出同门，接受同样的文明教育之后，彼此的价值观相近，能坦诚相待，又有谁会去责难对方是异类呢？

同人之道，在于有相同的价值观。

六二，同人于宗，吝。

《象》曰："同人于宗，吝道也。"

六二，阴居阴位，处于下卦离的中位，属于诸侯之位。"同人于宗"，宗：宗庙，祖庙，祖先，同族。六二诸侯与九五君王属于同宗同族的关系，彼此同心同德。"吝"，顾惜，舍不得。同宗同族的人毕竟很少，值得顾惜。

"同人于宗，吝道也"，"吝道"就是物以稀为贵。同宗族的人能做到同心同德的，一定是少数，这符合吝道。

同人之道，在于同心同德。

九三，伏戎于莽，升其高陵，三岁不兴。

《象》曰："伏戎于莽，敌刚也。三岁不兴，安行也。"

九三，阳居阳位，处于下卦离的上位，属于士大夫精英之位。"伏戎于莽"，戎：古代兵器的总称，又代表军队。莽：密生的草，草莽。军队潜伏于草莽之中，等待机会。"升其高陵"，独自登上高陵之地。"三岁不兴"，兴：从舁（yú）从同，同力共举，共同抬起。三年也没有人敢和他一起兴兵进攻。

"伏戎于莽，敌刚也。"九三有刚健之势，又有远大的志向，急于建功立业。九三与九四相邻，虽然同属阳刚，性情相近，但是他们的社会地位不属于同一阶层，所以难以成为同人，彼此更多的是竞争的关系。由于敌方的势力比自己还要刚健，九三只能潜伏下来，等待时机。"三岁不兴，安行也"，当九三独自登上高陵之后才发现没有志同道合的朋友，因此三年也没有人敢和他一起兴兵进攻，因为大家都想平安地做事，不喜欢战争。

同人之道，在于实现共同的目标。

九四，乘其墉，弗克攻，吉。

《象》曰："乘其墉，义弗克也。其吉，则困而反则也。"

九四，阳居阴位，处于上卦乾的下位，属于贤臣之位。"乘其墉"，墉：城墙。登上坚硬的城墙。"弗克攻，吉"，却没有进一步的进攻，当然是吉祥的。

"乘其墉,义弗克也。"九四有刚健之势,辅佐君王,保护君王的安危。他登上高高的城墙,观察城外的一举一动,他的职责是镇守城池,而不是主动出城迎敌。"其吉,则困而反则也",第二个"则"通"侧","反则"就是翻来覆去,思前想后。九四之所以吉祥,是因为处于困境之中还能反复斟酌,审时度势。他相信六二诸侯与九五君王是同宗,诸侯一定会前来救驾,自己坚守城池就行了。

同人之道,在于类族辨物。

九五,同人,先号咷而后笑,大师克,相遇。

《象》曰:"同人之先,以中直也。大师相遇,言相克也。"

九五,阳居阳位,处于上卦乾的中位,属于君王之位。"同人",寻找自己的同人。九五与六二阴阳相应,二人同宗。"先号咷而后笑",九五君王被九三、九四、上九三个刚健的阳爻所包围,无法知道谁忠谁奸,谁善谁恶,找不到同人,于是他悲伤嚎啕,而后在六二离火的光照下,万物无法遁形,全部显露真容,有力地帮助九五君王分辨出了善恶、忠奸,因此他畅怀大笑。"大师克,相遇",六二出兵相救,用火克金,与九五内外夹击,打败了叛军,胜利会师。

"同人之先,以中直也",在成为同人之前,因为九五一直能保持中正之道,所以才能赢得真正的志同道合者。"大师相遇,言相克也",因为只有同人关系,才谈得上共同克服困难,只有同人双方的军队才能联合起来,共同克敌。

《系辞》:子曰:"君子之道,或出或处,或默或语,二人同心,其利断金;同心之言,其臭如兰。"

孔子说:"君子崇尚的道,无论出门在外,还是静处在家;无论沉默寡言,还是高谈阔论,只要二人能同心同德,他们合作的力量就像锋利的刀剑,可以斩断金属;只要二人能同心相爱,他们的话语会犹如兰花一样芳香。"

同人之道,在于力量的倍增。

上九,同人于郊,无悔。

《象》曰:"同人于郊,志未得也。"

上九,阳居阴位,处于上卦乾的上位,属于没落的贵族之位。"同人于郊",与志同道合者一起离开繁华的都市,到郊外过田园生活,抒发情怀。

"无悔"，无怨无悔。

"同人于郊，志未得也。"上九位高而无权，人生不得志，心怀天下而报国无门。来到郊外遇到了同道中人，都是志向并未实现，不得已而归隐田园，"同是天涯沦落人，相逢何必曾相识"。陶渊明归隐田园，写下了《饮酒》："结庐在人境，而无车马喧。问君何能尔？心远地自偏。采菊东篱下，悠然见南山。山气日夕佳，飞鸟相与还。此中有真意，欲辨已忘言。"无需辩解，无怨无悔，悠然自得。

同人之道，在于抒发情怀。

大有（乾下离上）

《序卦传》："与人同者,物必归焉,故受之以大有。"

在乱世当中,通过类族辨物寻找自己的同道中人,同道中人以礼而聚。随着同人不断地聚集,就形成了强大的人力资源,而其他的社会资源必定会归附于同人,也就是先聚人气再聚财气,所以同人卦之后就是大有卦。

火天大有

离火

乾金

同人是春华,大有就是秋实。同人是人与人之间的聚集,大有是物与物之间的聚集。大有就是拥有巨大的社会资源,大有归同人所有,归大家所有,大有就是公有。

大有:元亨。

《象》曰:"大有,柔得尊位,大中而上下应之,曰大有。其德刚健而文明,应乎天而时行,是以元亨。"

"大有,柔得尊位。"大有上离下乾。先天八卦中,乾居正位,统领天下。后天八卦中,乾退居西北,离卦代替乾而居正位,成为后天的主宰,因此说六五阴柔而取得尊位。

"大中而上下应之,曰大有。"一阴独尊,却居中正之位,能光照天下,有大德爱心。君王采取怀柔政策,俯携群阳,因此能获得众人的拥护。众物备具以待用,众材咸集以备采,所有的人、财、物都愿意为君王所用,上下相应,这才称作"大有"。

"其德刚健而文明,应乎天而时行,是以元亨。"离为日,文明光耀万物。乾为天,天行刚健。离火具有分辨的能力,乾金具有执行能力,所以大有具有刚健而文明的品德,又能顺应规律行事。做到公平公正、光明正大,才能聚集天下的财物,所以是元亨。

大有与同人和起来就是大同,大同社会是古人向往的文明社会,人与人

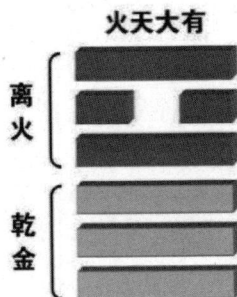

志同道合，以礼而聚，万物有所归，日丽中天，盛大富有，天下为公。

《象》曰："火在天上，大有；君子以遏恶扬善，顺天休命。"

离为火为日，乾为天，火在天上，晴天丽日，就是大有。大有是阳气正气升发飞扬，阴气邪气消亡弥散。大有就好比火烛高举，明镜高悬，彰美忠善，洞察奸邪。君子应该遏恶扬善，顺应天道。

天道在于分辨善恶、优劣、利害，有生杀予夺的权利，春生秋杀，热生寒杀。人道在于赏罚分明，遏恶扬善，扶正祛邪。人道要服从天道就是顺天休命。

故宫皇帝议事的金銮宝殿上书"正大光明"，就是大有之象；佛光普照也是大有之象，佛为乾，佛光为离。品德刚健而文明的贤能之人能替天行道，为生民立命，他们就是大有之人。

初九，无交害，匪咎，艰则无咎。

《象》曰："大有初九，无交害也。"

初九，阳居阳位，处于下卦乾的下位，属于平民之位。"无交害"，"交"表示"相互、相错，接合，互相来往"的意思。不与外界交往，也就不会受到伤害。"匪咎"，"匪"同"非"，没有过错。"艰则无咎"，虽然艰难困苦，只要能自强不息，就没有咎难。

"大有初九，无交害也。"初九位低势弱，潜龙勿用，成德为行。大有初期，初九以树立德行为主，没有找到同人，就不宜与外界交往，也就不会受到伤害。

大有之道，要以艰苦奋斗和品德修养为根基。

九二，大车以载，有攸往，无咎。

《象》曰："大车以载，积中不败也。"

九二，阳居阴位，处于下卦乾的中位，保持中正，属于诸侯之位。"大车以载"，把蓄积的大有之物用大车载着。"有攸往，无咎"，攸：从容安定。从容安定地行走在光明大道上，把大有之物上缴国库，所以无咎。

"大车以载，积中不败也。"九二在上卦离火的照耀下，前途一片光明，真正能做到"其德刚健而文明"，因此才能蓄积大量的财物，并以文明之德掌管大有之物。大有之物是天下共有之物，能聚能散，善出善纳，以天下之物，利天下之人，成天下之用，就可以免除咎难，更不用担心蓄积过多而溃败。

大有之道,在于民富而国强。

九三,公用亨于天子,小人弗克。

《象》曰:"公用亨于天子,小人害也。"

九三,阳居阳位,处于下卦乾的上位,属于士大夫精英之位。"公用亨于天子",公:公侯。亨:亨、享、烹通用。公侯获得天子的嘉奖并与天子共享佳宴。"小人弗克",小人不可能得到君王的嘉奖。

"公用亨于天子。"九三刚健之势更强,又与上卦离相邻,得到离火的帮助更多,接受的文明教化也多,成就了大有之才。九三能把大有之才用之于公,上达政令下通民意,沟通乾离的关系,是一个尽职尽责的贤能之人,"青灯十年习文武,只为卖与帝王家",因此获得了天子的嘉奖并与天子共享佳宴。"小人害也",那些上蹿下跳的小人各啬贪财,对上谄媚,对下豪夺,所以那些小人根本无法像贤能之人一样获得嘉奖,反而因才为私用而受到天子的惩罚。"为中华崛起而读书",必然流芳百世,为天下所敬仰。

大有之道,在于贤才应当报效国家。

九四,匪其彭,无咎。

《象》曰:"匪其彭,无咎,明辨晢也。"

九四,阳居阴位,处于上卦离的下位,属于贤臣之位。"匪其彭","匪"通"非"。彭:鼓声密集,声势浩大。没有过分地擂鼓助威,张扬声势。"无咎",没有过错。

"匪其彭,无咎,明辨晢也。"九四有刚健之势,文明之德,面对刚健勇猛的初九、九二、九三并没有张扬声势,只是默默地分辨忠奸善恶,在君王面前更没有耀武扬威,而是尽职尽责地为君王遏恶扬善,所以没有咎难。

大有之道,贵在于明辨善恶。

六五,厥孚交如,威如,吉。

《象》曰:"厥孚交如,信以发志也。威如之吉,易而无备也。"

六五,阴居阳位,处于上卦离的中位,为全卦主位,属于君王之位。"厥孚交如",厥:极致,极限。至诚至信地与人交往。"威如,吉",与人交往非常有威严。有信有威,威加海内,才能让人敬畏,这才是吉祥的。

"厥孚交如,信以发志也。"五阳一阴,众阳围绕着六五,六五极为尊贵,"柔得尊位,大中而上下应之,曰大有",上下相应,内外相合。因为君王的信任能激发众人的斗志,所以人与人交往要至诚至信,百姓相信君王能顺应天道,大公无私,并将温暖、光明送达人间;君王也信任百姓,所以能汇集四海俊杰,蓄积天下财物,无私无欲。"威如之吉,易而无备也。"五行中火克金,火是柔中有威,虽然六五柔弱,却居尊位,威加四海,人人敬畏,这当然是吉祥的。因为君王的威严可以遏恶扬善,保障社会的长治久安,所以无论社会发生什么变化,百姓也无需戒备。

大有之道,在于遏恶扬善。

上九,自天祐之,吉,无不利。

《象》曰:"大有上吉,自天祐也。"

上九,阳居阴位,处于上卦离的上位,属于天位。"自天祐之,吉,无不利。""祐"本作"佑",护佑,帮助。能得到苍天对他的护佑,当然吉祥如意,无所不利。

"大有上吉,自天祐也。"上九居高位,能明辨一切,明察秋毫。他有护佑天下苍生的职责,这就是"遏恶扬善"。天下苍生尊天道,顺天命,就会得到苍天的护佑,这就是"顺天休命"。

大有是天下为公,大有之财就应该取之于民而用于民,这样才能得到上天的护佑,即"上吉"。

《系辞》:子曰:"**佑者,助也。天之所助者,顺也;人之所助者,信也。履信思乎顺,又以尚贤也,是以自天佑之,吉无不利也。**"

孔子说:"佑是扶助的意思。上天之所以扶助他,是因为他能顺应天道。人们之所以扶助他,是因为他笃守诚信。诚信的人常常思虑自己的行为是否顺天道,又能崇尚贤能的人,向他们学习,所以说他能得到上天护佑,并且吉祥如意,无所不利。"

大有之道,在于以天下为己任。

谦(艮下坤上)

《序卦传》:"有大者不可以盈,故受之以谦。"

大有就是拥有大量的社会资源,而这些社会资源为天下所共有,应该公平公正地分配给大众,所以大有卦之后就是谦卦。

谦卦就是把社会资源公平地分配给大众,让每一个人都拥有一定的社会资源。因此"满招损谦受益",只有具备谦虚的品德,才能受益。

地山谦

坤土

艮土

谦:亨。君子有终。

《彖》曰:"谦,亨。天道下济而光明,地道卑而上行。天道亏盈而益谦,地道变盈而流谦,鬼神害盈而福谦,人道恶盈而好谦。谦,尊而光,卑而不可逾,君子之终也。"

"谦,亨。"谦卦是外坤内艮,坤为顺,艮为止。外在柔顺谦逊,内在能止于心而坚守本位,一切亨通吉祥。

"天道下济而光明,地道卑而上行。"天道居上而能向下泽惠民众、普济众生、彰显光明。地道处于卑下而希望向上发展。这就像太阳向下发出光芒,而动植物由低向高成长,追求文明。

"天道亏盈而益谦。"天道是减损满盈的状态而增益谦卑者。"日中则昃,月盈则食"就是典型的天道亏盈。我们常说的"久旱必涝,久涝必旱;久跌必涨,久涨必跌"也是这个道理。

"地道变盈而流谦。"地道改变满盈的状态而流注于谦卑者。比如水满自溢,还有就是三国魏人李康的《运命论》:"木秀于林,风必摧之;堆出于岸,流必湍之。"

"鬼神害盈而福谦。"鬼神之道是加害满盈者而福佑谦恭者,这就是吉凶祸福的来由。

"人道恶盈而好谦。"人道是厌恶骄傲自满者而喜好谦恭者。李康的《运

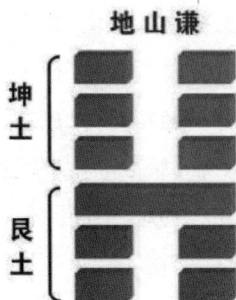

命论》："行高于人，众必非之。"清高自傲，一意孤行，往往会成为大家攻击的对象。

"谦，尊而光，卑而不可逾。"谦虚的人位尊时尊贵且光彩照人，位卑时也没有谁可以超越他。

"君子之终也。"君子如果能修到谦虚的品德，那就是做君子的最高境界了。

无论是天道、地道、鬼神之道还是人道，都是可谦而不可盈。《道德经》："道，冲而用之或不盈，渊兮似万物之宗。挫其锐，解其纷，和其光，同其尘，湛兮似或存，吾不知谁之子，象帝之先。"冲是一种向上向外扩张的势力，事物在向外扩张时不能达到满盈的状态，因为低渊恰似万物存在的宗旨。低渊就是谦的状态，也就是说，谦是万物的行为准则。太过锋锐就会受挫，纷繁杂乱就要解决以变得有序，光芒太过耀眼就要遮挡以变得柔和，太过于细小的灰尘就会被大的事物吸附而同化。这样清澈明了的道理好像存在于世间，我不知道他是怎样诞生的，帝之前就已经存在了，这就是道。老子这句话所讲的实际上就是谦道。

《象》曰："地中有山，谦。君子以裒多益寡，称物平施。"

上卦为坤为地，下卦为艮为山，地中有山之象就是谦卦。山本高大，但处于地下，高大显示不出来，不自高自大就是谦。谦虚的人像山一样，从来不贬低自己，也从来不拔高自己，从来不炫耀自己的秀丽，也从来不掩饰自己的秃石和断崖，它总是诚恳地对待周围的一切，也诚恳地对待比它低矮得多的大地。

谦的卦象又如天平，上卦坤如天平两端的托盘，下卦艮山为天平的支点，体现着"公平"之象。谦依靠的支点就是平静的内心，心如艮山一样平静，胸怀才能像坤土一样宽广。

古代的秤杆体现的就是谦德。"裒多益寡，称物平施"，对事物进行称量，衡量事物的多寡然后公平施予，做到减有余而增不足。所有的"益谦，流谦，福谦，好谦"都是为了达到公平。古代都是十六两称，相传，秤杆上刻的秤星是由天上的星宿演化而来，前六颗代表南斗六星，象征四方和上下；再往后数七颗则代表北斗七星，象征用秤者立于天地间，心要中立，要像北斗七星指示方向一样公正不偏颇；秤杆的尾端是福、禄、寿三星，用来告诫生意人要诚实、讲信用、不欺骗,否则,少一两无福,短二两少禄,缺三两折寿。这福禄寿都没有了,人还活着做什么呢?

下卦艮为少男,上卦坤为母,谦卦象征着少儿顺从母亲,母亲爱抚幼子,他们是亲密无间的母子关系。艮山本来高大,在大地母亲面前却谦卑恭敬。无论儿子长大后成为达官贵人,还是出将入相,见了母亲就得行礼问安,这才是人间最美的美德。

初六,谦谦君子,用涉大川,吉。

《象》曰:"谦谦君子,卑以自牧也。"

初六,阴居阳位,处于下卦艮的下位,属于平民之位。"谦谦君子",谦谦:谦而又谦,非常谦虚。虽然地位低下,没有权势,也没有资源,更谈不上丰盈,但他能够保持谦虚的品德,不卑不亢,兢兢业业地做事,所以称其为君子。"用涉大川,吉",君子做事谦卑,一定会一帆风顺,吉祥如意。

"谦谦君子,卑以自牧也","牧"就是养,放牧,放养。初六就是那些普通劳动人民,他们位卑而不自卑,贫贱而不移,日出而作,日落而息,面朝黄土背朝天,靠自己的努力奋斗来养活自己。谦而又谦,才是真正的谦谦君子。

每一个人的社会角色随时在发生变化,不要夜郎自大,不要班门弄斧,话不能说得太满,事不能做得太绝,骄傲自满必然引来凶祸。

谦道,在于位卑但不自卑。

六二,鸣谦,贞吉。

《象》曰:"鸣谦贞吉,中心得也。"

六二,阴居阴位,处于下卦艮的中位,属于诸侯之位。"鸣谦",鸣:指宣扬,传播。大力宣扬和传播谦虚的美德,希望人人都能拥有谦虚的美德。"贞吉","贞"是最本质的一种感受。保持谦虚的美德,才能真正感受到吉祥。

"鸣谦贞吉,中心得也。"六二阴柔当位,能持中守正,又拥有谦虚的品德,是文明的传播者、道德的践行者,他广泛地宣扬谦虚的美德,希望民众都能学习谦虚的品德,并感受到真正的吉祥。

谦道,在于传播和学习。

九三,劳谦君于,有终,古。

《象》曰:"劳谦君子,万民服也。"

九三，阳居阳位，处于下卦艮的上位，属于士大夫精英之位。"劳谦君子"，劳苦功高，又能敦厚谦逊，这样的人称为劳谦君子。"有终，吉"，不居功自傲，不求成名，而是自始至终辛勤做事，这种美德是非常好的。

"劳谦君子，万民服也。"九三是全卦中唯一的阳爻，属于社会精英人物，刚健勇猛，能力超群，他有将帅之才，能带领众人不避艰险。虽然立下了汗马功劳，但依然保持谦虚的美德，而不争名夺利。九三劳苦功高，却甘愿做劳谦君子，因此获得了万民的敬仰。假如生活欺骗了你，不要悲伤，不要心急！做一个劳谦君子，就会吉祥如意！

《系辞》：子曰："劳而不伐，有功而不德，厚之至也，语以其功下人者也。德言盛，礼言恭，谦也者，致恭以存其位者也。"

孔子说："劳苦功高而不夸耀不争功，有功绩而不说自己有德行，这真是敦厚到极点了，将自己的功劳谦让于他人。德讲的是盛名，礼讲的是恭敬，所谓真正谦虚的人，是安心处于自己的位置上恭敬谦逊，不居功自傲。"

谦虚的品德最大的表现就是不居功自傲。

六四，无不利，㧑（huī）谦。

《象》曰："无不利，㧑谦，不违则也。"

六四，阴居阴位，处于上卦坤的下位，属于贤臣之位。"无不利，㧑谦"，"㧑"通"挥"，指挥，命令，挥手呵斥或挥手示退。对于违反谦道的行为挥手呵斥，以示警告，这样做没有什么不对的。

"无不利，㧑谦。"六四阴柔当位，作为贤臣有责任教育和管理众人的道德行为，对于违反谦道的行为挥手呵斥，以示警告。"不违则也"，警告他要谨守谦德，不要违反天则人道，否则，就会受到惩罚。

谦道，在于"满招损，谦受益"。

六五，不富以其邻，利用侵伐，无不利。

《象》曰："利用侵伐，征不服也。"

六五，阴居阳位，处于上卦坤的中位，君王之位。"不富以其邻"，一旦发现其邻不富，出现了贫富差异，君王就要消除贫富差异，让大家共同富裕，这是君王的职责。"利用侵伐"，要消除贫富差异，仅用道德教化，难以达到目的。君王利用行政侵伐的手段，征伐那些不遵守谦道的富裕人家，并救济贫穷的人们。"无不利"，让社会共同富裕，体现了谦卦的核心思想，所以无所不利。

"利用侵伐，征不服也。"六五君王能厚德载物，道济天下，公平公正地把社会财富分配给民众。为了让民众达到共同富裕，所以要动用行政侵伐的手段，对那些为富不仁、违反天道、不服管理者进行征伐，比如通过税收来调节贫富差异。

谦卦体现的是公平公正、盈亏平衡的原则。

上六，鸣谦，利用行师，征邑国。

《象》曰："鸣谦，志未得也。可用行师，征邑国也。"

上六，阴居阴位，处于上卦坤的上位，属于天位。"鸣谦"，大力弘扬谦虚的美德，希望所有人拥有谦虚的美德。"利用行师，征邑国"，对那些为富不仁、骄奢淫逸的诸侯国直接出兵征伐。

"鸣谦，志未得也。"上六居天位，履行天职，保护君王，保家卫国。仅仅宣扬谦道，并不能使君王的意志得到贯彻，那些诸侯国依然扩充势力，争抢地盘。"可用行师，征邑国也"，上六阴极则刚，有非常强大的力量，而且师出有名，替天行道，惩恶扬善，把诸侯国的财富分配给大家，以消除贫富差距，使社会达到公平公正。

谦道，骄奢淫逸、为富不仁者必定要遭受天谴。

豫(坤下震上)

《序卦传》:"有大而能谦,必豫,故受之以豫。"

拥有庞大的资源,可以取地利之势;又有谦虚的品德,可以获得人和。此时便要借助天时大展宏图,有所作为,因此谦卦之后就是豫卦。

谦在于静,豫在于动。"豫"即"天予之象"。平地一声雷,天下同春,万物复苏,此时得天时、地利、人和,所以有利于出兵打仗,开疆拓土,建功立业。

豫:利建侯行师。

《彖》曰:"豫,刚应而志行。顺以动,豫。豫顺以动,故天地如之,而况建侯行师乎?天地以顺动,故日月不过,而四时不忒。圣人以顺动,则刑罚清而民服。豫之时义大矣哉!"

"豫,刚应而志行。"豫是上震下坤,五阴一阳,一阳刚健有力,发布命令,众阴柔弱纷纷响应。豫就是服从命令并积极地行动。

"顺以动,豫。"下卦坤为顺,上卦震为动,顺以动。一阳统领众阴,奋发图强,众阴顺应阳的行动,下顺应上,卑顺应尊,被领导者顺应领导者的行动。

"豫顺以动,故天地如之,而况建侯行师乎?"豫卦代表着"顺以动",这是天地万物都应该顺应的天道,更何况领兵打仗、开疆拓土呢?

"天地以顺动,故日月不过,而四时不忒。"忒:偏差。天地都能顺应规律而行动,所以日月的周期运转不会有差错,四季的变化也不会有偏差。

"圣人以顺动,则刑罚清而民服。豫之时义大矣哉!"圣贤君王能顺应天时、顺从民意而行动,那么不需要用刑罚来治理,民众也自然心悦诚服,所以豫的意义是非常大的。

谦为人道,豫为治道。谦重在修德,豫重在行动。豫动的两个条件就是物资达到"大有",众人都能"谦"。古时圣人建邦立国,都是根据豫卦的卦意

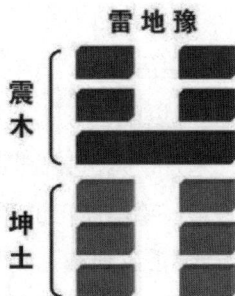

来行动。

《象》曰:"雷出地奋,豫。先王以作乐崇德,殷荐之上帝,以配祖考。"

上卦震为雷,下卦坤为地,春雷轰鸣,万物奋起,天下同春,惊蛰之象。古人认为惊蛰是上天所赐予的,因此豫被称作"天予之象"。

"先王以作乐崇德。"先王以礼乐的形式来庆祝胜利,崇尚美德。

"殷荐之上帝。"殷:表示人数众多、情感深厚、生活富足。向上苍展示富裕的生活。

"以配祖考。"祖考:祖先。配:符合。子孙的功绩达到了祖先的要求,以此来告祭先祖,并感谢先祖的恩赐。

一年之计在于春,青春年少之时,人都应有自己的梦想,并为自己的梦想而"雷出地奋",不要等到别人"作乐崇德",告祭先祖之时,才发现自己错过了岁月,无颜面对列祖列宗。青春需要激情,需要挑战,需要坚强与自信,需要用心去体味,真正地去拥有,用汗水和毅力去抒写那绚丽的篇章。

初六,鸣豫,凶。

《象》曰:"初六鸣豫,志穷凶也。"

初六,阴居阳位,处于下卦坤的下位,属于平民之位。"鸣豫",因为雷鸣而豫动。突然一声惊雷,让人惊慌失措,盲目行动。"凶",其结果暴露了自己的弱点,极易受到敌人的攻击,这是凶象。

"初六鸣豫,志穷凶也。""志穷"就是志向不定,没有方向。初六位卑势弱,柔顺安静,突然的行动让他内心不安,也不知行动的目的以及方向,所以惊慌失措。如果是"建侯行师",行军打仗就可能泄密,打草惊蛇,有覆军亡国之祸。

行动之前要树立志向,确定目标。

六二,介于石,不终日,贞吉。

《象》曰:"不终日贞吉,以中正也。"

六二,阴居阴位,处于下卦坤的中位,属于诸侯之位。"介于石,不终日。""介"是草介,比喻地位卑贱、不足珍惜的事物。"石"指磐石。判断草芥与磐石谁卑微柔弱,谁高大刚健,要很快做出决断,根本不用等一整天才知道结果。"贞吉",真正感觉到吉祥。如果当断不断,那就是凶了。

"不终日贞吉,以中正也。"六二阴柔当位,谨守中正之道。震雷一响,万物蠢蠢欲动之时，六二柔顺但不盲从，行动但不违中道。他需要权衡利弊，运筹帷幄，审时度势，最重要的是见机行事。

《系辞》：子曰："知几其神乎！君子上交不谄，下交不渎，其知几乎？几者，动之微，吉之先见者也。君子见几而作，不俟终日。《易》曰：'介于石，不终日，贞吉。'介如石焉，宁用终日？断可识矣。君子知微知彰，知柔知刚，万夫之望。"

孔子说："能知道事物变化的先兆是不是很神奇！君子与居上的权贵交往不谄媚，与居下的百姓交往不轻佻傲慢，难道是君子知道先兆吗？所谓的先机，实际上是事物发生了细小轻微的变化，就能预见它的吉凶。君子能把握先机，见机行事，而不用等到事情发展到终了，才知道结果是吉是凶。《易》曰：'介于石，不终日，贞吉。'当你看到草芥与磐石时，谁卑微柔弱，谁高大刚健，难道要等一整天才能判断出来吗？很快就可以识别决断。作为君子就应当知微知彰，知柔知刚，才能成为众人所仰望的人。"

豫动之前要审时度势，做出正确的判断，并见机而行。

六三，盱（xū）豫，悔，迟有悔。

《象》曰："盱豫有悔，位不当也。"

六三，阴居阳位，处于下卦坤的上位，属于士大夫精英之位。"盱豫"，盱：张目直视，左顾右盼。惊蛰之时，万物生机勃勃，六三却左顾右盼，进退两难。"悔"，心中懊恼。对自己瞻前顾后、优柔寡断的行为表示悔恨。"迟有悔"，迟迟不作决断而错失良机，结果悔恨莫及。

"盱豫有悔，位不当也。"六三阴居阳位，位不当，没有刚健之势，缺乏决断力，因此而犹豫不决，悔恨终生。岳飞的《满江红》："莫等闲，白了少年头，空悲切。"一年之计在于春，青春年少，风华正茂，正是大展宏图之时，切莫荒废青春，晚来后悔莫及。

豫动之前，不可优柔寡断。

九四，由豫，大有得。勿疑，朋盍簪（zān）。

《象》曰："由豫大有得，志大行也。"

九四，阳居阴位，处于上卦震的下位，一阳五阴，为全卦主位，属于贤臣之位。"由豫"，由：缘由。根据一定的原由而行动，也就是根据命令来行动。"大有得"，获得大的成功。"勿疑，朋盍簪。"盍：合也。簪：簪子。簪子在古代是一种信物,而"盍簪"代表着人与人相合,能成为朋友或者夫妻。豫卦是五阴一阳,卦象就是盍簪之象,而九四就是簪子。不要怀疑行动的原由,因为朋友以盍簪作为信物,说明他"建侯行师"已经获得君王的授权,所以他能使群朋相聚,并听命于他。

"由豫大有得,志大行也。"九四虽不当位,但有刚健之势。"建侯行师"之时,得天时、地利、人和,九四当仁不让,振臂高呼,万民响应,为实现理想目标而奋发图强,而且能获得巨大的成功。

豫动之前要有正当的理由,更要有责任和担当。

六五,贞疾,恒不死。

《象》曰:"六五贞疾,乘刚也。恒不死,中未亡也。"

六五,阴居阳位,处于上卦震的中位,属于君王之位。"贞疾","疾"是人中箭,表示人受了外伤。外伤为疾,内伤为病。来自外在的侵害,让人内心感到非常痛苦。"恒不死",这种长久痛苦的生活让人感到生不如死。

"六五贞疾,乘刚也。"六五处于君王之位,却阴柔势弱。本来应该是行动的主导者,却缺乏刚健威武的领导能力,非要以柔乘刚,则必然失败,并导致大权旁落,沦为傀儡,因此而抑郁生疾。"恒不死,中未亡也。"君王处于中位,却没有实权,九四挟天子令诸侯,这让六五大权旁落,痛心疾首,郁郁寡欢,生不如死。

豫动应该积极主动,不可过于被动。

上六,冥(míng)豫,成有渝,无咎。

《象》曰:"冥豫在上,何可长也?"

上六,阴居阴位,处于上卦震的上位,震动之极,属于没落的贵族之位。"冥豫",冥:昏暗,糊涂,愚昧。冥顽不化,消极被动,行动迟缓。"成有渝,无咎",渝:改变,违背。改变消极被动的思想,以适应新的变化,因而无咎。

"冥豫在上,何可长也?"上六居于高位而无实权,思想保守、愚昧,在万物复苏、欣欣向荣的大气候影响下,上六也开始改变自己,免得被淘汰。面对社会新的变化,怎么可能长久保持消极被动的状态呢?

豫动是大势所趋,冥顽不化,最终会被淘汰。

随(震下兑上)

《序卦传》:"豫必有随,故受之以随。"

豫卦,开疆拓土,建功立业。每当新的政策出台,总有部分人积极主动地去执行,而大部分人不能积极主动,但是能与时俱进,随时而动,所以豫卦之后就是随卦。

泽雷随

兑金

震木

随卦上卦为兑,兑为羊,相当于领头羊;下卦为震卦,震为动,跟随着领头羊行动,就是随。识时务者为俊杰,通机变者为英豪,能认清事物的发展变化,善于适应,并积极地跟随,这样的人称得上是豪杰。

随:元亨,利贞,无咎。

《彖》曰:"随,刚来而下柔。动而说,随。大亨贞,无咎,而天下随时。随之时义大矣哉!"

"随,刚来而下柔。"随是上兑下震,震卦阳刚,兑卦阴柔,刚处于柔之下。

"动而说,随。"震为动,兑为说,兑是讲习道义。给大家讲解行动的意义,大家才会积极地跟随你行动,这就是随。

"大亨贞,无咎,而天下随时。"随时指的是顺应天时,天时就是大自然的规律,万物生长要遵守和适应大自然的规律,这样才能亨通无比,没有过错。

"随之时义大矣哉!"随时的意义非常大。

随卦中的兑卦代表着秋季来临,秋主肃杀。震为木,树木开始落叶凋零,万物进入蛰藏时期。随卦中的兑卦又代表着恩泽雨露,万物随天时,天就会降甘霖雨露,润泽万物。兑又有喜悦的心情,得到恩泽雨露就会欢欣喜悦。

古人讲:"顺天者昌,逆天者亡。"达尔文的进化论讲"物竞天择,适者生存"。这都和"随"卦讲的是一个道理,那就是"天下随时"。

《道德经》讲:"人法地,地法天,天法道,道法自然。"我们学习"道",就

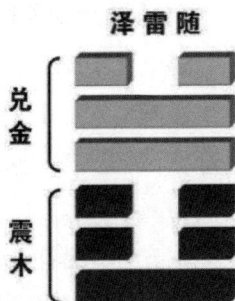

是要认识自然规律和社会规律,并按照这种规律去行事,才能"大亨贞,无咎"。

识时务者为俊杰。当我们势强时,号令天下,需要的是他人的跟随。当我们势衰时,蛰藏潜伏,需要跟随强者行动。有领导者就有被领导者,有主就有从,有动就有随,幼随长,弱随强,寡随众,卑随尊,通机变者为英豪。

《象》曰:"泽中有雷,随;君子以向晦入宴息。"

随上兑下震,震雷本来好动,泽水好静。泽中有雷激不起大浪,会随着泽水慢慢地安静下来。君子应当根据随卦的卦意而应天顺时,比如随着夜幕降临,就应该停止饮食宴乐而休息,也就是"日出而作,日落而息",道法自然。

吃五谷生百病,大部分的疾病是因为我们没有顺应天道造成的,吃了不该吃的,喝了不该喝的,做了不应该做的事,就会生病。

从农耕文明到工业文明,再到信息化时代,无论是身体健康,还是工作事业都要与时俱进,适者生存,不适者就会被淘汰。

初九,官有渝,贞吉,出门交有功。

《象》曰:"官有渝,从正吉也。出门交有功,不失也。"

初九,阳居阳位,处于下卦震的下位,震为大丈夫,有雷动之象,属于平民之位。"官有渝","渝"通"谕",即古代官府在城门口、闹市街区所张贴的告示。"贞吉,出门交有功","交"指的是交战。要"建侯行师",就需要征兵,因此官府通告民众在外打仗可以获得战功,这是非常吉祥的事。

"官有渝,从正吉也。"初九有阳刚之气,但是位卑势弱,有向上升发的志向,所以他响应官府的号召,积极从军,也是一条正道,当然是贞吉。"出门交有功,不失也。"在外打仗可以获得战功,没有什么得失的顾虑。如果能成为战士,并立下军功,也是一条正道。"三国"里,刘、关、张当年就是平民百姓,遇到征兵,三人相识,才有了桃园三结义。

随卦就是要适应新的形势。

六二,系小子,失丈夫。

《象》曰:"系小子,弗兼与也。"

六二,阴居阴位,中正当位,处于下卦震的中位,属于诸侯之位。"系小子",系:联结,牵挂,留住。留下年富力强的青年来当兵。"失丈夫","失"就是放弃。"丈夫"指的是壮年男子。放弃那些壮年男子，让壮年男子在家务农。

"系小子，弗兼与也。"六二诸侯主管一方水土，征兵是他的职责，考虑到经济和军事发展都很重要，二者却不能兼得，所以征召年轻人随军，把有务农经验的壮年男子留下来，有利于经济的发展。

制定政策也要顺应天时。

六三，系丈夫，失小子，随有求，得。利居贞。

《象》曰："系丈夫，志舍下也。"

六三，阴居阳位，处于下卦震的上位，属于士大夫精英之位。"系丈夫"，从家庭角度着想，把壮年男子留下来继续从军。"失小子"，放弃让青年男子从军，以便让他们可以在家得到保护。"随有求，得"，六三提出要求，让他来随军，让儿子回家，而他的请求也被批准了。"利居贞"，因为这有利于家庭和睦安居。

"系丈夫，志舍下也"，六三阳刚不足，阴柔有余。虽然年龄偏大，但是有随军的经验，能征惯战，之所以让自己留下来继续随军，因为他的志向就是保护子女，保护家庭的和睦安居。

在顺应天道的同时，也要讲究人道，人道符合天道。人道就是以爱护人的生命、关怀人的幸福、维护人的尊严、保障人的自由等为原则的人事或为人之道。

九四，随有获，贞凶。有孚在道，以明，何咎？

《象》曰："随有获，其义凶也。有孚在道，明功也。"

九四，阳居阴位，处于上卦兑的下位，属于贤臣之位。"随有获，贞凶。"随军打仗，获得了军功，然而功高盖主，必然引起君王的怀疑，就会显露出凶兆。"有孚在道"，孚：信，诚信。处世之道贵在诚信。"以明，何咎？"，虽然获得了军功，只要向君王表明自己的忠诚之心，光明磊落，能有什么咎难呢？

"随有获，其义凶也。"九四具有阳刚之势，随军征战而获得军功，然而功高盖主，必然引起君王的怀疑，以及众人的嫉妒，因此九四获得军功的意义是凶多吉少。"有孚在道，明功也。"九四只有秉承诚信之道，向九五君王表明自己的忠诚之心，虽然有功，但是内心光明磊落，没有私心，这样才能没有过失。

贪求功名一定凶多吉少。

九五,孚于嘉,吉。

《象》曰:"孚于嘉吉,位正中也。"

九五,阳居阳位,处于兑卦中位,属于至尊君王之位。"孚于嘉,吉",嘉:善,美,夸奖,赞许。诚挚地嘉奖那些忠心耿耿跟随自己的臣民,称赞和表扬他们忠诚的美德,这是吉祥的事。

"孚于嘉吉,位正中也。"九五君王阳刚中正,一言九鼎,取信于天下,必然能使万众归顺。文官好名,武官好利,把名利给予部下,部下就会死心塌地地跟随你,所以君王由衷地嘉奖那些跟随自己建功立业的臣民,这当然是吉祥的事。

对跟随者给予嘉奖。

上六,拘系之,乃从维之,王用亨于西山。

《象》曰:"拘系之,上穷也。"

上六,阴居阴位,处于上卦兑的上位,兑为口舌,属于没落的贵族之位。"拘系之",君王命人把那些不愿意跟随自己的人拘押起来。"乃从维之,王用亨于西山。""维"指绳索,用绳索捆绑。"亨"即"享",指祭享。"西山"指岐山,是周王室的发源地。然后再把他们捆绑起来,君王在岐山祭祀时要把他们作为祭品。

"拘系之,上穷也。"上六阴柔当位,却不能顺应天时。目无君王,口无遮拦,甚至蛊惑民心,这种大逆不道的行为,使自己走向穷途末路,因此遭到君王的拘押。

随卦的核心就是天下随时,随天道、地道、人道的变化而变化,适应天时、地利、人和的变化,这就叫适者生存,不适者会被淘汰。

蛊(巽下艮上)

《序卦传》:"以喜随人者,必有事,故受之以蛊;蛊者事也。"

山风蛊

艮
土

巽
木

豫卦代表着积极主动,随卦代表着与时俱进,还有一部分人既不积极,也不跟随,而是消极保守,不思进取。这种人即使勉强跟随,也是迫于压力或者为了取悦于人,必然会发生变故,这些因循守旧、思想腐败、食古不化的现象被称作"蛊",所以随卦之后就是蛊卦。

豫是春耕,随是秋收,五谷丰登,果实累累,自然令人欣喜,但是堆积的果实很快就会腐败变质,所以蛊就是腐败变质。

随是坚持正道,舍生取义。蛊是财迷心窍,见利忘义,不愿意舍弃既得利益而跟随正道。

蛊与随,随是正面的、阳刚的;蛊是阴柔的、邪恶的。随是坚持正道、顺时致用、迎接改革;蛊则心迷失道、得过且过。我们应当分清哪些是随,哪些是蛊,由随以知蛊,以蛊而思随。因为有随的变化,才有蛊的迷惑。有随的顺天,才有蛊的逆天。

蛊:元亨。利涉大川,先甲三日,后甲三日。

《彖》曰:"蛊,刚上而柔下。巽而止,蛊。蛊,元亨而天下治也。利涉大川,往有事也。先甲三日,后甲三日,终则有始,天行也。"

"蛊,刚上而柔下。"蛊是上艮下巽,艮为阳刚,巽为阴柔,阳刚主外,阴柔主内。

"巽而止,蛊。"巽为风,风可流动,无孔不入。艮为止,善于管理。在严密的管理下民众能柔顺臣服,任劳任怨,这就是蛊。

"蛊,元亨而天下治也。"蛊代表着传统的保守的思想,民风淳朴,思想单一,所以非常有利于天下的治理。

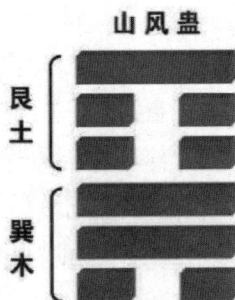

"利涉大川，往有事也。"思想保守、民风淳朴非常有利于管理，却不利于跋涉大川、锐意进取，此时传统思想就会成为前进的阻力，出现各种变故。

"先甲三日。"天干可表示事物的生命周期，以一旬十日为例，"先甲三日"为辛日、壬日、癸日，在四季中代表着秋冬季，在一日中代表着黄昏和夜晚，都象征着收敛潜藏，是一种保守的状态，表示事物生命的终结。

"后甲三日"为乙日、丙日、丁日，它们代表着春夏季或日照当空之时，象征着奋发向上、积极主动，是一种进取的状态，表示新生命的开始和成长。此时"蛊"的保守就不适应天时的运转，必将被整饬。

"终则有始，天行也。"从事物的终结到开始，从秋冬的收敛到春雷震动、万物奋豫，周而复始，这是天道的运行规律。能适应事物变化的就是随，不能适应变化的就是蛊，所以，蛊的保守是有利还是有害，就看它能不能适应天时的变化。

《象》曰："山下有风，蛊。君子以振民育德。"

上卦艮为山，下卦巽为风，山下有风，此风不善于流动，封闭好静，所以称作"蛊"。但是长时间的封闭保守会让人失去活力，思想腐朽，不利于革新。上卦艮为密封的器皿，下卦巽为花草植物和虫，密封的器皿里面的食物放置时间一长，就会发酵腐败，产生大量的微生物，这些微生物就像风一样四处飘散，传播疾病。

苏轼曰："器久不用而虫生之，谓之蛊，人久宴溺而疾生之，谓之蛊，天下久安无为而弊生之，谓之蛊。"外表看似封闭静止的东西，内部已经开始流动变化，比喻因天下久安而因循守旧，伤风败俗，道德沦丧。必须革新创造，治理整顿，挽救危机，重振事业。

因此"君子以振民育德"，"振民"就是要常常激励民众，使民众有上进心，防止过于保守而思想腐朽。"育德"就是培养民众谦逊柔顺的品德，防止思想过于激进。

初六，干父之蛊，有子，考无咎。厉，终吉。

《象》曰："干父之蛊，意承考也。"

初六，阴居阳位，处于下卦巽的下位，位卑势弱，属于平民之位。"干父之蛊"，干：犯也，触犯，冒犯，干预，干涉，这里指整饬或者是指责。"蛊"代表腐朽的思想行为，即以儿子的身份来指责父辈腐朽的思想行为。"有子，考无咎。""考"本意是老，像偻背老人扶杖而行的状态，特指老人。年幼的儿子能指出父辈的错误，父辈能有这样的继承人很欣慰，即使老了，也没有什么遗憾的。"厉，终吉。"毕竟指责父辈的过错是违背孝道、看似危险的事，但其最终的结果是非常吉祥的。

"干父之蛊，意承考也。"初六位卑势弱，还是一个尚未成年的孩子，但他能指出父辈的弊端，有这样的远见卓识，反而让父亲很高兴，其意义在于未来他要继承父辈的基业，实现老人的心愿，达到传承的目的。

整饬者的年龄、身份对整饬的结果影响很大。

九二，干母之蛊，不可贞。

《象》曰："干母之蛊，得中道也。"

九二，阳居阴位，有阳刚之势，处于下卦巽的中位，属于诸侯之位。"干母之蛊"，对母亲的无理要求或者过失要进行相应的干涉，或者纠正。"不可贞"，贞：坚持自己的原则，坚定不变。在纠正母亲的过错时，不要过于刨根问底、追求真理。应该委婉地处理，才不会伤害亲情。

"干母之蛊，得中道也。"九二作为儿子已经长大成人，有权有势，领导一方民众。母以子贵，母亲依然会从私心的角度要求儿子，于是就会有公与私的矛盾。在纠正母亲的过错时，一方面要秉持中道，分辨善恶，坚持原则；另一方面不可过分强硬，要讲究方式和方法。如果九二过于柔顺，包容母亲的过错，就会失去道义；如果九二一味坚持刚健，不记母爱，独断专行地去整饬母亲的弊端，就会伤及亲情，违背孝道。

整饬蛊毒时，要秉持中道。

九三，干父之蛊，小有悔，无大咎。

《象》曰："干父之蛊，终无咎也。"

九三，阳居阳位，处于下卦巽的上位，阳刚之势更强，处于互卦兑的中位，敢于仗义执言，属于士大夫精英之位。"干父之蛊。"九三已经成长为德才兼备、年轻有为的人才，面对父辈种种积重难返的弊端，作为儿子他勇于革新，大刀阔斧地改革，以重振家业。"小有悔"，九三的革新伤及父亲的威望，打击了父亲的信心，有不孝之嫌，所以他感到愧疚和懊悔。"无大咎"，不会有什么大的过错。

"干父之蛊，终无咎也。"九三整饬父辈的弊端，最终不会有什么大的咎错,因为父亲心里明白新老更替是天道,看到儿子能独当一面,继承家业,并发扬光大,自己也就放心地安享晚年。

整饬蛊毒就应该刚健有力,意志坚定。

六四,裕父之蛊,往见吝。

《象》曰:"裕父之蛊,往未得也。"

六四,阴居阴位,处于上卦艮的下位,居庙堂之上,属于贤臣之位。"裕父之蛊",裕:宽裕,宽大,教导。六四包庇父亲的腐败行为,宽恕父亲的过错,极力维护父辈的威望和荣誉。"往见吝","吝"就是该舍弃的不愿意舍弃。长此以往,积重难返,得到的可能是吝难,最终是害了父亲,毁了自己。

"裕父之蛊,往未得也。"六四阴柔当位,却过于保守。对于国家来说,君王如同父亲,六四贤臣是君王的政策执行者,发现弊政就应该进行整饬,可他害怕以下犯上,害怕受君王惩罚,所以对弊端采取了宽恕包容的做法。长此以往,必定积重难返,对于国家社稷是不利的。唐太宗:"夫以铜为镜,可以正衣冠;以古为镜,可以知兴替;以人为镜,可以明得失。朕常保此三镜,以防己过。今魏徵殂逝,遂亡一镜矣!"

对于个人来说,六四的父亲依仗儿子的权势耀武扬威,作威作福,而六四面对沸腾的民怨,不但没有整饬父亲的弊端,反而把亲情孝道置于国家大义之上,长此以往,什么也不会得到。

对蛊毒弊政不能包庇纵容。

六五,干父之蛊,用誉。

《象》曰:"干父用誉,承以德也。"

六五,阴居阳位,处于上卦艮的中位,属于君王之位。"干父之蛊,用誉",用誉:给予赞美和褒奖。在整饬父辈的蛊毒弊政时,六五没有轻举妄动,而是先对父辈的功绩和品德给予赞誉,褒奖各位贤臣的忠心辅佐,以便稳定朝纲。

"干父用誉,承以德也。"六五秉承忠诚之道,顺承之德,继承了大位。即位之初,面对父亲留下的弊政,本想励精图治,革旧鼎新,但是自己年纪尚幼,势单力薄,威望不足,而旧有的势力盘根错节,党派林立,对自己不一定心服口服,所以他采取委婉的做法,赞誉并传承父辈勤政爱民的精神和品德,等到根基稳固,时机到来,再整饬吏弊。

整饬蛊毒弊政,要讲究策略,顺势而为,不可鲁莽行事。

上九,不事王侯,高尚其事。

《象》曰:"不事王侯,志可则也。"

上九,阳居阴位,处于上卦艮的上位,过于刚健,属于没落的贵族之位。"不事王侯",不愿意为王侯将相做事。"高尚其事",高洁自守,知止而居,对其他琐事不予理会。

"不事王侯",上九虽然刚健,但年事已高,退出尊位,然后居高临下,纵观全局,辅助幼君。君王大力整饬蛊毒弊政,必然会触动一些人的利益,那些以前跟随上九的王侯将相纷纷向上九诉苦抱怨。上九不愿意干涉朝政,不愿意为王侯将相做事。"志可则也",因为他的志向是要坚持原则,坚守自己的价值观。不在其位不谋其政,既不贪恋权位,又不拉帮结派,并且敢于坚持原则,抵制一切歪风邪气。

整饬蛊毒弊政要杜绝外部势力的干扰。防止走后门拉关系,官官相护,甚至"垂帘听政"。

临（兑下坤上）

《序卦传》："蛊则有事，有事而后可大，故受之以临，临者大也。"

蛊卦意味着有变故，说明团队内部出现了保守势力。只有清除了保守势力的阻碍，团队才会发展壮大。要清除保守势力，首先要进行监督检查，了解哪些人积极主动，哪些人适应发展变化，哪些人是真正的思想腐败，然后再进行思想教育，所以蛊卦之后就是临卦。

临，监临也。以上临下，有监视、监管、照顾的意思，还有光临指导的意思。为了防止蛊毒弊政，社会应该强化监督管理机制，加强道德教育体制。

临：元亨，利贞。至于八月有凶。

《彖》曰："临，刚浸而长。说而顺，刚中而应。大亨以正，天之道也。至于八月有凶，消不久也。"

"临，刚浸而长。"临是两阳居下，四阴居上，阳长阴消，阳刚浸入泽水之下，润泽众阴，受到众阴的欢迎。

"说而顺，刚中而应。"临是上坤下兑，坤为柔顺，兑为说，兑就是讲习道义。以上临下，以高临卑。临是阳来到阴的下面，为众阴带来了恩泽，众阴喜悦而柔顺。"说而顺"实际上是大人来到民众之中，调查了解民情，并向民众讲习执政理念，希望得到民众的理解和支持。

"大亨以正，天之道也。"通过讲习道义，让大家懂得天道下济，正大光明，一切亨通。

"至于八月有凶，消不久也。"临卦是消息卦，对应腊月，而与八月相对应的是观卦，观卦与临卦互为综卦。八月是阴长阳消、阴盛阳衰的时刻，此时阳气开始衰弱，想润泽众阴却已经无能为力，所以有凶。

由此可见，天上掉馅饼的好事是可遇而不可求的。我们居下位就要学

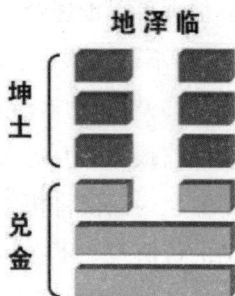

习坤道的厚德载物，无论有无恩泽雨露，都应怀着宽容柔顺的心对待一切。当我们居上位时，要懂得天道下济，润泽他人，这样才会一切亨通。

《象》曰："泽上有地，临。君子以教思无穷，容保民无疆。"

临卦是下卦兑为泽，兑为少女。上卦坤为地，坤又为母，泽上有地，大地可以聚集泽水，泽水可以滋润大地。母亲看管照顾女儿，等儿女长大后，就会赡养父母。

君子应该学习大地厚德载物和泽水润物无声的品德，以尊临下，深入民间，体察民情，以感化教育大众，以温和的政策治理社会，保民无疆。君王应该把人民当作自己的儿女来照顾，并加强教育，民众也会拥护君王的统治，这就是莅临之道中最重要的莅临之道。

初九，咸临，贞吉。

《象》曰："咸临贞吉，志行正也。"

初九，阳居阳位，处于兑卦下位，属于平民之位。"咸临，贞吉"，"咸"为都，也为感。以上临下，双方都以诚心来感受对方的想法，所以贞吉。

"咸临贞吉，志行正也。"初九有阳刚之势，立志践行正道。君王以尊贵之身深入最下层的民众，以真诚的心去感受蛊毒弊政带给人们的苦难，以坚定的志向不断向大家讲习道义，望大家支持新政，整饬蛊风，端正民风民俗，因此初九也能感受到君王的关怀，以及给予他们的恩泽。上下都能以诚心来感受对方的想法，所以贞吉。

莅临之道，首先要了解民情民意，抓住根本问题。"君者，舟也；庶人者，水也；水能载舟，亦能覆舟。"要管理民众，就要懂得民众的需求，制定相应的政策就会符合民意，这样才能得民心。一些管理者往往只考虑自己想要的，想当然地认为这也是民众想要的，根本就没有调查研究，就纸上谈兵，拿出一套与现实相背离的管理方案，这就注定要失败。

九二，咸临，吉，无不利。

《象》曰："咸临，吉，无不利，未顺命也。"

九二，阳居阴位，处于兑卦的中位，属于地方诸侯之位。"咸临"，君臣之间都能以诚心来感受对方的想法。"吉，无不利"，君臣相互了解，推心置腹，所以无所不利，非常吉祥。

"咸临，吉，无不利，未顺命也。"九二阳居阴位，有刚健之势但不当位，对君王的新政没有很好的了解,所以九二诸侯并没有顺从君命,支持新政。因此君王以尊贵之身莅临诸侯,感受蛊毒对诸侯的影响,监督检查他们是否有弊政,同时也要向诸侯宣讲新政,讲习道义,以获得他们的支持和顺从。诸侯也感受到君王的诚心,并虚心接受君王的教诲。通过莅临,消除了君臣之间的误会,加深了信任,这样做吉无不利。

莅临之道,其次要了解官员的意志,抓住主要问题。政策的执行与执行者的意志息息相关。如果他们与君王同心同德,那么执行力就强,否则执行力就大打折扣。"上有政策,下有对策","歪嘴和尚念歪经",这些都是现实的反映。

六三,甘临,无攸利;既忧之,无咎。

《象》曰:"甘临,位不当也。既忧之,咎不长也。"

六三,阴居阳位,不当位,处于兑卦上位,兑为说,兑为悦,属于士大夫精英之位。"甘临,无攸利",甘:甜美。仅仅赞美"莅临之道",起不到多大的作用。"既忧之,无咎",只是担忧君王的"莅临之道"执行的效果,并没有咎错。

"甘临,位不当也。"六三阴柔不当位,"上不在天,下不在田",看到君王既能深入人间,体察民情,又能整饬吏治,推广新政,所以他赞美君王的"莅临之道",只是有谄媚之嫌。"既忧之,咎不长也","咎"指责备。自己"甘临"没有太大的作用,只是担忧"莅临之道"的贯彻执行情况,担忧"莅临之道"不能长久地坚持。

莅临之道,只有长期的贯彻执行,才能获得民众的赞美。

六四,至临,无咎。

《象》曰:"至临无咎,位当也。"

六四,阴居阴位,处于上卦坤的下位,属于贤臣之位。"至临",至:到,鸟飞从高下至地也。到各地去监督、检查工作。"无咎",没有什么咎错。

"至临无咎,位当也。"六四阴居阴位,正当位。六四贤臣以上临下,对下面的官民随时监督,掌握舆情民意,没有什么咎错。处于贤臣之位就应该担当相应的责任,替君王分忧解难。

莅临之道是领导者应有的职责和担当。

六五,知临,大君之宜,吉。

《象》曰:"大君之宜,行中之谓也。"

六五，阴居阳位，处于坤卦的中位，属于君王之位。"知临"，知：懂得，知道。"知"还通"智"，有智慧。懂得"莅临之道"的重要性，并善于利用"莅临之道"。"大君之宜，吉"，君临天下，天下大明，"莅临之道"是真正的治民之术，是一个英明的君王应有的能力，非常吉祥。

"大君之宜，行中之谓也。"六五君王虽然阴柔，但是行事中正。作为大德君王不光要懂得"莅临之道"，而且要掌握"莅临之道"的智慧。通过莅临来了解民情，掌握吏风，既有利于整饬蛊毒弊政，又有利于推广新政，这就是所谓的中正之道，是一个英明的君王应有的能力。

《中庸》："唯天下至圣，为能聪明睿知，足以有临也；宽裕温柔，足以有容也；发强刚毅，足以有执也；齐庄中正，足以有敬也；文理密察，足以有别也。"知己知彼百战百胜，要达到"知"，就需要"临"，否则就是纸上谈兵。

莅临之道，是领导者应该具备的管理之道。

上六，敦临，吉，无咎。

《象》曰："敦临之吉，志在内也。"

上六，阴居阴位，处于上卦坤的上位，属于天位。"敦临，吉"，敦：这里有厚道、督促、劝勉、崇尚的意思。上六敦促君王崇尚莅临之道，这是吉祥的。

"敦临之吉，志在内也。"上六有监管天下的职责，以诚恳或迫切的态度提醒君王要以"莅临之道"作为治国之本才不会有蛊毒弊政，所以吉祥。其原因是他心怀人民的福祉，情系社稷的安危，希望莅临之道能得到推广，以教思无穷，保民无疆。

莅临之道，贵在监督检查。

观（坤下巽上）

《序卦传》："临者，大也。物大然后可观，故受之以观。"

风地观

巽木

坤土

运用莅临之道，检查团队里的腐败保守势力，并予以清除，然后才能发展壮大。壮大之后的团队仍然需要不断进行思想教育，统一团队的价值观，所以临卦之后就是观卦。

观是对事物的看法和认识。观卦就是通过一定的方法来教化民众，统一民众的思想。

观：盥而不荐。有孚颙若。

《彖》曰："大观在上。顺而巽，中正以观天下。观，盥而不荐，有孚颙若，下观而化也。观天之神道，而四时不忒。圣人以神道设教，而天下服矣。"

"大观在上。""大"指德高望重的人，他们居高临下，俯视万物。

"顺而巽，中正以观天下。"观卦，上卦巽为柔，下卦坤为顺。德高望重的人秉持中正之道，观察天下的民众是否柔顺，民风是否淳朴。

"观，盥而不荐，有孚颙（yóng）若。""盥"就是祭祀前洗手，净手清心表示对上苍的尊敬。盥礼是祭祀活动的一个重要礼节。"孚"就是诚信、虔诚。刚刚净手清心还没有举行献礼仪式，人们已经像颙鸟一样目不转睛，肃然起敬，表达对神灵的敬畏。

通过祭祀活动来观察天下老百姓的神态，并以此教化人们要柔顺谦恭。

"下观而化也。""下"指观礼的老百姓。老百姓通过观看祭祀礼就已经被教化了，懂得要对神灵柔顺谦恭，要有敬畏之心。

居于上的领导者的行为方式是民众的榜样，这就是上行下效。由此可见，一个家庭、一个团体、一个民族、甚至一个国家的道德风气败坏往往与领导者的行为有关。领导者不敬畏苍天、不孝敬长辈、不纪念英雄，只想要民众"顺而巽"，这可能吗？

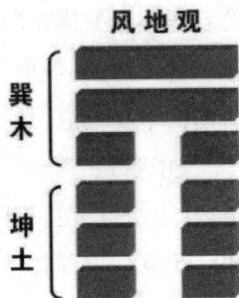

"观天之神道，而四时不忒。"仰观大自然，感悟大自然的周期运转，发现四季交替没有分毫偏差，好像有神灵在主宰。

"圣人以神道设教，而天下服矣。"圣人根据神灵之道来设立祭祀活动，通过祭祀上苍来传播道德礼仪，教化人要有感恩之心、敬畏之心，从而使人心向善、天下归顺。

观天地日月星辰的运转，明白其中的规律；观天下万物的兴衰，懂得文明礼仪的教化。所以，天以其运转规律来规范万物的行为，社会以道德礼仪来教化人的行为。观民社教只是形式，净化人的身心才是目的。人之所以为文明人，区别于原始的、野蛮的兽类就在于受到了道德礼仪的教化。

《象》曰："风行地上，观；先王以省方观民设教。"

上卦巽为风为信息，下卦坤为大众，风行地上就是把信息像风一样传播给大众。先王视察各方民风民俗，然后设坛祭祀，以教化民众柔顺归附。

临与观，是阴阳消长的卦象。临是阳长阴消，代表着春生，而观为阴长阳消，代表着秋收。一春一秋，一生一杀，一荣一枯，这就是天道，人不可违反天的运行规律，人要敬天顺天。

秋季当令，果实累累的同时肃杀之气又令万物萧条，人们在享受丰收喜悦的同时，设坛祭祀感谢天地的恩赐，又祈求天地保佑来年获得好的收成。这就是观民设教，通过祭祀来教化人们要有感恩之心。

由观卦我们可以看到，要统一价值观，统一思想，统一文化，或者统一意识形态，就需要用一定的形式来规范行为，以达到统一行为方式的目的。宗教就是通过统一的宗教礼仪来统一思想，军队就是通过统一的军队礼仪来统一思想，企业就是通过规范的行为来统一企业文化。我国古代能成为礼仪之邦，主要是因为封建帝王能通过规范化的礼仪行为来统一国家的文化。

初六，童观，小人无咎，君子吝。

《象》曰："初六童观，小人道也。"

初六，阴居阳位，位不当正，处于下卦坤的下位，属于平民之位。"童观"，老百姓就像蒙童一样围观，他们左顾右盼，交头接耳，肆意走动，毫无秩序。"小人无咎"，这些位卑的人没有受过文明教化，有可能做出一些违反礼仪规范的行为，也是情有可原，所以无咎。"君子吝"，对于那些懂得礼仪规范的君子来说，如果像蒙童一样不懂规矩，那就是大不敬，会引起祸患。所以君子应该懂得珍惜,不应该莽撞。

"初六童观,小人道也。"初六位卑势弱,他们对祭祀活动不甚了解,却非常好奇,像蒙童一样围观,既不懂礼仪,又行为莽撞,这就是位卑的人的特点。君子有君子之道,小人有小人之道,君子应该为小人做表率,而不是与小人同流合污。

小人与君子的价值观不同,行为方式也就不同。普通平民的思想就像儿童一样纯净,应该接受正确的价值观教育,这将根深蒂固地影响他们的一生。

六二,窥观,利女贞。

《象》曰:"窥观女贞,亦可丑也。"

六二,阴居阴位,处于坤卦的中位,中正当位,属于诸侯之位。"窥观",从小孔、缝隙或隐蔽处偷看、窥探。因为不能全面地观察,所以对事物的认识比较偏狭。"利女贞",观看祭祀活动,有利于女子得到教化。

"窥观女贞,亦可丑也。"在祭祀时,诸侯被君王邀请去做嘉宾,共同参与祭祀活动,所以家里只剩女主人。女子不能抛头露面,但是女子又是教化的重点对象,因此让她们通过窥观去感受祭祀的神圣与庄严,有利于家庭和睦。但是窥观毕竟不是光明正大的行为,不是一种美德,不值得提倡。

要分辨美丑行为,树立正确的价值观。

六三,观我生,进退。

《象》曰:"观我生,进退,未失道也。"

六三,阴居阳位,处于坤卦的上位,位高但不正,属于士大夫精英人物。"观我生","生"这里指生活方式,以及对人生的看法,即人生观。六三反观自己以前的行为方式,自我改正,不再恃才傲物、怨天尤人,不再愤世嫉俗、刚愎自用,明白了"终日乾乾,夕惕若"。"进退",懂得进退之道,做事不再迷茫,不再莽撞,不再妄行。

"观我生,进退,未失道也。"六三阴柔不当位,与上卦巽相连接,祭祀时最能感受到君王对天地的敬畏和虔诚,反观自己以前的行为,更懂得"进退之道"的深意。因此要对天地起敬畏之心,对君王怀忠义之心,对父母有孝敬之心,对朋友有诚信之心,对家庭有爱恋之心,从而得到教化,才能做事不再迷失大道,有所为,有所不为。

反观自我,改变自我,积极拥护主流的价值观,否则就容易被社会淘汰。

六四,观国之光,利用宾于王。

《象》曰:"观国之光,尚宾也。"

六四,阴居阴位,处于上卦巽的下位,属于贤臣之位。"观国之光",观赏一个国家的政治、文化、经济、民风民俗等,这里指观看国家盛大的祭祀大典活动。"利用宾于王",通过众嘉宾的观赏,一方面体现了君王的仁德爱民之心,另一方面也体现了众位贤臣对君王的忠心,更体现了整个活动的盛大和庄严,体现了国家的富强繁荣,以及人民的精神面貌,有利于传播和推广祭祀文化,有利于各国嘉宾臣服于君王。

"观国之光,尚宾也。"六四贤臣辅助君王举行国家祭祀大典,邀请各国嘉宾来观礼,既表达了君王与各国的友好关系,又以此来教化天下万邦,让万邦来臣服。

树立正确的世界观。

九五,观我生,君子无咎。

《象》曰:"观我生,观民也。"

九五,阳居阳位,处于巽卦的中位,中正当位,属于至尊君王之位。"观我生",君王反观自己以神道设教,祭天祭地的做法是否符合天地大道,是否能教化民众有敬畏之心、感恩之心、忠孝仁义之心。"君子无咎",如果社会达到文明和谐,天下大同,那么君王的行为就是一个正人君子的行为,就没有过失。否则民风恶习不改,文明得不到普及,归根结底都是君王的过错。

"观我生,观民也",君王观自己行为方式的目的是观民,观察民众是否得到教化,整个社会是否走向太平盛世。以此不断地完善自己的价值观,才能更好地统一民众的价值观,民众才能上行下效。

领导以身作则是统一价值观的核心。

上九,观其生,君子无咎。

《象》曰:"观其生,志未平也。"

上九,阳居阴位,处于巽卦的上位,居于天位,属于没落的贵族之位。"观其生",观天下芸芸众生的行为方式,了解他们的价值观。"君子无咎",作为一个品德高尚的君子有责任、有志向去教育民众,使他们走向文明,树立正确的价值观,所以他的做法没有咎错。

　　"观其生,志未平也。"上九位高而且有阳刚之势,居高临下,纵观全局,有监管天下的责任。虽然退位,依然心系天下。纵观天下众生,最难统一的就是人的思想。反观自己一生都在努力地教化民众,虽然有小部分人难以教化,自己的志向难以完全实现,但依然无怨无悔。

　　实现自己的价值是君子的终生志向。

噬嗑(震下离上)

《序卦传》:"可观而后有所合,故受之以噬嗑;嗑者合也。"

火雷噬嗑

离火

震木

通过观民设教,可以融合各种不同的思想,并形成社会主流的价值观。如果哪一种思想不能和主流价值观相融合,就得使用手段规范他的思想和行为,这就像把软硬不同、五味不同的食物一起咀嚼,然后消化。所以观卦之后就是噬嗑卦。

噬嗑就是咀嚼,用外在的力量来强制融合不同的事物。噬嗑卦讲的是法治。

噬嗑:亨。利用狱。

《彖》曰:"颐中有物,曰噬嗑。噬嗑而亨。刚柔分,动而明,雷电合而章。柔得中而上行,虽不当位,利用狱也。"

"颐中有物,曰噬嗑。"口中含有食物,对食物咀嚼就是"噬嗑",噬嗑为上下颚咬合,咀嚼。

"噬嗑而亨。"凡上下之间有物间隔,通过上下的咬合才能把障碍去除,以达到亨通。

"刚柔分。"通过上下咀嚼,分辨食物的刚柔属性,才能更好地咬合,有利于消化吸收。

"动而明。"上卦离为火为明,下卦震为动,噬嗑卦就像手举火把,照明了前面的路,行动才会更安全;有了远大的目标理想,行动就有了方向,不盲目。

"雷电合而章。"上卦离为电,下卦震为雷,雷电交合既彰显出威严,又能明辨是非,有章可循,做事情才能合而不乱。

"柔得中而上行,虽不当位,利用狱也。"上卦中位本应该是阳爻,而阴爻处于中位,所以位置不当。上卦离阴柔居中,却能光照四方,正大光明,明辨

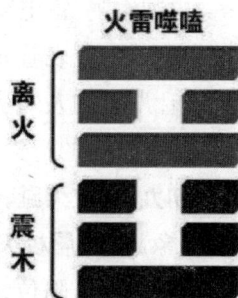

善恶,有利于使用刑狱,实行法治。

噬嗑用狱是治国之道。对普通大众要进行道德教育,对那些违法乱纪的人就要运用刑狱教化。通过刑狱教化使他们重新做人,人人和谐相处,社会才会安定。

《象》曰:"雷电噬嗑,先王以明罚敕法。"

电闪雷鸣,雷电交合是噬嗑的卦象。雷代表着威严,有震慑的作用;电能照亮一切,代表着光明,能明察事理。先王观此卦象,然后申明刑罚,整饬纲纪,让所有的人知法懂法、遵法守法,用法治来弥补道德教育的不足,惩罚那些严重违法的行为。

初九,屦校灭趾,无咎。

《象》曰:"屦校灭趾,不行也。"

初九,阳居阳位,处于下卦震的下位,属于平民之位。"屦校灭趾",屦(jù):用麻、葛等制成的鞋,代表着平民百姓。校(jiào):古代刑具。灭:淹没,覆盖。趾:足。对于不守规矩、犯罪较轻的小人,给他戴上沉重庞大的脚镣。"无咎",对罪犯实施一点惩罚,以便警戒和防范他们犯更大的过错,这样做没有什么过错。

"屦校灭趾,不行也。"初九位卑势弱,又自恃刚健,不服管束,有率众闹事、图谋不轨的行为。给这些罪犯戴上脚镣,使他不能行动,目的是通过限制他的自由,对他进行惩罚和警戒。

《系辞》:子曰:"小人不耻不仁,不畏不义,不见利而不劝,不威不惩;小惩而大诫,此小人之福也。《易》曰:'屦校灭趾,无咎。'此之谓也。"

孔子讲:"那些小人不知廉耻、不讲仁爱、不知敬畏、不讲道义,见不到利益就不听别人的劝阻,不知道什么是威严,什么是惩罚。对这些小人给予适当的惩罚和必要的训诫,实际上是他们的福气。屦校灭趾,就说的是这类人。"

小惩大诫是必要的,有利于法治。

六二,噬肤灭鼻,无咎。

《象》曰:"噬肤灭鼻,乘刚也。"

六二,阴居阴位,处于震卦的中位,居中得正,属于诸侯之位。"噬肤灭鼻",肤:肥美的肉。噬肤:吃肥美的肉,比喻用刑很容易。灭鼻:淹没了鼻子。对违法的民众执法用狱就像埋头吃肥肉一样容易,不会遇到强烈的反抗。"无咎"，没有大的过错。

"噬肤灭鼻，乘刚也"，六二阴柔当位，能持中守正，秉公执法，只要以事实为依据，以法律为准绳，有确凿的证据，就不怕刚健的违法者不认罪伏法。

秉公执法是法治的基本原则。

六三，噬腊肉，遇毒，小吝，无咎。

《象》曰："遇毒，位不当也。"

六三，阴居阳位，位不当，处于下卦震的上位，极其不安稳，好动，属于士大夫精英之位。"噬腊肉"，腊肉：晒干的肉，是陈旧的肉，坚韧难咬。六三能力超群，有学识、有胆略、有信仰、有自己的价值观，对六三这样的人执法就如同咀嚼坚韧的腊肉一样艰难。"遇毒"，毒：凶狠的、猛烈的。六三属于高智商的罪犯，对这类人使用刑狱，会遭到强烈的反抗。"小吝"，吝：遗憾，困难。有才干的人却走上违法犯罪的道路，让人感到惋惜。"无咎"，对他们实施刑罚，也没有咎错。

"遇毒，位不当也。"对士大夫用刑狱会遇到强烈的反抗，因为他们恃才傲物，认为自己有头脑、有才干，气焰嚣张。实际上他们阴居阳位，不当位，与国家法律对抗，好比螳臂当车，自不量力。

执法必严。

九四，噬干胏，得金矢。利艰贞，吉。

《象》曰："利艰贞吉，未光也。"

九四，阳居阴位，处于上卦离的下位，属于大臣之位。"噬干胏"，胏(zǐ)：带骨头的干肉，类似于排骨。九四有刚健之势，本应该忠心耿耿地辅佐君王，但是他看到君王柔弱，便以下犯上，变成奸臣。奸臣所犯的罪行都是非常棘手的大案要案，对待奸臣实施刑罚就同吃带骨的干肉一样艰难。"得金矢"，"得"就是需要。"金"为中色，秉承中正之道，又刚健有力。吃带骨的干肉，需要用刀箭直接插入其中，深入要害，把刚健的骨与柔弱的肉分离。处理大案要案也需要这样，才能刨根问底，把事情搞得清楚明白。"利艰贞，吉。"法律严明，执法公正，把案件梳理清晰，没有徇私枉法，没有冤假错案，有利于处理大案要案，即使再艰难，这样做也是吉祥的。

"利艰贞吉，未光也"，奸臣的背后是各种利益集团，牵连的人员关系庞杂，盘根错节，尽管使用了刑狱，克服了各种艰难，也很难做到斩草除根。因为整个社会还没有达到文明光大，还有一些阴暗的、邪恶的地方。

违法必究。

六五,噬干肉,得黄金。贞厉,无咎。

《象》曰:"贞厉无咎,得当也。"

六五,阴居阳位,柔顺居中,处于离卦的中位,属于君王之位。"噬干肉",六五君王执法用狱就像吃干肉一样,虽然没有肥肉那么容易咀嚼,却比腊肉、肺肉要容易得多。"得黄金。"黄:中色,表示中正,黄中通理。金:坚硬,刚健。君王主要是整饬吏治,需要秉持中正,又刚健威严。"贞厉,无咎。""贞"就是要正大光明,能明辨忠奸善恶。"厉"就是要秉公执法,铁面无私,所以无咎。

"贞厉无咎,得当也。"六五君王柔顺居中,严明刑罚,整顿法度,能明辨忠奸善恶,秉公执法,对罪犯像雷电一样威严刚烈。公正执法是依法治国的基本要求,确保法律面前人人平等,这是一个君王应该担当的责任,没有什么咎错。

执法公正。

上九,何校灭耳,凶。

《象》曰:"何校灭耳,聪不明也。"

上九,阳居阴位,处于离卦的上位,属于没落的贵族之位。"何校灭耳,凶","何"古同"荷",担负的意思。给罪犯所戴的刑枷都淹没了耳朵,而被施以这样严厉的刑罚一定是犯下了滔天大罪,不可饶恕。

"何校灭耳,聪不明也。"聪明反被聪明误,上九自以为能高瞻远瞩,盲目自信,却被遮蔽了双眼,以刚健之势凌驾于六五君王之上,这种大逆不道的行为,必然会引来灾祸而身陷囹圄。

《系辞》:"善不积不足以成名,恶不积不足以灭身。小人以小善为无益而弗为也,以小恶为无伤而弗去也,故恶积而不可掩,罪大而不可解。《易》曰:何校灭耳,凶。"

不积善就难以成名,不积恶就不会被囚。小人认为做微小的善事没有益处就不去做,认为做了微小的恶事不会带来伤害就不改正,所以恶行累积起来就无法掩盖,罪行过大就无法得到宽恕,这就是说"何校灭耳,凶"的缘故。

依法治国是国家惩恶扬善、长治久安的必要保障,也是社会文明进步的标志。

贲（离下艮上）

《序卦传》："嗑者，合也；物不可以苟合而已，故受之以贲。贲者，饰也"。

山火贲

艮土

离火

天道递嬗，人情变迁。春暖之后就是夏暑，秋凉之后就是冬寒，天道如此，人情也是一样的。噬嗑是饮食之道，当温饱的问题解决后，就追求吃得更好；当有衣服穿的时候，就追求穿得更好；当有钱的时候，就追求更多的钱；当物质需求满足后，就追求精神生活。"物不可以苟合而已"，事物不能简单粗野地结合在一起，而是要懂得对美的追求。爱美之心人皆有之，爱美是人们精神生活的表现，所以噬嗑卦之后就是贲卦，贲就是纹饰，是对美的追求。

贲卦与噬嗑是一对，噬嗑讲的是法治，申明刑赏，整饬纲纪。而贲卦主要是文治，以文教礼乐治民，表章威仪，抒扬华美。噬嗑是巩固国家的根本，贲是国家软实力，是凝聚人心的方法。过于强调法治，社会会变得残暴。过于强化文治，社会会流于浮夸。法治与文治是分不开的，噬嗑与贲就是阴阳互体。

贲：亨。小利有攸往。

《彖》曰："贲，亨，柔来而文刚，故亨；分刚上而文柔，故小利有攸往。刚柔交错，天文也；文明以止，人文也。观乎天文，以察时变；观乎人文，以化成天下"。

"柔来而文刚，故亨。"上卦艮为刚，下卦离为柔。用内在的柔顺来纹饰外在的刚健，达到刚柔相济，所以亨通。

"分刚上而文柔，故小利有攸往。"离为光明，由内向外照耀；艮为刚健笃实，代表着诚实、老实、原始的本质。外在的刚健被内在的柔顺所纹饰之后，有利于事业的发展，但是，纹饰只是起辅助作用，本性才起主要作用，所以只是"小利有攸往"。

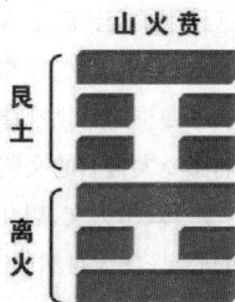

"刚柔交错,天文也。"刚柔交错形成明暗相错的纹理,以此代表着"文明"。大自然所呈现的一切现象就是刚柔交错的结果,称为"天文也"。我们之所以能看到五彩缤纷的世界,就是因为有刚柔交错的纹饰,植物的叶子,动物的皮毛,山川河流,日月星辰,万物都有各自的纹理,这就是天文。

"文明以止,人文也。"艮为止,文明止于内。外刚健笃实,内文质彬彬。这种刚柔交错就是人文。

"观乎天文,以察时变"就是观察万物纹饰的变化,认识寒暑燥湿、春夏秋冬四季的变化规律。比如"一叶知秋","履霜坚冰至"等。实际上是让人们感受大自然的文明,感受大自然的运转变幻。

"观乎人文,以化成天下。"观察人文,用大自然的那种唯美来净化人们的心灵,使大自然的文明常驻人间,教化天下。

天文是日月当空,从上到下照临万物,万物相映成辉,色彩斑斓。而人文是从下向上仰照,从内到外透射。

唯美的原因是有规律,有规律的原因是文明交错。要想"文明以止",就得使复杂的社会变得有规律,而"礼治"就是规范人的行为,以达到井井有条。所以,要想社会文明,就得以"礼治"来"化成天下"。

贲的卦象就是内部色彩斑斓的石头,贲就是一块内含天然纹饰的美玉。孔子论玉:"夫昔者君子比德于玉焉:温润而泽,仁也;缜密以栗,智也;廉而不刿,义也;垂之如坠,礼也;叩之其声清越以长,其终诎然,乐也;瑕不掩瑜,瑜不掩瑕,忠也;孚尹旁达,信也;气如长虹,天也;精神见于山川,地也;圭璋特达,德也;天下莫不贵,道也。《诗》云:言念君子,温其如玉。故君子贵之也。"古人将玉人格化,并赋予它美和德两重性格,玉成为个人修养的最高境界。儒家学派更是选择"玉"作为其政治思想和道德观念的载体,大大加强了玉的文化含量,使玉文化在中国传统文化中占据着重要的地位。

《象》曰:"山下有火,贲;君子以明庶政,无敢折狱。"

贲,饰也,从贝,卉声。上卦为艮,艮为山,下卦为离,离为火。山下有火,一片艳红,花木相映,锦绣如文。火在山下,则自下而上照,从内而外照。内在的本质非常高贵,又平易近人,才能向外散发出耀眼的光芒和典雅的气质,"丹漆不文,白玉不雕",那是一种天然的内在美。

"明庶政",即文治,以文明的方式处理各种政务。"无敢折狱",不能轻率大意、贸然地使用刑狱。

噬嗑用狱在于防微杜渐，但是只能威震一时，难以持久。电闪雷鸣只是瞬间，风和日丽才是常态。所以，贲虽然是纹饰，但不是以追求华美为根本，而是以礼为根本。要想长治久安，就要兴盛礼教。只有礼乐教化才能走向长久文明。所以，礼教和刑罚就是贲与噬嗑的区别。

初九，贲其趾，舍车而徒。

《象》曰："舍车而徒，义弗乘也。"

初九，阳居阳位，处于下卦离的下位，位卑但刚健，属于平民之位。"贲其趾"，趾：脚趾，代指脚。爱美之心人皆有之，初九打扮自己也是从"趾"开始，他穿上崭新的鞋出门，由衷地感到自豪。"舍车而徒"，他宁愿放弃华丽的车，而愿意徒步行走。

"舍车而徒，义弗乘也"，"趾"也可指"质"。初九辛勤劳动，勤俭节约，在享受生活时更多的是重质轻文。"车"在古代是身份地位的象征，如果让一个平民乘坐华丽的马车，会使他感到诚惶诚恐且不自在，因为马车与他的身份不相符。要把自己最自信最美的一面展示给大众，所以他决意不乘车。

《论语·雍也》："质胜文则野，文胜质则史，文质彬彬，然后君子。"如果对自己的质不加修饰，那就是一种粗俗而不文明的现象。如果过分修饰自己的外表，不注重本质，那就是一种虚华。普通平民通过"贲其趾"，使自己成为一个文质彬彬的君子。

六二，贲其须。

《象》曰："贲其须，与上兴也。"

六二，阴居阴位，处于离卦的中位，属于诸侯之位。"贲其须"，须：胡须，这里代指脸面以及外表。修饰自己的脸面，把自己打扮得光彩亮丽，豪华贵气。

"贲其须，与上兴也。"上：指君王。兴：对事物表现出喜爱的情绪。"须"即"虚"，诸侯重文轻质，对自己的外表非常讲究，要有官贵之气，却不敢张扬个性，一切要与君王的喜好相配合，这就失去了真实的自我。

社交活动中，一般重文轻质。

九三，贲如濡如，永贞吉。

《象》曰："永贞之吉，终莫之陵也。"

九三，阳居阳位，处于离卦的上位，属于士大夫精英之位。"贲如濡如"，濡（rú）：沾湿，润泽。"濡如"即"儒如"，如同儒士风度，文人墨客。士大夫把自己打扮得如同被雨露润泽过一样，风度翩翩，温文尔雅，神采奕奕，风流倜傥，真正达到了文质彬彬。"永贞吉"，永保贞吉。

"永贞之吉，终莫之陵也。""陵"通"凌"，凌驾。九三处于离卦的上位，光彩之极，又处于互卦坎的中位，有雨露润泽，从而形成水火既济之势。他有独立的人格和信仰，志向高远，率先垂范，引领潮流，彰显个性。这种修养才是真正的文质彬彬，因此永保贞吉，没有谁能超越他。

文质彬彬，温文儒雅，是修养的最高境界。

六四，贲如皤如，白马翰如，匪寇婚媾。

《象》曰："六四当位疑也。匪寇婚媾，终无尤也。"

六四，阴居阴位，位得当，处于上卦艮的下位，属于贤臣之位。"贲如皤如"，皤（pó）：头发花白。六四位高权重，鬓发斑白，一身素装打扮，洁白无瑕。"白马翰如"，翰：硬而长的白色羽毛。骏马像长着白色羽毛一样漂亮。"匪寇婚媾"，六四求婚时一切从简，像匪寇抢婚一样不讲婚礼仪式。

"六四当位疑也"，六四当位，但容易引起别人的疑心。六四处于艮卦的下位，开始知止，知道自我节制。但鬓发斑白还想娶妻纳妾，这种奢华享受必然会引起众人的疑心，所以他"白马翰如"，质朴素雅。"匪寇婚媾，终无尤也"，在婚媾时，本应该张灯结彩，明媒正娶，他却像匪寇婚媾一样不讲婚庆礼仪，向大家展示自己的质朴无华，最终减少了他人的疑虑和嫉妒，从而减轻了自己的忧患。所以享受生活时应该懂得适可而止，不要刺激他人的情绪。

位高权重要以朴素为主。

六五，贲于丘园，束帛戋戋，吝，终吉。

《象》曰："六五之吉，有喜也。"

六五，阴居阳位，处于艮卦的中位，属于君王之位。"贲于丘园"，"丘园"指君王的后花园，代指后宫。君王在享受生活时建造丘园，也崇尚节俭。"束帛戋戋"，帛：丝织品。束：量词，五匹丝为一束。戋戋（jiān）：细小，浅少，少量，微薄。仅仅送少量的丝帛给后宫的嫔妃们，表示君王特别节俭。"吝，终吉"，看似吝啬，最终非常吉祥。

"六五之吉,有喜也",六五中正质朴,敦本尚实。君王享受但不奢侈,富贵但不淫乱,有艮山的尚实精神,又能止心内观。对百姓来说,有这样的君王来治理国家,真是可喜可贺。

领导者应该敦本尚实。

上九,白贲,无咎。

《象》曰:"白贲无咎,上得志也。"

上九,阳居阴位,处于上卦艮的上位,属于天位。"白贲",就是没有装饰。

"白贲无咎,上得志也。"上九居最高位,又有刚健之势,当功成名就,实现了志向之后,他能知止,知道到达高山之巅就该退隐山野,不贪慕虚荣华贵。一切荣华富贵、功名利禄都是浮云,无需纹饰,也无需遗憾,回归自然,高尚其事,返璞归真。

《道德经》:"五色令人目盲;五音令人耳聋;五味令人口爽;驰骋畋猎,令人心发狂;难得之货,令人行妨。是以圣人为腹不为目,故去彼取此。"这句话讲的就是止心内观,返璞归真,白贲无咎,也是我们享受生活的最高境界。

剥（坤下艮上）

《序卦传》："致饰然后亨则尽矣，故受之以剥。剥者，剥也。"

万物有兴就有废，这是天道。春夏之时，繁花似锦，这是天的纹饰；当秋令到来，西风肃杀，凋残衰败，这就是天在剥落。贲卦是精神享受，是对美的追求。过分沉迷于虚华的外表，就失去了内在的本质。一旦荣华享尽剩下的只是穷途潦倒，衰败剥落，所以贲卦之后就是剥卦。

山地剥

艮
土

坤
土

天道剥落，阳气蛰伏，阴气弥漫，此时当自爱自强，固守根本。

剥：不利有攸往。

《彖》曰："剥，剥也，柔变刚也。不利有攸往，小人长也。顺而止之，观象也。君子尚消息盈虚，天行也。"

"剥，剥也，柔变刚也。"剥即去掉物体表面上的东西，剥落、剥离、剥蚀、剥皮、剥开、剥除。剥上艮下坤，山在地上。一阳居上，压制众阴，必然遭到众阴的反抗。众阴本来柔弱，一旦团结在一起，就显示出集体的力量，群阴剥阳，这就是柔弱变为刚强。

"不利有攸往，小人长也。"剥卦是小人道长，君子道消。君子处于高位，却没有朋友辅助，不利于前行，不利于行动。

"顺而止之，观象也。"上卦艮为止，下卦坤为顺。民众服从君王的领导，想得到君王的恩泽雨露。一旦君王在享受荣华富贵之时忘记了民众，民众就会团结起来，推翻君王的统治，这都是观察到的现象。

"君子尚消息盈虚，天行也。"阳与阴互为消长。阳长则生，阴盛则杀。剥卦是阴长阳消，群阴剥阳，秋季肃杀凋零，不利于外出行动，只适宜于潜藏蛰伏。小人道长，君子道消，而消长盈虚是自然规律，我们要时时观察，并顺应天道的变化。

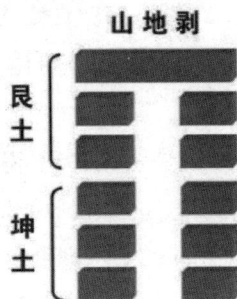

剥是继贲卦之后的卦象，在贲的纹饰达到极致繁华之前，就要想到剥卦，繁花最终会凋谢，花开就有花落，未雨绸缪才是上策。另外，我们不能只看到剥残酷的一面，残酷的背后却是大义，有了剥才能去伪存真，去掉浮华显露本质。有了剥的大义肃杀，才有来年的一阳复生。

《象》曰："山附于地，剥。上以厚下安宅。"

剥的本义是以刀砍物而致物裂。从卦形看，五阴在下，一阳在上，上九如刀，下面的五阴有中间开裂之象，就像生活中最常见的用斧头劈木头，或者剥开核桃一样。外卦艮山坚硬，内卦坤土柔软，剥开坚硬的外壳，就可以看到柔软的内核。

山在地上，风雨剥蚀，这是剥卦的卦象。高处不胜寒，阴盛而阳孤，群阴剥阳。由于地心的引力，众人的力量，高山终究会被剥蚀，整个卦象就像干涸沙漠里的土丘，被大风剥蚀变成了戈壁沙漠。要想不被剥蚀，只有固守根本。所以要"厚下安宅"，把地基打结实，房子才会安稳，地基有多大多厚，房子就能盖多大多高。

厚下安宅是治国之要策。民为邦本，食为民根，治理国家时，能恩泽民众，保障人民的基本生活，有吃有住，才能巩固国家的根本。否则，群阴剥阳也代表着群众的力量，这种力量一旦发挥作用，就会剥蚀一切，剩下的只有改朝换代。

初六，剥床以足，蔑贞，凶。

《象》曰："剥床以足，以灭下也。"

初六，阴居阳位，处于下卦坤的下位，阴气位低势弱，属于平民之位。"剥床以足。"古代的床常被称为"房中房""室中室"，当床脚渐渐被磨损、被剥蚀，意味着内部开始腐朽堕落，最安稳的地方变得不安稳，床就失去了休养的功能。"蔑贞，凶"，"蔑"就是轻蔑、轻视。轻视了基础的、本质的东西，意味着凶兆即将来临。

"剥床以足，以灭下也。"初六位卑势弱，重质轻文，是整个社会的根基，又是被剥削被压迫的对象。床被剥蚀了床脚，就失去了平衡，因为床的基础不稳了。一旦普通平民承受不了过分的压迫，就意味着社会根基不稳，意味着即将倾覆，所以要"厚下安宅"。

不能剥蚀事物的根基。

六二,剥床以辨,蔑贞,凶。

《象》曰:"剥床以辨,未有与也。"

六二,阴居阴位,处于下卦坤的中位,属于诸侯之位。"剥床以辨","辨"在这里指床板。床板被剥蚀、损坏了,这张床仅仅剩下了空架子。"蔑贞,凶",轻视了本质的、核心的东西,就是凶兆。

"剥床以辨,未有与也。"与:赐予、给予,这里指发挥某种作用。六二诸侯沉迷于享受生活,逢迎媚上,疏于政务,便会滋生腐败,无法承担管理重任,导致民众怨声载道,苦不堪言。地方管理也是社会安定的基础,不能轻视它的重要性,否则就会导致社会不稳。就像没有了床板,床就失去了承载的功能,变成废物。

不能剥蚀事物的价值。

六三,剥之,无咎。

《象》曰:"剥之无咎,失上下也。"

六三,阴居阳位,处于下卦坤的上位,上下都有两阴爻,处于阴气包围之中,属于士大夫精英之位。"剥之,无咎",这里"之"指的是辅助用品。床失去了主要功能,那些辅助用品就没有用了,扔掉它们也没有什么咎害。

"剥之无咎,失上下也。"六三本来志向高远,上有报国之志,下有爱民之心,但是世风日下,奢靡成风。下面民不聊生,官员腐败;上面君王昏庸,小人当道。上下失据,六三也失去了方向和主心骨,变得心灰意冷,随波逐流。这就好比在破床上,那些配套设施也失去了作用,被剥蚀掉,也不会有错。

剥蚀了根本,丧失了价值,附属之物随之而无用。

六四,剥床以肤,凶。

《象》曰:"剥床以肤,切近灾也。"

六四,阴居阴位,处于上卦艮的下位,属于贤臣之位。"剥床以肤,凶","肤"指的是床上的被褥、床幔。一旦床上的被褥、床幔被剥蚀,就失去了屏障,无法保暖驱寒,这是非常危险的预兆。

"剥床以肤,切近灾也","切近"就是贴近、切身、接近。剥掉了保护身体的被褥,阴寒之气直接贴近身体,随时会侵入,这接近灾祸了。六四就是君王的贴身侍卫,本应该尽职尽责地辅佐君王,保护君王,可是他也沉迷于荣华富贵之中,骄奢淫逸,腐败透顶,由贤臣变成奸臣。这样的奸臣根本无法承担大任，反而导致君王接近灾祸。

失去了贴身护卫，就濒临死亡。

六五，贯鱼，以宫人宠，无不利。

《象》曰："以宫人宠，终无尤也。"

六五，阴居阳位，处于艮卦中位，艮为止，属于君王之位。"贯鱼"，鱼贯而入，排着队进入。"以宫人宠"，给那些宫人以恩宠，给他们封官加爵，满足他们想要的。"无不利"，无所不利。

"以宫人宠，终无尤也。"阴气太盛，六五君王无法阻止阴气的进一步侵蚀，无法阻止奢靡腐败之风迅速蔓延，而且根基被剥蚀，没有了侍卫，只剩下虚幻的王位。六五君王决定顺势而为，放弃一切，给予小人想要的荣华富贵，满足小人的虚荣心态，终于遏制了他们的气势。危难时刻，懂得取舍之道，以退为进，以保全自己的实力，最终不用担忧安危的问题。

上九，硕果不食，君子得舆，小人剥庐。

《象》曰："君子得舆，民所载也。小人剥庐，终不可用也。"

上九，阳居阴位，艮卦的上位，属于没落贵族之位。"硕果不食"，"硕果"是有核有仁之果，"仁"代表着仁爱和希望，是传承之果。君子有仁爱之心，把支持自己的民众看作硕果，保护民众不让小人残害。小人看到的只是荣华富贵，对"硕果"视而不见。"君子得舆"，"舆"代表车，又代表着拉车的民众。君子得到马车，也就是得到支持自己的民众。"小人剥庐"，庐是古代官员值宿所住的房舍。那些小人贪财恋权，剥蚀房舍，瓜分财物。

"君子得舆，民所载也。"上九是全卦中唯一的阳爻，处于最高位，而阴气也达到了极限，位极道穷，穷则变，变则通。六五放弃了王位，退居为上九，反而由弱变强，由昏君变为正人君子，君子面对小人当道，不得不保全实力。君子能够得舆得民，得到人民的拥护，这才是根本问题。君子能看到硕果，并保全希望之果，就可以剥后复生，东山再起，生生不息。"小人剥庐，终不可用也。"小人对硕果视而不见，得到的只是有形的物质，最终没有什么作用。

这就是实中有虚，虚中有实，虚虚实实，取舍之道。取舍之道的核心就是阴阳消长，虚实转化。《老子》："致虚极，守静笃。万物并作，吾以观复。夫物芸芸，各复归其根。归根曰静，是谓复命。复命曰常，知常曰明。不知常,忘作凶。知常容,容乃公,公乃全,全乃天,天乃道,道乃久,没身不殆。"
归根就是"硕果不食",目的就是"复命","知常"就是无妄,"忘作凶"应该是
"妄作凶","知常容"就是无妄之后可以大畜,大畜是为公而不是为私,大畜
之后就是颐,"公乃全"就是全民得到颐养,这就是天道。

复（震下坤上）

《序卦传》："物不可以终剥，剥穷上反下，故受之以复。"

地雷复

坤土

震木

群阴剥阳，万物不可以始终被剥蚀，剥蚀到极点，达到穷尽则必定返下，随之而一阳复生，所以剥卦之后是复卦。

天有生杀予夺的权力，地有承载万物的品德。剥为剥落，复为培植；剥为残伤，复为养息。剥的表象是秋杀，万物凋零，复的表象是春生，生生不息。剥体现的是义；复体现的是仁。一杀一生，一败一成，这就是天道。

芸芸众生存在于剥复之间，认识到剥复的道理，就懂得了修养之道。修养之道在于顺时而不贪。当一阳复始，春暖花开时，要洁身自爱，不沉迷于虚华；当群阴剥阳，凋零残败时，要有敬畏之心，同时要自勉自强。面对阴阳的消长变化，我们以自身的道德修养来化解，就能达到天人合一。

复：亨。出入无疾。朋来无咎。反复其道，七日来复，利有攸往。

《彖》曰："复，亨，刚反，动而以顺行，是以出入无疾，朋来无咎。反复其道，七日来复，天行也。利有攸往，刚长也。复，其见天地之心乎？"

"复"为会意字，意思是太阳回到东方的起始点上，准备再度出发，一路亨通。

"刚反，动而以顺行。"复为反复，讲的是循环往复的规律。复是上坤下震，上柔顺，下震动，五阴一阳，一阳复始，但是阳气虚弱，阳顺从阴的行动。

"是以出入无疾，朋来无咎。"虚弱的阳气能随着阴的行动而行动，所以出入没有灾难和疾害，而且五阴为朋，小人朋党结私也不会伤害一阳，所以没有什么咎难。一阳虽然蛰伏在下，听不到雷声，却有蒸蒸日上之势。众阴对一阳有爱护之心，就像母亲有护犊之情，这正是坤道的厚德载物。复就是母与长子的关系。

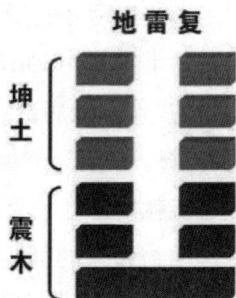

109

"反复其道,七日来复,天行也。"天行健,自强不息,不息的原因就是循环往复。卦有六爻,天地相交,一阳复始,阳从一爻升到六爻,第七天反复,形成一个周期,这个周期是天的运行规律。

现代科学证实人体确实存在着生理、病理的时间节律,即"七日节律"。实际上在两千五百年前我国的《黄帝内经》里已经发现了,其中很详细地描述了人体生理、病理的昼夜节律、七日节律、四季节律、年节律、六十年节律、三百六十年节律,而所有这些节律都是以七的倍数出现;在一千七百年前张仲景的《伤寒杂病论》里更是具体地提出了疾病传经的七日节律,不仅谈到了外感病的七日节律,也谈到了外感病的十四日节律,如果十四天没有好,那可能就要二十一天好。

动物和人的怀孕周期也都是 7 的倍数,鸡孵蛋:$7 \times 3 = 21$ 天。兔子怀孕:$7 \times 4 = 28$ 天。猫怀孕:$7 \times 9 = 63$ 天。老虎怀孕:$7 \times 15 = 105$ 天。人类怀孕:$7 \times 40 = 280$ 天。"七日节律"存在于宇宙万物当中,我们的祖先早就把它记录在《易经》的复卦中,那就是"七日来复"。

"利有攸往,刚长也。"阳长阴消,在众阴的帮扶下,有利于阳刚的成长。

"复,其见天地之心乎?"复是剥后复生,冬至时节,阴气寒凝,每一个生命都想得到众人的关怀和温暖,也体现了天地之爱心。《论语·颜渊》:"上天有好生之德,大地有载物之厚,君子有成人之美。"只要人人都献出一点爱,世界将变成美好的人间。

《象》曰:"雷在地中,复。先王以至日闭关,商旅不行,后不省方。"

复卦是天地万物生化的开始。上卦为坤卦,下卦为震卦,雷在地中代表着一阳复生,为重生之象。"至日"时令为冬至,天气严寒,虽然一阳复生,但是阳气依然虚弱,只能潜藏蛰伏,不可妄动。所以,先王闭关自息,商旅不远行,也不巡视邦国。

初九,不远复,无祗悔,元吉。

《象》曰:"不远之复,以修身也。"

初九,阳居阳位,全卦中唯一的阳爻,处于下卦震的下位,属于平民之位。"不远复",初六出门没有走多远就赶紧返回。"无祗悔,元吉",祗(zhī):尊敬。无需虔诚地忏悔,能复归就已经非常吉祥。

"不远之复,以修身也。"初九势单力薄,无力与众阴相争,时值冬至,宜静不宜动,最好蛰伏。初九意识到自己违反了天道,不应该出门,他能迷途知反,反身修坤顺之德,迁善改过,才能达到元吉。

《系辞》:子曰:"颜氏之子,其殆庶几乎? 有不善未尝不知,知之未尝复行也。"

孔子说:"颜氏之子颜回,他平时会遇到危险吗? 凡是不善的事情没有他不知道的,知道了之后就不再做不善的事,自然就不会有危险。"

复卦讲的是循环往复的道理,也是阴阳周期循环的规律,复卦是阴极阳生。新生命的复生,同时要具备乾坤两卦的特性,此时的初九"不远复"相当于乾卦的初九"潜龙勿用,阳气潜藏",更重要的是"君子以成德为行",即修养自己的品德,而品德的修养正如《文言》所说:"积善之家必有余庆,积不善之家必有余殃。"循序渐进,周而复始。

六二,休复,吉。

《象》曰:"休复之吉,以下仁也。"

六二,阴居阴位,处于下卦震的中位,属于诸侯之位。"休复,吉","休"就是停止。六二诸侯看到新生命的诞生,便停止了以前的奢靡生活,重新担当起管理民众的重担,以厚德与仁爱之心去照顾弱势的民众,当然是吉祥的。

"休复之吉,以下仁也。"时值冬至,一阳复始的同时阴气从六二开始停止增长,六二"休复",原因是他有仁爱之心,像母亲照顾儿子一样照顾弱势的民众。天地有好生之德,君子有仁爱之心,"其见天地之心乎?"母爱是天性,抚养子女是女性的天职,为了抚养子女,她义无反顾,不愿意再回到以前的生活。

六三,频复,厉,无咎。

《象》曰:"频复之厉,义无咎也。"

六三,阴居阳位,处于下卦震的上位,动之极,属于士大夫精英之位。"频复",频频往复。"厉,无咎",反反复复,必然危险重重,不过能知道反悔,向往新生活就没有错。

"频复之厉。"时值冬至,阴气依然活跃,只是气势已衰,六三处于上下交汇之地,一方面他看到曙光并迎接新生活,另一方面还要返回旧社会,与众阴虚与委蛇。频频地往复黑白两道,左右逢源,如履薄冰,这当然是非常危险的。"义无咎也",从道义上讲,他有追寻光明的心愿,只是身不由己,因此只要他时刻警惕戒惧,就没有什么咎难。

六四,中行,独复。

《象》曰:"中行独复,以从道也。"

六四,阴居阴位,处于上卦坤的下位,属于贤臣之位。"中行",六四虽不居中,却处于五个阴爻的中位,既不像六五、上六那样阴气强盛,寒风凛冽,又不像六二、六三那样阴气势衰,所以他能坚持中道行事。"独复",自我修养、自我约束,独自掌握自己的行为方式,承担自己应有的责任。

"中行独复,以从道也。"六四贤臣看到一阳复始,就知道阴气开始由盛转衰,既要对新生事物怀有仁爱之心并观望期待,又要辅佐君王,对君王持有忠诚之心,维护旧有的体制。所以他能遵从天地之道,达到至善、至诚、至仁。

六五,敦复,无悔。

《象》曰:"敦复无悔,中以自考也。"

六五,阴居阳位,处于上卦坤的中位,属于君王之位。"敦复",六五君王有承载万物之德,有敦厚慈母之心,面对复生的新生命,他以大地母亲般的温暖来呵护他。"无悔",无怨无悔。

"敦复无悔,中以自考也",考就是老。五行中震木克坤土,尽管他明白一阳复始意味着自己的君王之位难以保全,终有一天要让位于贤,但他有敦厚之德,无怨无悔。因为他认识到剥后复生、新陈代谢是天则,处于中正之位,终有衰老的一天,能把后代培养成接班人才是最大的幸福。

上六,迷复,凶,有灾眚。用行师,终有大败,以其国君凶,至于十年不克征。

《象》曰:"迷复之凶,反君道也。"

上六,阴居阴位,处于上卦坤的上位,属于没落的贵族之位。"迷复,凶",身处迷途而不知返,肯定凶多吉少。"有灾眚",眚:眼睛模糊,看不清楚。因为眼睛的模糊、看不清楚而受灾。"用行师,终有大败。"上六称王称霸,面对一阳复始,错估了形势,以为初九势弱,微不足道,派遣军队前去消灭。岂不知初九的诞生给民众带来了曙光和希望,且深得民心。在众人的保护下,新生事物逐渐发展壮大,而上六大败而归。"以其国君凶,至于十年不克征"，上六把自己当作国君，称孤道寡，雄霸天下，却不懂得为君之道，那就是凶祸，以至于征战数十年也无法取得胜利。

"迷复之凶，反君道也。"上六阴极势强，坚冰而至，自恃人多势大，以为可以驾驭一切，但是他不知道阴极道穷，亢龙有悔。无位、无民、无辅，又不知进退、存亡、得失，分不清形势，导致鬼迷心窍，迷途不返，凶祸连连，原因就是他称孤道寡，却违反君王之道。作为君王要爱民如子，懂得民心所向，带领民众走向富裕，而不是以强势镇压。

无妄(震下乾上)

《序卦传》:"复则不妄矣,故受之以无妄。"

复卦是上坤下震,而无妄卦是上乾下震。复卦是母与子的关系,无妄是父与子的关系。复代表着母亲孕育了新生命,此时的父亲就不能再妄行,要承担起抚养和教育子女的重任,所以复卦之后就是无妄卦。

天雷无妄

乾金

震木

无妄就是不妄为,不妄为就是真诚不欺。天不妄为才能周而复始,地不妄为才能复生万物;天不自大才能自强不息,地不自厚才能厚德载物。从乾坤定位之后的屯卦的始生,经过风风雨雨,经历了各种人情世故,最后剥后而复生,复生之后对生命的感悟就会更深刻,更懂得天命难违、道法自然,更懂得人不妄为才能生生不息。

"妄"字从女,亡声。"妄"的意思是育龄男人因无法找到配偶而出现行为狂乱现象。

无妄:元亨,利贞。其匪正有眚,不利有攸往。

《象》曰:"无妄,刚自外来而为主于内。动而健,刚中而应,大亨以正,天之命也。其匪正有眚,不利有攸往。无妄之往,何之矣?天命不祐,行矣哉!"

"无妄,刚自外来而为主于内。"无妄是上乾下震,刚健的乾在外卦,乾统天、御天,一切事物的行动受乾的主导。

"动而健,刚中而应,大亨以正,天之命也。"无妄卦中,乾为天为刚为健;震为雷为刚为动。行动就要刚健威武,顺应乾的领导,保持中正严明,才能一切亨通,因为这是乾的命令,最高指示,天命不可违。

"其匪正有眚,不利有攸往。"眚:眼睛生翳,盲目。若不行正道就会盲目,盲目就不利于行动。

"无妄之往,何之矣?天命不祐,行矣哉!"在不应该妄行的条件下,却私

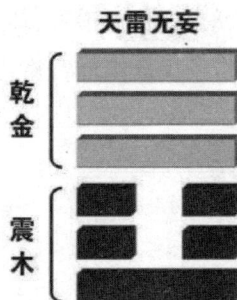

自前往,这是违反天命,天也不会保佑你,为什么还要妄行呢?

《象》曰:"天下雷行,物与无妄。先王以茂对时育万物。"

无妄上卦为乾,下卦为雷,天下雷行,万物遵守天命而不妄行。无妄讲的是生育之道。"茂"是茂盛,"对"是成双成对,"时育"指的是春季生育时节。春雷震响,万物进入交配生育的季节,并孕育了新生命。先王也要遵守天道,培育万物,不乱杀无辜,社会才会长治久安。

无妄既然是纯乎自然、无为而治,那么就应该有一个前提条件,就是遵守自然的规律,按照自然规律去办事。我们要敬畏自然,热爱自然,更要遵循大自然的规律,老子讲的"人法地,地法天,天法道,道法自然。"这个"道"就是大自然的规律,更进一步提出"无为而治",以达到天人合一的最高境界。

初九,无妄往,吉。

《象》曰:"无妄之往,得志也。"

初九,阳居阳位,处于下卦震的下位,虽然位卑,但是气势很足,属于平民之位。"无妄往,吉",能尊天道,不妄为,然后一路前行,就会一帆风顺,吉祥如意。

"无妄之往,得志也。"如果说复卦是母子关系,母亲抚养幼子,闭关不出,那么无妄就是父子关系。逐渐长大的初九对天地、对父母要有敬畏之心,要遵守天道,要听从父亲的管教,树立志向,心怀天下。不妄为就一定能开创一番事业,实现自己的志向。

六二,不耕获,不菑畬,则利有攸往。

《象》曰:"不耕获,未富也。"

六二,阴居阴位,处于下卦震的中位,居中守正,属于地方诸侯之位。"不耕获",当民众受到天灾人祸时,即使无法耕种,也能获得意外的收获。"不菑(zī)畬(yú)",《尔雅·释地》云:"田一岁曰菑,二岁曰新田,三岁曰畬。""菑"是初耕的田地。"畬"是开垦了三年的熟田。虽然无法垦荒,却能意外获得熟田。"则利有攸往",得到上天赐予的福报,非常有利于诸侯前去赈灾救民,为灾民雪中送炭,帮助他们灾后重建,有利于稳定民心,这也是六二诸侯应有的责任和担当。

"不耕获,未富也。"六二具备地德,九五具备天德,六二与九五君王相合,对上顺从天而不妄行,对下施德于民而积善行,善有善报,必然得到上天赐予的福报。不耕而获是因为灾民并不富裕,也无法抵抗灾难,这就是无妄之福。

六三,无妄之灾。或系之牛,行人之得,邑人之灾。

《象》曰:"行人得牛,邑人灾也。"

六三,阴居阳位,处于下卦震的上位,属于士大夫精英之位。"无妄之灾",六三日日劳作,谨小慎微,遵守天道,不敢妄行,但是他与上卦乾相连接,乾金克震木,可能会遭受无法预知的灾害,就是"无妄之灾"。"或系之牛,行人之得,邑人之灾。""邑人"就是同乡的人。拴好的牛被过路的行人给牵走了,同乡的人却无辜受到官司的牵连。

"行人得牛,邑人灾也。"行人牵走了牛,导致邑人受到灾祸,这就是无妄之灾。它难以预料,但是"塞翁失马,焉知非福","祸兮福之所倚,福兮祸之所伏"。行人得牛,未必是福;邑人受灾,也未必是灾。无妄之灾与无妄之福,祸福相倚。总之,一切要遵守天道,不可妄为。

九四,可贞,无咎。

《象》曰:"可贞无咎,固有之也。"

九四,阳居阴位,处于上卦乾的下位,属于贤臣之位。"可贞,无咎",能保持纯真的品德,遵天命而不妄行,就没有咎难。九四贤臣辅佐君王,忠心耿耿,唯命是从,处于多惧之地,更不敢妄行。就像乾卦的九四"或跃在渊,进无咎也",或许飞跃而上,兴云吐雾;或许进入深渊,纵横四海,做好上情下达,下情上传,就无咎。

"可贞无咎,固有之也。"九四尽职尽责,忠心耿耿,并能长久地保持这种品德,就应该没有灾难。能做到遵天命而不妄行,也是人固有的天性,本来就应该这样做。

九五,无妄之疾,勿药有喜。

《象》曰:"无妄之药,不可试也。"

九五,阳居阳位,处于上卦乾的中位,刚健中正,属于君王之位。"无妄之疾",没有妄行,却无缘无故地得了疾病。"勿药有喜",只要能固守元气,扶正祛邪,不需要服药,病就会自愈,这才是可喜的事。食五谷生百病,人之常情。九五君王遵守天道,不会妄为,但是人非圣贤,孰能无过,过而能改,善莫大焉。君王不需要他人纠正而能自我改过,那是非常可喜的事情。

"无妄之药,不可试也",搞不清楚病因就开的药物就是"无妄之药",以"无妄之药"来治疗"无妄之疾",那就是人为的干预,就是妄为,我们不要轻易试服,否则会引起无妄之灾。所以《道德经》提倡道法自然,无为而治。

上九,无妄行。有眚,无攸利。

《象》曰:"无妄之行,穷之灾也。"

上九,阳居阴位,处于上卦乾的上位,属于没落的贵族之位。"无妄行",不敢妄行。上九阳刚之极,无位、无民、无辅,失去了中正之位,宜静不宜动,动就有悔,因此不可妄行。"有眚,无攸利","眚"就是眼睛有疾。"有眚"就是盲目行动。如果盲目妄行,就没有任何益处。

"无妄之行,穷之灾也","穷"就是穷尽、完结。上九"不知进退、存亡、得失",盲目妄行,结果是"亢龙有悔,穷之灾也"。

大畜（乾下艮上）

《序卦传》:"有无妄然后可畜,故受之以大畜。"

无妄是尊天道不妄为。不违天命、道法自然,才能生生不息,生生不息才会有大量的物资得以储备,而储备大量的物资目的也是为了应对无妄之灾,所以无妄卦之后就是大畜卦。

无妄为本,大畜为末。无妄在外而明明德,大畜在内而止于至善。无妄是先善其身,大畜是后善天下。

大畜:利贞。不家食吉。利涉大川。

《彖》曰:"大畜,刚健笃实辉光,日新其德。刚上而尚贤,能止健,大正也。不家食,吉,养贤也。利涉大川,应乎天也。"

"大畜,刚健笃实辉光。"大畜是上艮下乾,乾代表着刚健及自强不息的精神,艮山代表着笃实和锲而不舍的精神,二者互相映衬。刚健是做事应有的精神,如果没有刚健就会虚弱,难以持之以恒,就谈不上"大畜"。笃实就是诚实守信,宋朝杨时讲:"惟笃实可以当大事。"如果没有笃实,就会变得虚华,有一点成绩就沾沾自喜,就更谈不上"大畜"。

"日新其德"就是每日蓄养品德,绝不是一蹴而就的。《盘铭》曰:"苟日新,日日新,又日新。"品德高尚的人无处不追求完善。

"刚上而尚贤。"阳刚处于最上面,崇尚有德有才的人,能养贤亲民。

"能止健,大正也。"艮为止,乾为刚健,"止健"就是蓄养乾的刚健之势。要想成就大业,就需要蓄大势,蓄大的财力、物力、人力,关键是蓄大德,这才是正道。

"不家食,吉,养贤也。"这里的"家"通"稼",指的是种植谷物,也泛指农业劳动。如果遇到无妄之灾,不能进行农业劳动,还依然有积蓄供人们食用,这当然是吉祥的,因为君王重用贤能之人。

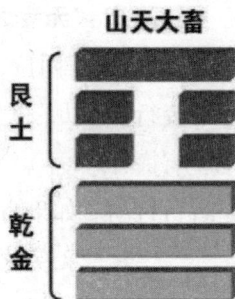

艮为止，艮为山，艮也代表着责任和重担，"责任重于泰山"。乾为贤能之人，贤能之人敢于担当责任，他能带领人们抵抗各种天灾人祸。

"利涉大川，应乎天也。"有了大畜就可以利涉大川，开创大业。有了大畜就可以应对天时的变化。

《象》曰："天在山中，大畜。君子以多识前言往行，以畜其德。"

登高山而纵观天下事，"大，莫若天；止，莫若山"。天在山中，能包容天下万物，所以称作大畜。大畜贵在育德，只有大德之人才能大畜，只有大德之人才能使用大畜之物。如果不育德，只追求财物的丰盈，那么丰盈的财物反而会给你带来灾祸。一个有知识、有教养的君子应该多了解、多领会前贤先哲的言论和行事，以"前言往行"作为自己的楷模，来培养和提高自己的道德修养。

初九，有厉，利已。

《象》曰："有厉利已，不犯灾也。"

初九，阳居阳位，处于下卦乾的下位，属于平民之位。"有厉"，就是有危险。"利已"，"已"就是停止。有危险，反而有利于停止行动，以避免无妄之灾。初九潜龙勿用，成德为行，有危险，但不冒险，"多识前言往行，以畜其德"。

"有厉利已，不犯灾也。"初九虽然刚健，但上面的艮卦如泰山压顶，危险重重，此时应该潜龙勿用，绝不能凭刚健之势去冒险，不妄动就就不会发生灾难。

九二，舆说輹。

《象》曰："舆说輹，中无尤也。"

九二，阳居阴位，处于下卦乾的中位，属于诸侯之位。"舆说輹"，"舆（yú）"指车厢。"輹（fù）"指车下面的横木，车轴。"说"通"脱"。车厢与车轴突然脱节，车子无法行动，这也是一种灾难。

"舆说輹，中无尤也。"九二有刚健之势，不当位。车厢与车轴突然脱节，以致出现了灾难，因为车厢与车轴都很刚健。九二诸侯与初九平民都很刚健，不利于管理，更不会蓄积大量的物资。九二只有秉持中道，把大德爱心广施于人民，才能大畜刚健之势，也就无须担忧无妄之灾。

九三，良马逐，利艰贞，日闲舆卫，利有攸往。

《象》曰:"利有攸往,上合志也。"

九三,阳居阳位,处于下卦乾的上位,刚健之势强劲,属于士大夫精英人士。"良马逐,利艰贞",像骏马一样奔驰,利于战胜一切艰难困苦。"日闲舆卫,利有攸往","闲"古同"娴",熟习,练习,防御。"舆卫"就是战车与卫士。九三能日日练兵磨将,建立一支威武之师,有利于保家卫国。

"利有攸往,上合志也。"九三"终日乾乾,夕惕若",进德修业,锐意进取,贵在大畜的刚健之势,有利于抵御外敌入侵所带来的无妄之灾。文治武功,兼济天下,这完全符合上面君王的志向。

六四,童牛之牿,元吉。

《象》曰:"六四元吉,有喜也。"

六四,阴居阴位,处于上卦艮的下位,属于贤臣之位。"童牛之牿",童牛:牛犊,小牛。牿(gù):绑在牛角上的横木,实际上是拴牛的一种工具,目的是控制桀骜难驯的牛犊,使其顺从,又便于饲养,这就是"能止健"。"元吉",能大畜刚健之势,就非常吉祥。

"六四元吉,有喜也。"六四虽然没有刚健之势,却有贤能之才,在管理上要善于使用策略,就好像使用童牛之牿来管理牛犊,使用紧箍咒管理孙悟空一样,把具有刚健之势的官吏管理得温顺,这对于六四来说是非常吉祥的,对整个国家来说也是可喜的。

六五,豮豕之牙,吉。

《象》曰:"六五之吉,有庆也。"

六五,阴居阳位,处于上卦艮的中位,属于君王之位。"豮豕之牙,吉",豮豕(fén shǐ):被阉割过的猪。阉猪虽然有刚健的牙齿,却性情温顺憨厚,有利于蓄积刚健之势,所以吉祥。

"六五之吉,有庆也。"六五君王虽然柔弱,却懂得管理之道。治吏就要像豮豕一样,既要有刚健的牙齿,又要有笃实的性情;既能发挥才干,又有忠诚之心。

六五君王"尚贤""养贤",就要抓住根本性问题,给予"止健",才能使贤能之人有刚健笃实的品性。

上九,何天之衢,亨。

《象》曰:"何天之衢,道大行也。"

上九,阳居阴位,处于上卦艮的上位,属于天位。"何天之衢,亨",衢(qú):四通八达的道路。天之衢:天路,通达天下。什么才是天路,当你大畜贤德之后,懂得了责任与担当,你就会真正感受到什么是通达天下。

"何天之衢,道大行也。"上九刚健之极,处于天位,是君王的护佑之神。上九就如一座关口,能阻止一切刚健的行为,使他们遵天道,不妄为才可以过天关,然后以大畜之势,大行其道,通达天下,无所不利。

颐（震下艮上）

《序卦传》："物畜然后可养，故受之以颐。颐者，养也。"

大畜指的是蓄积大量的财物，有了大畜之物才可以颐养万民，所以大畜卦之后就是颐卦。颐为养，养在内，畜在外。

颐：贞吉。观颐，自求口实。

《彖》曰："颐，贞吉，养正则吉也。观颐，观其所养也；自求口实，观其自养也。天地养万物，圣人养贤以及万民。颐之时大矣哉！"

"颐，贞吉，养正则吉也。"颐卦是阳在外包裹着阴，阳主外，阴主内，感觉非常吉祥。养正之道就是不受内在情志与外在荣辱得失的影响，这样是吉祥的。人为地雕琢璞玉、栽培盆景毁灭天性，即使工艺再好，作品再美，也不符合天道，也不是养正之道。

"观颐，观其所养也。"观颐就是通过观察人们的实际生活状况，来了解这个人的道德品行。观察他所交往的人以及他的朋友的品性，就可以了解这个人的品性，"近朱者赤，近墨者黑"。

观颐就是通过观察人们的饮食习惯，来了解一个人的性格特征、品德修养。观察内在的问题，了解自己的胃口有多大，什么能吃，什么不能吃。观察外在的问题，了解自己有什么吃的，有多少可吃的，又有多少好吃的。再根据实际情况来决定自己的饮食，能做到不虚伪、不贪婪就是养正之道。

"自求口实，观其自养也。"观颐的另一种方法就是观其自养，通过观察他本人的生活方式来了解他的品性。自求口实就是自力更生，依靠自己的劳动来养活自己，而不是食嗟来之食。

"天地养万物，圣人养贤以及万民。"天地以宽厚仁德之心滋养万物，圣人效法天地之道颐养贤能之人以及万民。

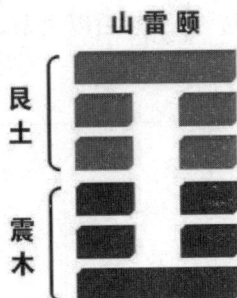

治国之道首先要养贤，贤能之人辅佐圣人来治理大众，大众能心悦诚服，也会得到善待，这就像齐有管仲，汉有张良。如果圣人依靠奸诈之人来管理大众，大众就不能得到好处。

"颐之时大矣哉！"颐卦所讲的道理是非常重要的。

《象》曰："山下有雷，颐。君子以慎言语，节饮食。"

颐是上艮下震，艮是静止，震是行动，外止内动。高山巍然不动，山下万物在生长，这就是颐。养生之道就在于动静结合，刚柔相济。

颐的卦象就像一个张开了的"口"。口有两个功能，一是说话，一是吃饭，"慎言语"是养气，"节饮食"，是养生。颐养之道就是"慎言语，节饮食"，在于养德。人们常说"祸从口出，病从口入"，如果能"慎言语"就能减少灾祸，如果能"节饮食"就能减少生病。所以，颐养之道在于把好入"口"关。

颐卦是继大畜之后的卦像，大畜提倡的是"多识前言往行"，而颐卦提倡的是"慎言语"。其原因是大畜重在蓄，要蓄就得多识，多识才能多蓄；而颐重在养，养就以慎言为本，"言有物，行有恒"，这是修养之道。无论是颐养还是大畜，都讲究一个"德"，忌一个"贪"。

初九，舍尔灵龟，观我朵颐，凶。

《象》曰："观我朵颐，亦不足贵也。"

初九，阳居阳位，处于下卦震的下位，属于社会下层平民之位。"舍尔灵龟"，灵龟有阳刚的体质，有灵性，是长寿富贵的象征。但是初九舍弃了自己如灵龟一样的神仙生活。"观我朵颐，凶"，"朵颐"是下颚下垂，张口想吃东西的形象。放弃自己的美味佳肴，却羡慕别人所吃的东西，这就是凶相。

"观我朵颐，亦不足贵也。"初九有阳刚的体魄，本来可以自求口实，自给自足，生活应该如灵龟一样无欲无求、颐养天年，但他不珍惜自己的灵性和富贵，而是盲目地羡慕他人的生活方式，这样是不足以称为福贵之相的。

颐养之道首先是养正。

六二，颠颐，拂经于丘颐，征凶。

《象》曰："六二征凶，行失类也。"

六二，阴居阴位，处于下卦震的中位，居中守正，属于地方诸侯之位。"颠颐"，颠：本意是头顶，这里指颠倒，上下易位，本末倒置。六二诸侯本来是管理民众、养育民众的人，现在却颠倒过来，需要民众来养活他。"拂经于丘颐,征凶",拂经(fú jīng):违反常理。六二诸侯违反常理,他没有带领民众在平原上自力更生,却要到遥远的荒凉的山丘上寻找食物,这种行为已经显露出凶兆。

"六二征凶,行失类也。"六二本应具备地德,更有行动的能力,能够颐养万民,但是整个颐卦内部空虚,颐中无物,他不能自养,更无法养万民,以至于他行为失常,表现出凶兆。

颐养之道在于养德。

六三,拂颐,贞凶,十年勿用,无攸利。

《象》曰:"十年勿用,道大悖也。"

六三,阴居阳位,处于下卦震的上位,属于士大夫社会精英人士。"拂颐,贞凶",违反颐养的常理,就是凶兆。颐养的常理是自食其力,对六三来讲,不能自食其力就是寄生虫。"十年勿用,无攸利",长此以往,再过几十年也不会有人重用他,他自己也不会有什么大的作为,更没有任何好处。

"十年勿用,道大悖也。"六三身为社会精英,能力应该更强,完全可以自求口实,但是六三颐中无物,腹中无墨,身无刚健之势,自己也不努力上进,根本无法自养,所以称为"拂颐"。士大夫社会精英人物一旦变成了寄生虫,十年也不会有什么大的作为,因为与大道相悖,这才是真正的凶相。

颐养之道在于自养。

六四,颠颐,吉。虎视眈眈,其欲逐逐,无咎。

《象》曰:"颠颐之吉,上施光也。"

六四,阴居阴位,处于上卦艮下位,属于贤臣之位。"颠颐,吉。"六四本应该自养,更要以下奉上,但是君王见他是一个恪尽职守、忠心耿耿的贤臣,反过来把他作为贤臣来培养,非常吉祥。"虎视眈眈",像老虎一样凶狠地盯着。六四对君王有坤顺之德,对下面有监管之责,既要教育平民安守本分,又要防止诸侯腐败怠政,还要督促士大夫自食其力,所以六四像老虎一样紧盯着下面那些饿狼的举动。"其欲逐逐,无咎",他随时准备驱逐那些饿狼,这并没有咎错。

"颠颐之吉,上施光也。"六四当位,虽然违反颐养之道,但是他能恪尽职守、忠心耿耿地辅佐君王,依然是非常吉祥的。因为君王尚贤,所以君王给六四施予阳光雨露来养贤,贤人得养,万民才能得到养育。

颐养之道在于养贤。

六五,拂经,居贞吉,不可涉大川。

《象》曰:"居贞之吉,顺以从上也。"

六五,阴居阳位,处于上卦艮的中位,属于君王之位。"拂经",君王违反颐养的常理。按照常理任何人都应该自养,如今君王却需要万民来供养,违反常理。"居贞吉",君王居中正之位,管理天下,养正则吉。"不可涉大川",一国之君不可妄动,更不能长途跋涉,经历风险。

"居贞之吉,顺以从上也。"六五君王担当大任,虽然柔弱,却能居中守正,顺从天道,以坤顺之德兼济天下,以敦厚之德培养贤臣,并以仁政来管理民众,因此能得到天地的养育,获得吉祥。

颐养之道在于顺从天道。

上九,由颐,厉吉。利涉大川。

《象》曰:"由颐厉吉,大有庆也。"

上九,阳居阴位,处于上卦艮的上位,静极而生动,属于没落的贵族。"由颐",由:凭借,原由。上九凭借阳刚之势,自求口实。"厉吉",虽危终吉。上九高而无位,无民,无辅,宜静不宜动,动则有悔,然而他不怕危险,遵守颐养之道,因此吉祥。"利涉大川",能遵循颐养之道,以自养养德为本,就能畅行天下。

"由颐厉吉,大有庆也。"上九退隐田园,没有怨天尤人,而是自求口实,悠然自得,懂得颐养之道在于"养正则吉也",以养德为大,养体为小,虽厉终吉,这才值得庆贺。

大过（巽下兑上）

《序卦传》："不养则不可动，故受之以大过。"

不妄为可以大蓄财物，大蓄财物可以颐养万民。反之，胆大妄为就难以大蓄财物，没有大蓄财物就难以颐养万民，所以颐卦之后就是大过卦。

大过与颐互为错卦。颐为养正，颐是阳能涵阴，阴能从阳。而大过是阴在外，阳在内，阴不从阳，反而阴束缚阳，阳不能养阴，不养就不要妄动，妄动就是大过。

泽风大过

兑金

巽木

大过就是超过了事物可承受的范围，又不得不勉强承受的现象。

过：栋挠，利有攸往，亨。

《彖》曰："大过，大者过也。栋挠，本末弱也。刚过而中，巽而说，行。利有攸往，乃亨。大过之时大矣哉！"

"大过，大者过也。"大过两端为阴，中间为阳，阳多阴少，但是阴包裹着阳。阳过于刚愎自用，阴过于任性好强，阳听命于阴，大屈服于小，所以说"大者过也"。

"栋挠，本末弱也。"栋挠就是脆弱曲折的屋梁，本来栋梁之材可堪大用，挠梁之木却难以胜任。梁柱的两端脆弱，中间再刚健也起不了作用，屋架太重太大超过了梁柱的承载能力，也兆示着倾覆之象。这就是"舟重则覆，梁弯屋倾"。

"刚过而中。"大过卦中间四爻都是阳爻，阳比阴多，又占居中位，这就是"刚过而中"，实际上就是刚愎自用，过高地估计自己的能力。

"巽而说，行。"上兑下巽，一个喜悦地说，一个温顺地听话，然后就开始行动。

"利有攸往，乃亨。"大过贵在有自知之明，发现本末弱，知道有过失，就赶紧行动解除险情，改过自新，不能沉迷于温柔乡中而自甘堕落，不能刚愎

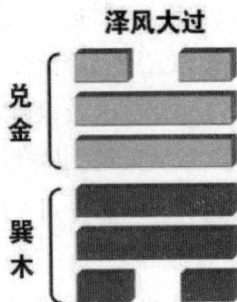

自用。只要敢于行动就一定会顺利而亨通。

狭路相逢,勇者胜! 面对强大的对手,明知不敌,也要毅然亮剑,即使倒下,也要成为一座山,一道岭! 这就是"亮剑精神"。

如果乾在危难时刻不能担当重任,实际上就是说大话。上兑为说,下巽为风,上面说话,底下走风,说的比唱的还好听。这种人往往纸上谈兵,一旦将重任委托于他,必然出现大过之象。

如果乾只一味享受生活,内有巽,外有兑,内有贤妻,外有情人,伟岸的阳刚男子掉进温柔乡难以自拔,这种腐败必然导致阴沟翻船。

"大过之时大矣哉!"大过之时就是行动之时,其意义非常大。

《象》曰:"泽灭木,大过。君子以独立不惧,遁世无闷。"

上兑下巽,泽水淹舟,船承载过重被水淹没,这就是大过之象。君子应该学习"独立不惧",危难之刻方显英雄本色。"风萧萧兮易水寒,壮士一去兮不复还",明知本末弱,也要勇敢面对,明知山有虎,偏向虎山行。同时也要学会"遁世无闷",大丈夫顶天立地,隐于市而不感到烦闷,更不会悲叹英雄无用武之地。

初六,藉用白茅,无咎。

《象》曰:"藉用白茅,柔在下也。"

初六,阴居阳位,处于下卦巽的下位,属于平民之位。"藉用白茅,无咎",藉:垫在下面的东西。用白茅垫子垫在下面,然后把贵重的物品放在垫子上,防止贵重物品损坏,这样做没有错。

"藉用白茅,柔在下也。"初六位卑而柔顺,要让他承担自身难以承受的重担,就是一种大过之象。但是初六以柔承刚,以纤薄之躯为贵重之物做好铺垫,打好基础,不求有功,但求无过,这本身没有错。所以能以平常之躯做一些基础工作是物尽其用、人尽其才。

《系辞》:"初六,藉用白茅,无咎。子曰:'苟错诸地而可矣;席用白茅,何咎之有? 慎之至也。夫茅之为物薄,而用可重也。慎斯术也以往,其无所失矣。'"

孔子:"祭祀品放置在地上就可以了,而用白茅草垫在下面,又有何咎错呢? 是谨慎到极点了呀。茅草本来就很纤薄并不贵重,把它用于承垫祭祀品,那它的用处就很大了。以后做人能谨慎到如此,必能无所过失了。"

一只蜡烛,有多少能量,就发多少光和热,燃烧自己,照亮他人。他们也许没有天赋的才华,没有耀眼的光环,却默默无闻地奉献,无私地付出,尽职尽责,遁世无闷,在平凡朴素中闪烁光芒,这才是他们人生价值的体现。

九二,枯杨生稊,老夫得其女妻,无不利。

《象》曰:"老夫女妻,过以相与也。"

九二,阳居阴位,处于下卦巽的中位,属于诸侯之位。"枯杨生稊",稊(tí):植物的嫩芽。枯萎的杨树又长出了嫩芽。"老夫得其女妻",老年人娶少女为妻,又生育子女。"无不利",没有什么不利的。

"老夫女妻,过以相与也。"九二有阳刚之气,但不当位,遇到柔弱的初六,他不得不担当起诸侯的责任,秉承中道,管理好一方水土。就像老夫配少妻,虽然是一种大过之象,但是能相互给予真爱,并生儿育女,这也是很好的。

王勃《滕王阁序》:"老当益壮,宁移白首之心;穷且益坚,不坠青云之志。"事不避难,勇于担当,"顺境逆境看襟度,大事难事看担当",在职责和角色需要的时候,毫不犹豫,责无旁贷地挺身而出,全力履行自己的义务。勇于担当是一种精神,"肩扛千斤谓之责,背负万石谓之任",要扛重担、挑大梁、打硬仗,能推功、敢揽过、善纠错。

做人要有担当,有魄力。

九三,栋桡,凶。

《象》曰:"栋桡之凶,不可以有辅也。"

九三,阳居阳位,处于下卦巽的上位,互卦乾的中位,属于士大夫精英人士。"栋桡(dòng ráo),凶",房屋的栋梁弯曲了,不能承担重担,而且会导致整个房屋倾覆,凶险之极。

"栋桡之凶,不可以有辅也",弯曲的栋梁是非常危险的,原因是房屋的其他结构不能很好地辅助大梁。九三怀有栋梁之才,胸有报国之志,但过于刚健就容易折断,过于自信就变成了自负。他既得不到君王的信任和支持,也得不到九二、九四的帮助,又急于建功立业,光宗耀祖,不惜卑躬屈膝想要承担大任,却恰恰失去了自我,必然导致失败。

九四,栋隆,吉。有它吝。

《象》曰:"栋隆之吉,不桡乎下也。"

九四,阳居阴位,处于上卦兑的下位,属于贤臣之位。"栋隆,吉",房屋的栋梁向上隆直挺拔，而不是向下弯曲，这样能独立不惧，勇于担当重任，这是非常吉祥的。"有它吝"，"吝"指单薄。因为其他结构的力量单薄无力，不能担当大任。

"栋隆之吉，不桡乎下也。"栋梁高隆是吉祥之兆，因为他面对困难，独立不惧，不卑躬屈膝。九四有刚健之势，能担当国家重任，辅佐君王处理朝政，实属于栋梁之才。他临危受命，能刚正不阿，坚忍不拔，深得九五君王的信任，这也是国家之吉。

九五，枯杨生华，老妇得其士夫，无咎无誉。

《象》曰："枯杨生华，何可久也。老妇士夫，亦可丑也。"

九五，阳居阳位，处于上卦兑的中位，属于君王之位。"枯杨生华"，枯萎的杨树重新开花，却不能结果，华而不实。"老妇得其士夫，无咎无誉"，老太太与美少男结为夫妇，虽然没有错，但也得不到赞誉。

"枯杨生华，何可久也"，枯萎的杨树重新开花，仅仅是昙花一现，不可能长久。九五君王虽然有刚健之势，但众多贤臣都以刚健之势担当重任，让九五君王倍感压力，担心皇权不保。上六阴柔小人花言巧语，蛊惑君心，并与君王阴阳相合，结成联盟，凌驾于众人之上，这样的联盟表面上看华丽无比，实际上华而不实，怎么可能长久呢？亲小人，远贤臣，后患无穷。"老妇士夫，亦可丑也"，在古人眼中老太太与年轻男子结为夫妇，即使无咎无誉，那也是一种丑态。

上六，过涉灭顶，凶。无咎。

《象》曰："过涉之凶，不可咎也。"

上六，阴居阴位，处于上卦兑的上位，属于失势的贵族之位。"过涉灭顶，凶"，趟水过河时被水淹没，当然凶险无比。"无咎"，虽然凶险，为了达到目的，又不得不过河，无可厚非。

"过涉之凶，不可咎也。"上六处于大过之极，本应该归隐山林，不问朝政，宜静不宜动，但是上六受君王所求，临危受命，尽力去帮助君王，济世振民，拯救危难，独立不惧。即使像年老力衰的老人渡江下海，遭到灭顶之灾，也在所不惜，因此不可过分咎责。

坎(坎下坎上)

《序卦传》:"物不可以终过,故受之以坎;坎者,陷也。"

"大过"就是超过了事物可承受的范围,又不得不勉强承受的现象。而长期处于"大过"的状态,则必然导致事物陷于危险之中,比如长期严重的超载必然导致道路塌陷,车毁人亡。所以大过卦之后就是坎卦,坎为陷。

坎 为 水

坎
水

坎
水

习坎:有孚维心,亨。行有尚。

《象》曰:"习坎,重险也。水流而不盈,行险而不失其信,维心亨,乃以刚中也。行有尚,往有功也。天险不可升也,地险山川丘陵也,王公设险以守其国。险之时用大矣哉!"

"习坎,重险也","习"就是小鸟学飞的样子。小鸟长大后,首先要学会飞翔,飞翔不只是会扇动翅膀,重要的是要学会在飞翔中如何避险,如何穿越那些崎岖坎坷的山川丘陵,这就是"习坎"。流水就如同小鸟一样,穿越无数的山川丘陵,勇往直前,奔流到海,这是流水在"习坎"。坎就是重重坎险,也就是生活中会遇到各种各样的坎险,所以要时时刻刻学习,格物致知才能很好地避险。

"水流而不盈。"水的流动从一个坎险到下一个坎险,跨过重重坎险,始终往低处走,不骄傲自满。

"行险而不失其信。"在危险之中行动,内心刚健才不会失去信心。

"维心亨。"反观于内心,心中无坎险,任何坎险都能克服。

"乃以刚中也。"因为坎卦是一阳入二阴之中,阴包围阳,内心刚健而不屈服。

"行有尚,往有功也。"以内刚外柔、意志坚定的风格行事,就一定会走出坎险,建功立业。这样就把风险变成了机会。

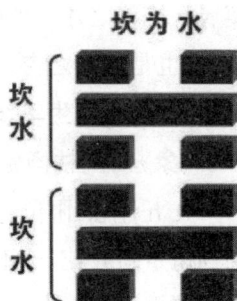

"天险不可升也,地险山川丘陵也,王公设险以守其国。"坎有三险,天险、地险和人险。天险是不可攀登的。地险就是山川丘陵,只要不失去信心,一定会克服地险。

人险就是人为了保护自己而设置的坎险。无论是个人、家庭,还是国家,设险都是为了自我保护。有人设险就有人脱险,这是相对的存在。设险的人绞尽脑汁来陷害他人保护自己,而脱险的人挖空心思来脱险避祸。设险就像二阴包围一阳,目的在于俘获,脱险就像一阳陷于二阴,目的在于突围解脱。设险者善于隐藏,脱险者表现出勇敢。设险者与脱险者都在斗智斗勇,这也是"坎主智"的原因。

由此可见,人们可以不惧天险、地险,却不能轻视人险。人心险恶,害人之心不可有,防人之心不可无。

"险之时用大矣哉!"坎险的作用非常大。人的一生并不是平坦的,而是崎岖坎坷,充满了危险。坤以厚德载物、平顺安宁为特点,万物在追求这种平安,享受这种厚德的同时,《易经》却以坎卦取代先天的坤位,天一生水,地六成之。由此而告诫人们,居安思危才是人生的常态。且五行中土克水,心中有厚德之坤土,就不怕任何艰难险阻。

《象》曰:"水洊至,习坎;君子以常德行,习教事。"

"洊(jiàn)至"就是相继而至。流水相继而至、潮涌而来,必须先填满前方无数极深的陷坑才能继续向前。

习坎,这种胸怀坚定的信念,执着专一、坚强刚毅的行为必然为人们所崇尚。所以,"君子以常德行,习教事"。当人长大后走向社会,也要像小鸟一样"习坎"。人们把"习坎"分为两方面,一方面"常德行",学习先天的坤的厚德载物和坚定的信念;另一方面"习教事",学习克服艰险的方法,以及勇往直前、坚定刚毅的精神。

"常德行"可以使我们没有害人之心,"习教事"可以使我们有防人之法,合二为一才是智慧。坎虽然为险,却不以害人为目的,相反是为了启发人们的智慧,以生存为目的。通过分析坎卦的卦象我们就能明白,坎卦的互卦是颐卦,颐就是养,说明坎卦的内核是生养万物。人们常以水来代表坎卦,水是坎卦的最佳代言人。

初六,习坎,入于坎窞,凶。

《象》曰:"习坎入坎,失道凶也。"

初六,阴居阳位,处于下卦坎的下位,位卑势弱,属于平民阶层。"习坎",在长期的实践中学习如何避险。"入于坎窞,凶",窞(dàn):深坑,也泛指洞穴。陷入最深的坑底,凶险无比。

"习坎入坎,失道凶也",初六位卑势弱,社会地位低,抵抗力又差。在学习如何避险时,迷失正道,误入歧途,掉进坑底。既找不到脱险的方法自救,又没有外援来救助,那就凶险无比。

九二,坎有险,求小得。

《象》曰:"求小得,未出中也。"

九二,阳居阴位,处于下卦坎的中位,属于诸侯之位。"坎有险",身陷阴气的包围,危机四伏,进退两难。"求小得",九二向九五君王求救,虽不能脱险,但是暂时没有大的危险,也算是小有收获。

"求小得,未出中也",九二居中守正,与九五君王同心同德,内外相应,而不轻举妄动,所以身处危险之中,却无大碍。

六三,来之坎坎,险且枕,入于坎窞,勿用。

《象》曰:"来之坎坎,终无功也。"

六三,阴居阳位,处于下卦坎的上位,属于社会士大夫精英之位。"来之坎坎",坎险一个接着一个地到来。下卦的坎险快结束了,上卦的坎险又来到了,逃离虎口又入狼群,进退都是险境。"险且枕",停下来寻找安全的地方,暂且休息。"入于坎窞",掉入深渊。"勿用",不要孤军奋战,贪求功名,轻举妄动。

"来之坎坎,终无功也",六三阴柔不当位,人在囧途,重重坎险。六三所面对的坎险就是既不冒险,也不逃避。富贵险中求,不入虎穴焉得虎子,如果不克服坎险,最终就不能建功立业,成功是需要克服各种艰难险阻的。

六四,樽酒簋贰,用缶。纳约自牖,终无咎。

《象》曰:"樽酒簋贰,刚柔际也。"

六四,阴居阴位,处于上卦坎的下位,贤臣之位。"樽酒簋贰",樽:古代盛装名酒的专用木容器。簋(guǐ):商周时重要的礼器,宴享和祭祀时,以偶数与列鼎配合使用。史书记载,天子用九鼎八簋,诸侯用七鼎六簋,卿大夫用五鼎四簋,士用三鼎二簋。"樽酒簋贰"就是斟一樽酒,两簋饭。"用缶",用瓦缶盛着进献给九五君王,礼虽然很轻,然而却充满诚意。"纳约自牖",纳约就是与君王相约相处之道。牖(yǒu):古代院落由外而内依次是门、庭、堂、室,室与堂之间的窗子叫"牖"。后人以"纳牖"表示导人于善的意思,如同打开窗子,让光明照亮堂与室,堂与室也代表着君与臣。"纳约自牖"就是君臣的相处之道,应该是坦诚相见,开宗明义。"终无咎",路遥知马力,日久见人心。因此,即使身处险境,也会获得君王的体谅和信任,终无咎难。

"樽酒簋贰,刚柔际也",一樽酒为刚为君,两簋饭为柔为臣,君臣刚柔相济。六四的最大坎险在于信任,贤臣谨慎行事,最怕他人怀疑,一旦失去君王的信任,就如同掉进深渊,所以六四"行险而不失其信",以一颗忠诚之心做事,即使身处险境,最终会获得天助,而不会有灾祸。

九五,坎不盈,祗既平,无咎。

《象》曰:"坎不盈,中未大也。"

九五,阳居阳位,处于上卦坎的中位,阳刚中正,属于至尊君王之位。"坎不盈,祗既平",祗(zhī)是恭敬的意思。坎水只有不满盈,才会虔诚地静守平安。"天道亏盈而益谦,地道变盈而流谦",君王不自满自盈,敬畏天地之道就可以平安,否则就会动荡不安。"无咎",保持不盈,就无咎难。

"坎不盈,中未大也",九五君王有中正之德,他最大的坎险在于自满。当身处险境,只要不自满自盈,不骄不忧,居中而不敢称大,以上善之德润泽万民,就可以化险为夷,保家卫民。

上六,系用徽纆,寘于丛棘,三岁不得,凶。

《象》曰:"上六失道,凶三岁也。"

上六,阴居阴位,处于上卦坎的上位,属于没落的贵族。"系用徽纆",徽纆(huī mò):木工用墨线作准绳,代表法律法规。依法把上六捆绑起来。"寘于丛棘","寘(zhì)"通"置"。古时囚禁犯人的地方,四周用荆棘堵塞,将犯人置于荆棘之中,使他不能逃脱。"三岁不得,凶",古代"上罪三年而舍,中罪二年而舍,下罪一年而舍也",严重的罪行三年不得释放,真是凶祸。

"上六失道,凶三岁也",上六处于坎险之上,就以为平安无事,他最大的坎险在于迷失正道。自以为在克服坎险方面有能力、有经验、有阅历,看到众人都处于坎险之中,于是他不甘归隐田园,大肆兴风作浪,陷害忠良,欺压百姓,甚至凌驾于君王之上,这种大逆不道的行为,天地都不会饶恕他,拘押三年也不得释放。

离(离下离上)

《序卦传》:"坎者,陷也。陷必有所丽,故受之以离。离者,丽也。"

离为火

离火

离火

坎为险陷,处于陷阱之中就需要依附外力来脱险,处于黑暗之中需要光明来照耀,处于迷茫之中需要指引方向、明确目标。离为附丽,离为日月,能给人带来光明,带来希望,所以坎卦之后就是离卦。

离:利贞。亨。畜牝牛吉。

《彖》曰:"离,丽也;日月丽乎天,百谷草木丽乎土。重明以丽乎正,乃化成天下。柔丽乎中正,故亨,是以畜牝牛吉也。"

"离,丽也",离是附丽、亮丽的意思。

"日月丽乎天",日月依附天而存在,天有了日月才更加亮丽。

"百谷草木丽乎土",百谷草木附丽于大地,大地因为有了花草树木才变得美丽。

"重明以丽乎正,乃化成天下","重明"就是日月交替照耀。日月依附于天道,遵守天道,周而复始,光明正大,天下苍生万物才得以生养变化。

"柔丽乎中正,故亨,是以畜牝牛吉也。"离为火,火的内部空虚,外表光明。离卦是两个阳爻之间夹一个阴爻,称为"离中虚"。离是外阳刚、内柔顺,阴柔顺从又能保持中正之道,所以才能亨通。野蛮狂躁或者亮丽虚华都是脱离了中正之道,不接地气,难以生存。饲养母牛才吉祥,就是因为母牛外表上强壮有力,内心能顺从人们的意愿,是踏踏实实的实干家。

俗语说:"新官上任三把火。"而真正的"三把火"应该是天火重明、地火柔丽、人火牝牛。天火重明,以文明教化天下;地火柔丽,以厚德来奉献爱心;人火牝牛,以踏实勤奋的精神去实现理想。

人们设险来保家卫国,但是设险也暴露了人性中野蛮的一面,而离火能照亮人们的心灵,光大善性,去除野蛮,引导人们走向文明。以光明磊落的

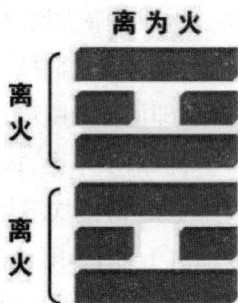

胸怀去面对各种坎险，你就无所畏惧。由此可见，只有在离火的文明照耀下，坎水才能成为上善之水、智慧之水。

《象》曰："明两作，离；大人以继明照于四方。"

上下都是离，日月合明。太阳与月亮接连升起，光明连续照耀于四方。《易经·文言》曰："夫大人者，与天地合其德，与日月合其明，与四时合其序，与鬼神合其吉凶。先天而天弗违，后天而奉天时。"大人就像日月一样传播文明，以文明教化天下四方。

离为火，代表着能量。离卦替代先天的乾位，明照四方，成为万物的主宰。万物离不开"离火"，就像离不开"坎水"一样。坎离是万物生化的根本，坎为种，离为花，开花结果，生生不息。

初九，履错然，敬之无咎。

《象》曰："履错之敬，以辟咎也。"

初九，阳居阳位，处于下卦离的下位，为日出之时，属于平民之位。"履错然"，错然：突然间发生的事，让人仓促间感到惊讶。在漫长的黑夜中行走，突然看见了一丝曙光，顿时感到惊讶。"敬之无咎"，敬是养明德之本，敬则明，不敬则昏。在错愕之余，不要轻举妄动，要以恭敬之心对待，这样才能正确地评价善恶，达到心底明了，心明就没有咎难。否则，内心昏庸，把别人的诱饵当作了救命稻草，就会掉进更深的陷阱。

"履错之敬，以辟咎也。"初九深陷坎险之中，处于迷茫绝望之时，突然有人给他一丝希望，让他仓促间感到惊讶，以恭敬之心对待，就可以避免咎难。

六二，黄离，元吉。

《象》曰："黄离元吉，得中道也。"

六二，阴居阴位，处于下卦离的中位，属于诸侯之位。"黄离"，黄：中色，中正之色。就是正中午的太阳，光芒四射。"元吉"，能为天下民众带来文明，非常吉祥。

"黄离元吉，得中道也。"六二诸侯以柔居中，秉承文明中正之道，黄中通理，美之至也。离火生坤土，坤厚载物，德合无疆，做人要秉持中正之道，做事要光明正大，就可以吉祥如意。

九三，日昃之离，不鼓缶而歌，则大耋之嗟，凶。

《象》曰："日昃之离，何可久也？"

九三,阳居阳位,处于下卦离的上位,属于士大夫精英志士之位。"日昃之离",昃(zè):日已过中而偏西。太阳已经过中午而偏西,失去了最耀眼的光芒。"不鼓缶(fǒu)而歌",没有人为他鼓乐伴奏,只有他自己歌叹人生。"则大耋之嗟,凶",耋(dié):八十岁以后的老人称耋。耄耋老人悲叹人生,不能不说是一种凶兆。"六十而耳顺,七十而从心所欲,不逾矩",时光飞逝,人生苦短,如果八十岁依然在悲叹人生,真是悲哀。

"日昃之离,何可久也?"九三终日乾乾,夕惕若厉,有报国之志,却难以找到报国之门。九三感慨,时光怎么可能长久呢?

九四,突如其来如,焚如,死如,弃如。

《象》曰:"突如其来如,无所容也。"

九四,阳居阴位,处于上卦离的下位,属于贤臣之位。"突如其来如",突:犬从洞穴中突然窜出。事情在毫无防备的情况下突然发生。九四在众人毫无准备的情况下,突然举起大旗,替天行道,斩妖除魔,驱除黑暗。"焚如",就像点燃的火把,虽然明亮照人,但来得猛烈,烧得也痛快。"死如",很快燃烧殆尽,变成死灰。"弃如",最后遭到众人的遗弃。火依附于木,又把木烧毁,这种极端的熊熊烈火并不是人们想要的。

"突如其来如,无所容也。"九四有刚健之势,本应该进德修业,辅佐君王,谨慎行事。但是黑夜来临,君王柔弱,未来看不到曙光,令九四茫然不知所措。九四性格刚烈火爆,嫉恶如仇,无法容忍黑暗,于是就突然举起大旗,替天行道,驱除黑暗。可惜九四处于不中不正之位,得不到众人的响应,以及君王的认同,以失败而告终,竟无容身之处。

人们追求光明,如果阳光过于猛烈,就会伤害到人,这种毒辣的阳光并不是人们想要的。九四应该谨慎行事,然而太过激进;九三应该彰显个性,然而太过保守。两者都难成大事。

六五,出涕沱若,戚嗟若,吉。

《象》曰:"六五之吉,离王公也。"

六五,阴居阳位,处于上卦离的中位,属于君王之位。"出涕沱若",眼泪鼻涕就像大雨一样流下来。"戚嗟若,吉",戚是忧愁、悲哀的样子。对世事悲痛感慨,嗟叹人生,感悟真爱,当然吉祥。

"六五之吉,离王公也","离"就是附丽,依靠。六五柔弱年幼,初登大位,势单力薄,然而六五柔中有刚,心似明镜,能分辨忠奸,审时度势。他看到六二诸侯能坚守中道,与君王同心同德,内外相应;九四恃强凌弱,目空一切,挟天子以令诸侯,令人忧虑戒惧;上九有刚健之势,能明辨是非,又有监国之权。所以他附丽依靠这些王公贵族,最终剿灭乱臣贼子,扬眉吐气。

上九,王用出征,有嘉折首,获匪其丑,无咎。

《象》曰:"王用出征,以正邦也。"

上九,阳居阴位,处于上卦离的上位,属于天位。"王用出征",当君王有难,君王任用上九领兵出征。"有嘉折首",嘉:吉祥美好。上九斩获贼首,平息叛乱,得到君王的嘉奖。"获匪其丑,无咎",剿灭了匪寇的同党余孽,揭示贼首的丑恶行径,没有咎错。

"王用出征,以正邦也。"上九刚健之极,虽然不当位,但有监国之权,能明辨是非,征伐邪恶。对于那些不服文明教化的人,就要出兵征伐,以警示世人,安邦定国。

咸（艮下兑上）

《序卦传》："有天地然后有万物。有万物然后有男女。"

《周易》分为上下经，将世间万物划分为天地人物四者。上经讲述天地之间的生化，下经讲述的是人与物的起始和终结。

上经从乾坤开始，以坎离结束，坎为陷，身处坎险之中需要他人的帮助，而离卦就是附丽、帮助的意思，离为火，离为心，用爱心帮助他人摆脱坎险。人与人之间有了离火的爱心就会相互感应，产生情感，所以离卦之后就是咸卦，咸卦也是下经的第一卦。

下经从咸恒开始，到既济未济结束。乾坤与坎离分别位于先天八卦的四柱，形成一个天体的架构。组成咸卦的兑卦与艮卦和组成恒卦的震卦与巽卦，分别位于先天八卦的四隅，构成了一个天体运行体系。

"天地定位，山泽通气。"混沌的宇宙被划分为天尊地卑来定位，有了天地阴阳之分化，才产生了万物；把万物也分阴阳就有男刚女柔的区别。阴阳相吸导致山泽通气，山泽通气就是少男少女相互感应，就形成咸卦，咸就是感。

咸：亨。利贞。取女吉。

《彖》曰："咸，感也。柔上而刚下，二气感应以相与。止而说，男下女，是以亨利贞，取女吉也。天地感而万物化生，圣人感人心而天下和平。观其所感，而天地万物之情可见矣。"

"咸，感也。柔上而刚下，二气感应以相与。"咸为感，上兑下艮，兑阴柔，艮阳刚，山泽通气，上下感应。上方的水泽滋润下面的山体，下面的山体承托上方的水泽并吸收其水分，因而象征感应以相与。山因水而峻，水因山而秀。

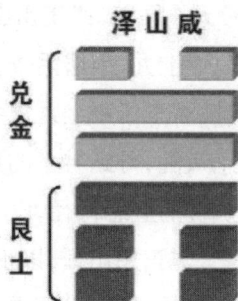

"止而说,男下女,是以亨利贞,取女吉也。"艮为止,代表着诚。兑为说,代表着讲习道义。诚实守信地向他人讲习道义,有诚有义,没有欺诈,才能相互感应。对于少男少女来说,就是怀着真诚的心谈情说爱,男女相悦,"窈窕淑女,君子好逑",男方下聘礼给女方,然后迎娶女方,这是吉祥的。

"天地感而万物化生,圣人感人心而天下和平。"天地感应,阴阳交泰,天下同春,这是万物生长变化的根源。圣人能感知民心,与民同甘共苦,那就天下和平。人类社会相互感应,相互交往,促进了和谐繁荣。

"观其所感,而天地万物之情可见矣。"天地万物都是有感情的,人们要怀感恩之心,感恩上天的刚健,指导人们自强不息;感恩大地的厚德,哺育万物而生生不息;感恩父母给予我们生命;感恩朋友给予我们友情;感恩伴侣,相知相许;感恩子女,延续生命;感恩命运,有浮有沉,给我们精彩人生。有了感恩之心,天下和平。

咸卦是人道之开始。子曰:"饮食男女,人之大欲存焉。"人生最大的需求除了饮食就是男女情爱。如果说上篇是以饮食为线索阐述天地之道,那么下篇就是以男女情爱为脉络阐述人伦之道。咸为感,最重要的是"感人心",要用自己的心去感受他人之心,发于情而止于性,用现代的话讲就是"爱情",由爱生情,寄情于爱。

咸是少男少女相遇,相互倾慕,一见钟情,《杂卦》曰:"咸,速也。"这种速度快得让人无法理解,往往把它归结于前世的姻缘。缘,让素未谋面的人相逢相识相恋。七仙女因为"缘"而私下天庭与董永结百年之好;白蛇精因为"缘",以千年修为陪伴许仙。

《象》曰:"山上有泽,咸;君子以虚受人。"

艮为山,兑为泽,山不因高大而自傲,反而把柔弱的泽水高高捧起,这就是以虚受人。君子效法咸卦以谦虚的态度对待他人,以感恩之心善待他人。自己虚怀若谷,才能受纳他人的恩泽,才能获得纯真的爱情。

咸为感,感应就是观察和分析。事物之间是相互联系着并相互感应着的。因为运动变化是永恒的,某一事物的变化必然引起其他事物的相应变化,这种变化最直接的是阴阳之间的变化。因此,观察和分析万事万物的阴阳变化,并认识其中的规律。

初六,咸其拇。

《象》曰:"咸其拇,志在外也。"

初六,阴居阳位,处于下卦艮的下位,属于平民之位。"咸其拇",拇:脚大拇指,代指足。对事物的感知从足开始,从基础开始。

"咸其拇,志在外也。"初六柔弱卑微,但对外面的世界非常向往。好男儿志在四方,立志要改变自己的命运,而这一切都要靠自己的一双脚踏出一条路,去感知未知的世界。定然佛在心中见,行者道从足下生,与人交往要脚踏实地,从基础开始。

六二,咸其腓,凶。居吉。

《象》曰:"虽凶居吉,顺不害也。"

六二,阴居阴位,处于下卦艮的中位,属于诸侯之位。"咸其腓,凶",腓(féi):胫骨后的肉,亦称"腓肠肌",俗称"腿肚子"。感受到小腿在运动,实际上是自己经受不住外面的诱惑,如果离开民间,追求权贵,那将是非常的凶险。"居吉",如果能安守本位,抵抗住诱惑,那将是吉祥的。

"虽凶居吉,顺不害也。"六二如果抵抗不住外界的诱惑,当然是凶险的,如果他能居中守正,知止而安守本分,管理好一方水土,才会吉祥。因此尽职尽责,遵守天命,就不会有灾害。

九三,咸其股,执其随,往吝。

《象》曰:"咸其股,亦不处也。志在随人,所执下也。"

九三,阳居阳位,有阳刚之气,处于下卦艮的上位,属于士大夫精英之位。"咸其股",感知到敦实厚重的大腿在运动。"执其随",执:掌握,执行。他的行动被他人掌控,只能跟随他人的行动。"往吝",长此以往,前途渺茫,消耗了斗志,屁股坐得舒坦了就不愿意动了,不愿意自主行动就是吝。

"咸其股,亦不处也。"九三有阳刚之势,本应该积极向上,大胆行动,但是他敦实厚重,行动缓慢,却也不能静处不动。"志在随人,所执下也",九三的志向在于跟随他人,本应该随上面的心志而动,作为士大夫也应该听从君王的旨意,现在却沉迷于情感之中,特别对下面的六二情有独钟,阳上阴下,男主外,女主内,情投意合,就会失去奋发向上的动力,好比大腿随着下面脚的行动而行动。

九四,贞吉,悔亡。憧憧往来,朋从尔思。

《象》曰:"贞吉悔亡,未感害也。憧憧往来,未光大也。"

九四，阳居阴位，处于上卦兑的下位，属于贤臣之位。九四贤臣上有九五、上六，下有九三、六二，承上启下，上传民意，下达君令。"贞吉，悔亡"，非常吉祥，没有后悔。"憧憧往来"，憧（chōng）：向往。大千世界，人们来来往往，总有心意相通，都怀有美好愿望的朋友。"朋从尔思"，大家相遇、相知、相处，成为朋友，心心相印，所思所想达到统一，从而使天、地、人来来往往，合为一体。

"贞吉悔亡，未感害也。"非常吉祥，没有后悔，没有感觉受到了伤害，原因是目标一致。"憧憧往来，未光大也"，憧憧往来都是两情相悦，心心相印，并不广为人知。这就像少男少女在芸芸众生中，一见钟情，两情相悦，心意相通，从相遇、相知、相处成为朋友，然后相依、相随、相互思念，都是存乎一心。

《易》曰："憧憧往来，朋从尔思。"子曰："天下何思何虑？天下同归而殊涂，一致而百虑，天下何思何虑！日往则月来，月往则日来，日月相推而明生焉。寒往则暑来，暑往则寒来，寒暑相推而岁成焉。往者屈也，来者信也，屈信相感而利生焉。尺蠖之屈，以求信也；龙蛇之蛰，以存身也；精义入神，以致用也；利用安身，以崇德也。过此以往，未之或知也，穷神知化，德之盛也。"

天下万事万物相互依存，有什么困扰思虑的呢？其中的道理是天下殊途同归，百虑一致。宇宙自然的运行，循环不息，日月往来交替，因而有光明的出现，寒来暑往就形成一年。以往的事情已经屈缩，将来的事情即将伸展，屈缩伸张互相交感，就产生了利害关系。尺蠖虫以屈求伸，龙蛇以寒冬蛰藏来保护身体。精通事物的义理，到达出神入化的境界，就是为了致用；利用所学习的道理来安身立命，应该崇尚天德。长此以往，无论知道的或不知道的，穷尽精通了天地之道，并按照此道去做，道德才会盛行。

九五，咸其脢，无悔。

《象》曰："咸其脢，志末也。"

九五，阳居阳位，处于上卦兑的中位，属于君王之位。"咸其脢，无悔"，脢（méi）：背部的肌肉，代指背部。感觉背负重担如泰山一样沉重，但是又无怨无悔。

"咸其脢，志末也"，末是最终的意思。九五君王居中守正，德高望重，能得到众人的爱戴和拥护,他最终的志向就是治国平天下,这让他倍感责任的重大。同样,男女相爱的最终目的是组成家庭,作为男子也应该承担家庭的重担,并无怨无悔。

上六,咸其辅颊舌。

《象》曰:"咸其辅颊舌,滕口说也。"

上六,阴居阴位,处于上卦兑的上位,兑为口舌,属于没落的贵族之位。"咸其辅颊舌",辅:牙床。颊:面颊。对外界的感知都表现在脸上,喜怒哀乐表露无遗。

"咸其辅颊舌,滕口说也",滕(téng):水向上腾涌,引申为张口放言。上六高而无位,尊而无民,本应该退隐田园,却又不甘心,常常喜欢夸夸其谈,指点江山。他与人交往,有口无心,张口放言,既可以甜言蜜语,增进感情,又可能污言秽语,搬弄口舌是非,这种伶牙俐齿,口上功夫达到了极致。

恒（巽下震上）

《序卦传》："有男女然后有夫妇。有夫妇然后有父子。有父子然后有君臣。有君臣然后有上下。有上下然后礼仪有所错。夫妇之道不可以不久也，故受之以恒。恒者，久也。"

雷风恒

震木

巽木

咸是少男少女情热意切，最终缔结姻缘，开启了人道之始。在浪漫婚典上，新婚夫妇都祈望自己的婚姻天长地久，而结婚后最大的变化就是夫妇要共同承担起更多的社会责任，其中最重要的就是养儿育女。随着家庭人数的增多，家庭各成员之间就要建立相应的行为规范，这就是家道。千万个家组成一个国，国有夫妇、父子、君臣等关系，对各种关系要"辨上下，定民志"，实行礼仪之道。小家幸福，国家才能富强；婚姻稳固长久，国家才能安定团结。把夫妇的长久之道称作"恒"，所以咸卦之后就是恒卦。

咸是事物初始感应的状态，恒是事物长久恒定的状态。

恒：亨。无咎。利贞。利有攸往。

《彖》曰："恒，久也。刚上而柔下，雷风相与，巽而动，刚柔皆应，恒。恒亨无咎利贞，久于其道也。天地之道，恒久而不已也。利有攸往，终则有始也。日月得天，而能久照。四时变化，而能久成。圣人久于其道，而天下化成。观其所恒，而天地万物之情可见矣。"

"恒，久也。"恒，常久也。循环不息谓之恒，恒就是规律，定律。

"刚上而柔下，雷风相与"，震刚在上，巽柔在下，雷与风都是动态，雷厉风行，刚柔相济，造化有常。

"巽而动，刚柔皆应，恒。"上卦震为雷，下卦巽为风，听到雷鸣万物就开始行动，风声一起万物就开始飞扬，雷动而巽风相随，刚柔相应。巽又代表着声音，代表着讯息。敲锣打鼓，震耳欲聋，传递的就是讯息。天道是这样，人道也是一样的，男主外女主内，夫唱妇随，符合治家之道。

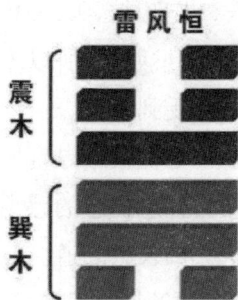

"恒亨无咎利贞,久于其道也。"恒之所以亨通,不会有灾难,而且有利于社会的发展,因为他长久地按照天道来做事。

"天地之道,恒久而不已也。"天地之道,永不停息的运动,长久地主宰着万物。

"利有攸往,终则有始也。"有利于前往,有始有终,周而复始地循环。

"日月得天,而能久照。四时变化,而能久成。"白天有太阳,晚上有月亮,相继照耀,所以才能长久感受到光照;春夏秋冬,寒来暑往,周而复始,才能感受到永恒。

看似极其寻常的事,却日复一日,年复一年地在做,这就是永恒。人们常常怀念初恋的感觉,抱怨柴米油盐的琐事,却不知柴米油盐这些琐事才是夫妇的长久之道。

"圣人久于其道,而天下化成。"圣贤之人就因为懂得长久之道,并长期地坚持这样做,才能治理好天下,教化好民众。

"观其所恒,而天地万物之情可见矣。"夫妇追求天长地久;社会追求永恒,追求真理;国家追求长治久安,永保太平。观察天地万物保持长久不变的规律,才能更好地认识万物的性情。由此可知,懂得修身齐家之道,就懂得治国平天下之道。

《象》曰:"雷风,恒;君子以立不易方。"

运动是永恒的。巽为风,是空气的流动。震为雷为声音,是声波的传递运动,声波的传递需要空气为媒介,实际上是空气的震动。所以,震卦与巽卦本质是一样的,都是空气的运动。震与巽都归属木,震卦为阳木,巽卦为阴木。震雷与巽风相互助益形成风雷益卦,永不停息的运动形成雷风恒卦。

君子效法恒卦的长久之道,做事要立下志向,不改变初心,持之以恒。

初六,浚恒,贞凶,无攸利。

《象》曰:"浚恒之凶,始求深也。"

初六,阴居阳位,处于下卦巽的下位,属于平民之位。"浚"就是疏通河道,把河道挖深。"浚恒",要想水流潺潺,经久不息,就要持之以恒地深挖河道。"贞凶,无攸利",只知道不断地深挖河道,却不知道河水常常会改道,这就是知常而不知变,辛苦劳作得到的结果却事与愿违,没有什么好处,反而可能是凶相。

"浚恒之凶,始求深也",初六处于事物的初始状态,刚开始疏通河道就想挖得很深,一旦河床改道,那就前功尽弃。做事情是要有持之以恒的精神,同时也要懂得审时度势,特别是初始状态,守常而不度势,必然导致凶祸。

恒久之道在于日积月累,由浅入深。孩子刚上小学就期望他学贯中西、成名成家;一家个体户刚开业就期望成为李嘉诚、马云,这些期望无疑是痴心忘想。夫妇之道也是如此。初六位卑而柔顺,她深深地爱恋九二阳刚伟岸的丈夫,新婚燕尔,她就期望情比金坚,爱比海深,可是她忘记了"欲速则不达",天下之事都是经过日积月累,然后才能成功,夫妻感情也要经过年复一年的积累,相濡以沫,长相厮守,而且有矛盾就及时地疏通解决,最终才能白头偕老。

九二,悔亡。

《象》曰:"九二悔亡,能久中也。"

九二,阳居阴位,处于下卦巽的中位,属于诸侯之位。"悔亡",没有懊悔,没有悔恨。九二居中但不当位,与下面的初六结为连理,初六也不当位,因此常常会有小的摩擦,但是他们没有懊悔。

"九二悔亡,能久中也。"阳上阴下,阴能柔顺,阳能守中,九二能长久地保持中正之道,夫妻能相互理解、包容,就消除了矛盾,不再相互怨恨懊悔,这才是长久之道。

九三,不恒其德,或承之羞,贞吝。

《象》曰:"不恒其德,无所容也。"

九三,阳居阳位,处于下卦巽的上位,属于士大夫精英之位。"不恒其德",心浮气躁,难以恒守其德。九三正当其位,本来应该坚守自己的品德,那就是"终日乾乾,夕惕若",但当九三看到下面九二与初六恩恩爱爱,上面九四与六五百年好合,于是心绪不宁,不能安守本位。"或承之羞,贞吝",九三想与上六结为连理,以下攀上,以阳求阴,结果遭受拒绝,蒙受了羞辱,这就是吝难。

"不恒其德,无所容也。"如果不能坚守道德品行,就没有人会接纳他,不能被人们所包容。恒久之道在于恒守其德。

九四,田无禽。

《象》曰："久非其位,安得禽也。"

九四,阳居阴位,处于上卦震的下位,属于贤臣之位。"田无禽",田地里没有禽兽,一辈子也不会打到猎物。

"久非其位,安得禽也。"九四阳刚,六五阴柔,都不当位,这就好比贤臣势力刚健,而君王的势力柔弱;夫妻关系上,妻子为主,丈夫为从,这样的位置不中不正,本质上就不合常规,即使有巨大的恒心,在没有猎物的地方打猎,也不会有什么结果,这就像缘木求鱼一样可笑。

恒久之道在于安守本位。

六五,恒其德,贞,妇人吉,夫子凶。

《象》曰:"妇人贞吉,从一而终也。夫子制义,从妇凶也。"

六五,阴居阳位,处于上卦震的中位,属于君王之位。六五阴柔居中,"恒其德",能恒守其柔顺之德,黄中通理,美之至也。"贞,妇人吉,夫子凶。"对于妇人来说,恒守其柔顺之德是吉祥的,对于男子来说,恒守其柔顺之德反而是凶祸。

"妇人贞吉,从一而终也。"柔顺是妇人之道,能从一而终,当然吉祥。"夫子制义,从妇凶也。"处于君王之位的大丈夫应该树立刚健果断、自强不息的品德,培养统天御天的能力,一旦崇尚妇人的柔顺之德,那就失去了大丈夫的本性和责任,必将是凶兆了。

夫妇之道在于各守其德,而不应该以权位、富贵论高低。

上六,振恒,凶。

《象》曰:"振恒在上,大无功也。"

上六,阴居阴位,处于上卦震的上位,属于没落贵族之位。"振恒,凶",振:奋起,兴起。持久地保持振奋状态,最终是凶多吉少。

"振恒在上",上六阴柔当位,本应该隐居田园,以静为主,但是上六居震卦的上位,阴极而刚,振动不已,以老弱多病的身体还要持久地奔波,必定力不从心,重要的是心不静,动不宁,最后必然有悔。"大无功也",没有明确的目标,再努力都是白费,不但无功,反而有凶害。

恒久之道在于恒心。

遁(艮下乾上)

《序卦传》:"恒者,久也;物不可以久居其所,故受之以遁。遁者,退也。"

天山遁

乾金

艮土

恒是处于长时间不变的常态,但事物不可能永远保持恒定的状态不变,终究会衰退,这才是自然法则,所以恒卦之后就是遁卦,遁就是衰退的意思。

恒是阴阳平衡的状态,遁是出现了阴长阳消的现象,打破了原先的阴阳平衡。遁卦的隐退不是要消失灭亡,只是暂时的失势而隐藏。

遁:亨。小利贞。

《彖》曰:"遁亨,遁而亨也。刚当位而应,与时行也。小利贞,浸而长也。遁之时义大矣哉!"

"遁亨,遁而亨也。"遁是四阳居上,两阴居下,阴长阳消,阳不得不退。遁是识时务者为俊杰,顺应天时,能识时而遁,所以亨通。

"刚当位而应,与时行也。"遁是阳刚在外,阴柔在内,阳刚位置得当,顺应天时。遁是六月卦,此时是盛夏酷暑,但是阴气由潜伏开始增长,并占有天时,我们把此时称作"三伏天"。阳气衰弱失势,不能长时间与阴气对抗,于是就全身而退。

遁是上乾下艮,君王被势力小人逼迫,不得不退隐下野。此时不应流连、贪恋权位,以免落得个退不能退,留不能留的尴尬局面,所以要顺应天时。

从家庭伦理上讲,遁卦中的上卦乾为老人,老一辈;下卦艮为少年,子孙辈。"长江后浪推前浪",子孙辈都长大了,老一辈主动让贤,选好接班人,趁势退居二线,这就是人道顺应天时。

"小利贞,浸而长也。"遁能与时俱进退,虽然阴爻渐渐上长,阳气逐渐失势,却尚未完全消亡,能知止善退就可以保全实力,所以"小利贞"。

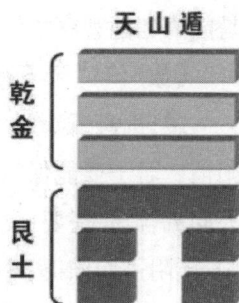

"遁之时义大矣哉!"遁顺应天时的意义非常大。

万物都是由气构成,气又分阴阳,阴阳之气相互消长,气势的强与弱随时发生变化,我们要做的就是随时观察和分析这种气势的消长。当气势在不断地增长,那就勇往直前,大展宏图,如大壮卦;当气势在消退,那就激流勇退,收敛锋芒,如遁卦。人常说"识时务者为俊杰",所谓的"识时务者"就是能清楚地观察了解气势的消长,从而做出前进或隐退决断的人。

《象》曰:"天下有山,遁。君子以远小人,不恶而严。"

遁,逃避,隐藏。上卦为乾金,下卦为艮山,天下有山。山高天退,阴长阳消。君子要能保持自己的底限,应该远小人,不和小人争名夺利,不与小人同流合污,还要区分善恶正邪,要严于律己,坚守正道。因为此时阴盛而阳衰,阴进而阳退,小人道长,君子道消,根本没有必要和小人论是非、辩曲直。只有这样才能善始善终,避免晚节不保,身败名裂。

遁就像一个人登山,从山脚登到山顶之后,一览众山小,同时也就该遁下去了。如果依然留恋高空美景,甚至于想展翅高飞,其结果必然是粉身碎骨。古代帝王将相不知有多少人贪恋权位,该退不退,还想"向天再借五百年",岂不知五百年之后还是要退位的。因此恒卦之后就是遁卦。

初六,遁尾,厉,勿用有攸往。

《象》曰:"遁尾之厉,不往何灾也?"

初六,阴居阳位,处于下卦艮的下位,属于平民之位。"遁尾,厉",处于末尾撤退的人,当然很危险。"勿用有攸往",不要轻举妄动,更不应该贸然前往与对方正面交锋,而要灵活应对,以静制动,保存实力。

"遁尾之厉,不往何灾也。"初六位卑势弱,此时阴柔之气已经侵入,面对小人来犯,王侯将相开始撤退,而他最后撤退,并负责断后阻敌工作,处于战斗的最前沿,所以说最危险。虽然身处于危险之中,只要不冒险就没有什么灾难。

六二,执之用黄牛之革,莫之胜说。

《象》曰:"执用黄牛,固志也。"

六二,阴居阴位,处于下卦艮的中位,属于诸侯之位。"执之用黄牛之革",黄:中色。牛:温顺的动物。革:皮革,既坚硬又柔软坚固的物品。用黄牛的皮革捆住,使其不能动摇。"莫之胜说","说"通"脱",解脱。没有谁能摆脱束缚。

"执用黄牛,固志也。"六二正当位,能持中守正,厚德载物,守土有责,地方诸侯有保卫国土的责任。六二是阻挡小人来犯的主力军,立志要想尽一切办法阻挡阴气的进一步入侵,以保护君王的顺利撤退。用黄牛皮革来捆着,以此来表明自己的志向坚定,只要他坚守岗位,就没有谁能战胜他,小人的势力难以再前行。

诸侯能坚守阵地,有利于稳定军心、民心,保障了所有撤退的顺利进行,避免出现瞬间土崩瓦解的局面。

九三,系遁,有疾厉,畜臣妾吉。

《象》曰:"系遁之厉,有疾惫也。畜臣妾吉,不可大事也。"

九三,阳居阳位,处于艮卦的上位,属于士大夫精英之位。"系遁",系:牵挂,跟随。系遁指的是跟随主人一起逃遁的人。"有疾厉",疾:疾速。如果他们惊慌失措,急速逃遁,就会使主人处于非常危险的处境。"畜臣妾吉",畜:畜养,保护的意思。臣妾:西周、春秋时对奴隶的称谓,男家奴叫臣,女家奴叫妾,这里指的是延揽门客,门客主要担任主人的谋士保镖。平时主人礼贤下士,蓄养了像九三这样有阳刚之气、能征善战的门客,必要的时候他们能保卫主人安危,当然是吉祥的事。

"系遁之厉,有疾惫也",惫:疲惫、衰竭、危殆。士大夫不像诸侯那样守土有责,他年富力强,风华正茂,正当谋取前程之时,哪有退出的念头,但是形势逼人,不得已只能保全实力,以期东山再起。他带领一大群族人,如果疾速前行,必然会疲惫不堪,非常危险。"畜臣妾吉,不可大事也",士大夫能延揽食客,蓄养名士,能帮助他脱离危险,是吉祥之事,但是不可让门客担当大任去直接抗击外敌的入侵。

九四,好遁,君子吉,小人否。

《象》曰:"君子好遁,小人否也。"

九四,阳居阴位,处于上卦乾的下位,属于贤臣之位。"好遁",好:善于。善于把握趋势,懂得进退之道。"君子吉",对君子来讲,面对邪恶势力的不断增长,他忠心耿耿地追随君王,同时善于把握进退之道,所以吉祥。"小人否",小人却贪恋权势,卑躬屈膝,最终背叛投降,走向反面。

"君子好遁,小人否也。"贤臣以忠心为本,谨慎行事,是进是退决定于君王,不能依据自己的荣辱得失而行事,所以君子懂得进退之道,当然吉祥,而小人被贪念蒙蔽,难以抉择进退,行事就会处处受阻。范蠡与文种的不同结局就是最好的例证。

九五,嘉遁,贞吉。

《象》曰:"嘉遁贞吉,以正志也。"

九五,阳居阳位,处于上卦乾的中位,刚健中正处于君王之位。"嘉遁,贞吉",嘉:美,褒奖。风风光光地体面而退,留下盛世明君的美名,这才是贞吉。

"嘉遁贞吉,以正志也。"九五飞龙在天,持中守正,使国家达到空前盛世,此时他应该审时度势,顺势进退。因为实现了他治国平天下的志向,同时看到接班人逐渐成长壮大,自己风光而退,吉祥如意。

上九,肥遁,无不利。

《象》曰:"肥遁无不利,无所疑也。"

上九,阳居阴位,处于上卦乾的上位,属于没落的贵族之位。"肥遁",肥:宽绰有余。退出的机会很多,余地很大,有充足的时间和更多的机会退出。"无不利",能顺应天时,懂得进退,那就无所不利。

"肥遁无不利,无所疑也。"上九虽然有阳刚之势,本身就属于应该隐退的人,小人对他的威胁也很远,相对来说上九最安全,应该顺应天时,功成身退,不要有所迟疑。

大壮(乾下震上)

《序卦传》:"遁者,退也;物不可以终遁,故受之以大壮。"

遁就是退休、隐退,事物不可能始终处于隐退的状态,老旧派的隐退,必然伴随着少壮派的成长,所以遁卦之后就是大壮卦,遁与大壮互为综卦。

新老更替,大壮如同春夏盛茂之状,隐遁如同秋冬清宁气象。大壮卦是阳气的充盈得势而前进,遁卦是阳气的衰弱失势而隐退。大壮在于当权,彰显强势,遁在于隐退、下野。大壮容易变得衰老,隐遁会变得少壮。

大壮:利贞。

《彖》曰:"大壮,大者壮也。刚以动,故壮。大壮利贞,大者正也。正大,而天地之情可见矣。"

"大壮,大者壮也。""大"是就阳气而言,阳气的旺盛就是大,比如二阳临卦也称作大,临是两阳在下开始蓬勃向上,这种气势大。三阳开泰也称作大,气势更旺盛。四阳就是大壮,既有伟岸的相貌,又有强盛的精气神。

"刚以动,故壮。"大壮是下乾上震,四阳之上有两阴,就好像是雨后天晴,乌云即将散去。上卦震为动,下卦乾为刚,阳气行动刚健,没有谁能和他对抗,所向披靡。

人生二十曰弱,三十曰壮。大壮卦像一个伸开双臂,顶天立地的男子汉,他仪表堂堂,风度翩翩,血气方刚,任事不劳,作业不倦,体现了雄壮之美。

"大壮利贞,大者正也。"大壮精力满盛,气充势盈,掌握主动权,适宜前进。最重要的是品行端正,行动要正大光明。大壮强势,才能拨云见日,拨去头顶的两个阴气才会出现光明。失去"正大",大壮就会过,过就会势衰,所谓物极必反是也。

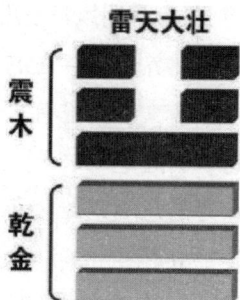

雷天大壮

震木 乾金

151

"正大,而天地之情可见矣。"大壮是要有所作为,如何做事就是大壮卦的核心。正大光明,肝胆相照,万事万物才有真情可见。

大壮只是阳气强盛的一种状态。阳有壮美、刚进的气质,阴有柔美、含蓄的气质。大自然既有崇山峻岭的雄奇美,又有幽林曲涧的清雅美;既有海浪滔滔之壮阔美,又有小桥流水之柔婉美;既有江天一色,荡漾空明之雄浑美,又有月明风清、碧天如洗之清丽美。大壮就体现了阳刚壮美的一面,它是自然界普遍存在的一种状态。

在文学上也有许多描写壮美的诗词,比如苏轼的《念奴娇·赤壁怀古》,这首词起笔"大江东去"是何等壮美,创造了一个气势奔放、气吞万里、雄浑豪迈的意境,"雄姿英发,羽扇纶巾,谈笑间、强虏灰飞烟灭"给人一种大气磅礴、充满阳刚的壮美之感。

大壮不单是一种阳刚壮美的表现,更是要有所作为。阳气的强势是为了做事,如何做事就是大壮卦的核心。

《象》曰:"雷在天上,大壮。君子以非礼弗履。"

雷在天上,自然声威壮大,遍及天下每一角落,谁敢不敬戒? 古人告诫我们要有敬畏之心,敬天、敬地、敬鬼神,更重要的是敬人。"非礼弗履",不能自恃力强而为所欲为。要行止有度,合乎礼教,不合礼仪的事都不要进行,违法的事不要做,有权、有钱也不能任性,否则会受到强制力量的制裁,为天地人神所共愤。

大壮是上震下乾,如同父与子,儿子长大成人,继承父业,教育儿子克己复礼,遵守孝道,遵守法制,这才是巩固根本,培植有方,这样家道才能兴旺发达。

初九,壮于趾,征凶,有孚。

《象》曰:"壮于趾,其孚穷也。"

初九,阳居阳位,处于下卦乾的下位,属于平民之位。"壮于趾",脚趾发达强壮,实际上指四肢发达,头脑简单的人。"征凶,有孚",四肢强壮发达而没有头脑的人,做事鲁莽妄为,必然显露出凶兆。

"壮于趾,其孚穷也。"初九虽然刚健,但是地位卑下,不宜妄行,应该"潜龙勿用","成德为行"。四肢发达,鲁莽妄为,主要是道德诚信缺失引起的。所以培养诚信的品德是男子汉的重中之重。

九二,贞吉。

《象》曰:"九二贞吉,以中也。"

九二,阳居阴位,处于下卦乾的中位,属于诸侯之位。"贞吉",纯真吉祥。九二"见龙在田,德施普也",就像民间出现的一条龙,为民众广施仁德,所以是吉祥如意。

"九二贞吉,以中也",九二有中正之德,即使他身强力壮,势力强大,他诚信严谨而不妄行,所以贞吉。子曰:"龙,德而正中者也。"

诸侯是整个团队的中流砥柱,如果有强壮的势力,并且有中正之德,那么整个团队才能壮大。

九三,小人用壮,君子用罔,贞厉。羝羊触藩,羸其角。

《象》曰:"小人用壮,君子以罔也。"

九三,阳居阳位,处于下卦乾的上位,刚健之极,属于士大夫精英之位。"小人用壮",小人只会凭借刚健威猛之势和强壮的身躯不遵礼守法,恃才傲物,恃强凌弱。"君子用罔",罔(wǎng):古"网"字,指围捕兽之网,代指法律。《易·系辞下》:"作结绳而为罔罟(gǔ),以佃以渔,盖取诸离。"君子能遵礼守法,非礼弗履,并用柔软的网来抓捕刚健鲁莽的动物,以礼法来规范强壮鲁莽的行为。"贞厉",只会凭借强壮之势的小人容易触犯法网,当然是非常危险的。"羝羊触藩,羸其角","羸"意思是受困、困顿。羝(dī)羊:公羊。公羊用角顶撞藩篱,角却被缠绕而不能动弹。以"羊"来比喻"阳",意为只凭匹夫之勇,一味地用阳刚之势肆意妄为,就会触犯礼法,也会使自己身陷囹圄,难以脱身。

"小人用壮,君子以罔也。"九三作为士大夫,个人的道德修养不同,小人只会凭借强壮之势,肆意妄为,而君子懂得非礼弗履。

九四,贞吉,悔亡。藩决不羸,壮于大舆之輹(fù)。

《象》曰:"藩决不羸,尚往也。"

九四,阳居阴位,处于上卦震的下位,属于贤臣之位。"贞吉,悔亡",不用懊悔,必获吉祥。"藩决不羸",篱笆已经开裂,无法再困住强壮的羝羊。"壮于大舆之輹",破裂的篱笆依然比大车的轮辐要刚健强壮。

"藩决不羸,尚往也。"九四贤臣有雷霆万钧之势,他的职责是辅佐君王。六五君王年幼柔弱,小人肆意妄为,此时需要贤臣来勇于担当,保护君王。

这就好比篱笆虽然开裂,但是仍要坚持维护家园。"亡羊而补牢,未为晚也",当管理出现漏洞,就需要贤臣来辅助治理,需要像九四一样强壮的栋梁之才,才能匡扶正义,秉公执法。

六五,丧羊于易,无悔。

《象》曰:"丧羊于易,位不当也。"

六五,阴居阳位,处于上卦震的中位,属于君王之位。"丧羊于易",易:通"埸",疆界。羊圈被破坏,羊群从羊圈走失,无法再控制羊群。"无悔",无怨无悔。

"丧羊于易,位不当也",六五阴柔有余,不适合担任领导职位。六五丢失了羊就意味着失去了"阳",失去了阳刚之势,就没有了威望,也失去了人心,面对下面众阳强势逼近,诸侯割据,群雄并起,他治国无方,没有能力去控制局势。

上六,羝羊触藩,不能退,不能遂,无攸利,艰则吉。

《象》曰:"不能退,不能遂,不详也。艰则吉,咎不长也。"

上六,阴居阴位,处于上卦震的上位,属于没落的贵族之位。"羝羊触藩,不能退,不能遂",羝羊顶撞藩篱,不能退缩,又不能遂心。"无攸利,艰则吉",没有什么好处,但只要不怕艰难挫折,意志坚定地铲除黑暗,驱除乌云,最终会战胜小人,获得吉祥。

"不能退,不能遂,不详也",上六阴柔当位,盛气凌人,他阻挡阳刚之气前行,"龙战于野,其血玄黄"。阳刚之势遇到上六的负隅顽抗,战斗异常激烈,所以不能退缩,但也无法战胜,战斗的情况不是很详细明了。"艰则吉,咎不长也",因为阳长阴消是大势所趋,小人的势力不会长久,只要能坚持,就会获得吉祥。

晋（坤下离上）

《序卦传》："物不可以终壮，故受之以晋。晋者，进也。"

火地晋

离火

坤土

人常说："一年之计在于春，一日之计在于晨。"当事物的阳气达到大壮时，肯定要有所作为，就像人到青壮年时，精力旺盛，大展宏图，必然家业兴旺，事业有成。成功就会得到奖赏，人们把这种奖赏称作"晋"，把你的功绩比作高高升起的太阳普照大地，所以大壮卦之后就是晋卦。

壮必有用，晋必有成。大壮是势力逐渐壮大的过程，晋是成功之时。

晋：康侯用锡马蕃庶，昼日三接。

《彖》曰："晋，进也，明出地上。顺而丽乎大明，柔进而上行。是以康侯用锡马蕃庶，昼日三接也。"

"晋，进也，明出地上。"晋为上进，太阳升高到天空，光照大地，万物得以生发，这是太阳的功劳，有功就应奖赏。所以，晋代表着晋级、奖赏。

"顺而丽乎大明，柔进而上行。"晋是上离下坤，坤柔顺从，离是以柔而进，火曰炎上。在没有任何阻碍的情况下，离向上升腾，更加绚丽，大放光彩，称作"大明"。

"是以康侯用锡马蕃庶，昼日三接也。"庶是众多的意思，"蕃"通"繁"，是繁殖的意思。蕃庶就是生育的很多。康侯获得天赐良马，又用良马繁殖了大量的马匹，因此而得到君王在一日内多次接见，接见就是晋级奖赏。

"晋"是对过去成绩的一种肯定，"昼日三接"已经不是一般的奖赏了，应该是最高奖赏。但是有昼就有夜，太阳终有落下的时候，再耀眼的光彩也有失去的时候，冠军也未必能够每次都卫冕成功。

《象》曰："明出地上，晋。君子以自昭明德。"

"晋"是上离下坤，如日中天，就像正午的太阳光照大地。尽管太阳有强

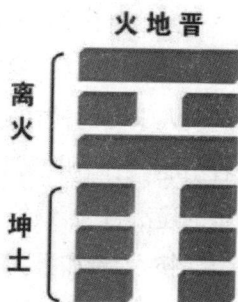

大的势力,却依然尊天道,不妄为,顺应天地的运行规律,为万物提供光和热,这就是自昭明德。君子应当效法天象,也要自昭明德。

"德"就是顺应天道,遵照一定的思想和行为规范。"大学之道,在明明德"即"自昭明德"的意思,就是充分展示自身的力量和智慧,彰显高尚的美德,并取得卓越的成就,以获得大家的奖赏并得到晋升。

大壮卦讲的是以"诚意、正心、修身、齐家、治国、平天下"为目标去努力奋斗。成功之后,我们更应该"自昭明德"。功成名就者是众人仰慕的明星,是众人学习的榜样,如今不知有多少明星在事业如日中天时,却自毁前程,若不能"自昭明德",终会一败涂地。他们吸毒、嫖娼、赌博,甚至有一些更严重的违法行为,最终受到了应有的惩罚。

初六,晋如摧如,贞吉。罔孚,裕无咎。

《象》曰:"晋如摧如,独行正也。裕无咎,未受命也。"

初六,阴居阳位,处于下卦坤的下位,属于平民之位。"晋如摧如",摧如:摧折,受挫折的状态。晋升的道路遭到艰难挫折,像花朵被摧残一样,备受煎熬,又孤立无援。"贞吉",这种磨炼实际上是吉祥的。"罔孚,裕无咎","罔"通"亡"。孚:指诚信。裕:指宽裕,宽容。没有诚信,或者不受他人信任,人微言轻,很难晋升,但若能宽容地对待人和事,就无咎。

做自己应该做的,"晋如摧如,独行正也",初六位卑势弱,在晋升的道路上,前面有六二诸侯,还有社会士大夫精英六三,因此困难重重。晋升的道路虽然艰难,而且孤立无援,但他能独自面对各种困难,并坚守正道。"裕无咎,未受命也",初六即使不被他人信任,得不到君王的提拔和任命,他仍然潜心修行,积德行善,能以宽厚包容的胸怀坦然面对一切荣辱、得失,所以无咎。

晋升之道是崎岖坎坷的,应该正确面对。

六二,晋如愁如,贞吉。受兹介福,于其王母。

《象》曰:"受兹介福,以中正也。"

六二,阴居阴位,处于下卦坤的中位,中正当位,属于诸侯之位。"晋如愁如",六二诸侯反而对晋升和奖赏忧愁万分,他忧愁是否德行天下,文明道德是否得到普及,而且他虚怀若谷、厚德载物,对晋赏没有奢求。"贞吉",六二能如此看待荣辱得失,是非常吉祥的。"受兹介福",获得极大的恩惠和福泽。"于其王母"，这么大的恩惠和福泽是王母给予的。

"受兹介福，以中正也。"六二有中正之德，"直方大，不习无不利"，能心存正直，品行端正，敦实厚重，承载万物，含弘光大。王母是坤顺之德的象征，王母给予六二诸侯极大的福泽和奖赏，是因为他不但具有坤顺之德，而且还能持中守正，不争名好利，对这样的德行操守，应该给予最高奖赏。

这一爻告诉我们，晋赏之道是对德行操守的嘉奖。

六三，众允，悔亡。

《象》曰："众允之志，上行也。"

六三，阴居阳位，处于上卦坤的上位，属于士大夫精英之位。"众允"，得到众人的信任、支持和肯定。"悔亡"，没有懊悔。六三虽然位置不当，但是能终日乾乾，进德修业，最重要的是他能"含章可贞"，六三不再懊悔自己不当位，只要能获得众人的信任，就有晋升的机会。

"众允之志，上行也。"上卦为离卦，"上行"指的是士大夫能积极向上，向往光明，追求文明之德，而且他的志向得到了众人的首肯，得到了众人的信任和支持。

这一爻告诉我们，晋赏前提是得到众人的肯定。

九四，晋如鼫鼠，贞厉。

《象》曰："鼫鼠贞厉，位不当也。"

九四，阳居阴位，处于上卦离的下位，属于贤臣之位。"晋如鼫鼠"，鼫(shí)鼠：鼫鼠也是梧鼠，称为"五技鼠"，因为它"能飞不能过屋，能缘不能穷木，能游不能渡谷，能穴不能掩身，能走不能先人"。晋升的情况如同一个"五技而穷"的鼫鼠，贪而无所成。"贞厉"，实在是极其危险。

"鼫鼠贞厉，位不当也。"像鼫鼠一样贪婪一定非常危险，原因是"位不当也"。九四阳居阴位，位不当，居于文明之地，有刚健之势，本应该进德修业，谨慎行事，他却不能自昭明德，反而受虚华的名利所困，位高权重依然想进官加爵，变成一个贪婪成性的奸臣。

这一爻告诉我们，晋赏之道在于自昭明德，戒贪戒躁。

六五，悔亡，失得勿恤。往吉，无不利。

《象》曰："失得勿恤，往有庆也。"

六五，阴居阳位，处于上卦离的中位，属于君王之位。"悔亡"，无需犹豫懊悔。"失得勿恤",对待众人的得失荣辱不用怜悯体恤,正大光明,该赏则赏,该罚则罚,赏罚分明。"往吉,无不利",这样做无所不利,非常的吉庆。

"失得勿恤,往有庆也",六五柔中有刚,如日当空,能高瞻远瞩,明察秋毫,明辨忠奸。六五君王根据众人的德才表现给予晋赏,赏罚分明,不用体恤得失。一如既往地坚持这样做,就一定能获得吉庆。

这一爻告诉我们,晋赏之道在于公正严明。

上九,晋其角,维用伐邑,厉吉,无咎。贞吝。

《象》曰:"维用伐邑,道未光也。"

上九,阳居阴位,处于上卦离的上位,属于没落的贵族之位。"晋其角",角:顶点。晋赏已经到了极点。"维用伐邑",对那些已经晋升到顶点,仍然要求晋升的乱臣贼子唯有用征伐,才能使他们明明德,才能驱除他们的贪念。"厉吉,无咎",虽然使用征伐具有危险性,但是唯有征伐才能使结果是吉利的,而且没有咎责。因为有进就有退,有赏必有罚,赏那些忠心耿耿、品德高尚的人,惩罚那些有贪念的人。"贞吝",对于晋赏或者征伐都要谨慎行事,不可乱用。

"维用伐邑,道未光也。"上九本身已经晋升到最高位,不需要再晋赏,如果贪得无厌,只有通过征伐使他知止。征伐之道是一种威慑,而不能替代晋赏,使用征伐只能说明晋赏之道还不够完善,还没有发扬光大。

明夷(离下坤上)

《序卦传》:"晋者,进也;进必有所伤,故受之以明夷。夷者,伤也。"

晋是建功立业获得晋升,晋就是前进,前进的路上不是一帆风顺的,荆棘坎坷会使你受伤,所以晋卦之后就是明夷卦,明夷是伤痛。

晋卦与明夷卦互为综卦。晋为昼,则明夷为夜;晋为明,则明夷为暗;晋有功,明夷则为罪;晋有赏,明夷则为罚;晋是阳得时得势,为壮为进,明夷是阳失时失势,为退为伤,受到诛罚。

明夷:利艰贞。

《象》曰:"明入地中,明夷。内文明而外柔顺。以蒙大难,文王以之,利艰贞,晦其明也。内难而能正其志,箕子以之。"

"明入地中,明夷。"明夷是上坤下离,离在地下,明入地中。背着阳光或阳光照射不到的,或者光明受到蔽塞就是明夷。

"内文明而外柔顺,以蒙大难,文王以之。"内卦离代表文明,外卦坤代表柔顺,明夷就是内心文明而外表柔顺,内心光明正大而对外柔顺示弱。原因是处于蒙难之中,只能委曲求全,文王就是这样的,拘羑(yǒu)里而心怀天下。

"利艰贞,晦其明也。"光明被黑暗所蒙蔽,行动变得非常艰难。明夷比喻世道蒙昧,人心险恶,行动艰难,困难重重。好比盲人骑瞎马是很危险的事情,又比如只身远离家乡到了异地,举目无亲,求救无望,穷困潦倒,"屋漏偏逢连阴雨,行船又遇顶头风",那真是雪上加霜,火上浇油。

"内难而能正其志,箕子以之。"作为一个自信、自强、自立的人,困难只能使我们更加奋发图强。艰难只能磨炼人的意志,坚定人的信念,箕子就是这样建立了东方朝鲜国。

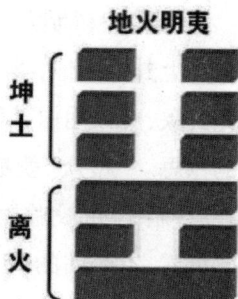

159

孟子曰:"天将降大任于是人也,必先苦其心志,劳其筋骨,饿其体肤,空乏其身,行拂乱其所为,所以动心忍性,曾益其所不能。"司马迁的《报任安书》中写道:"盖西伯拘而演《周易》;仲尼厄而作《春秋》;屈原放逐,乃赋《离骚》;左丘失明,厥有《国语》;孙子膑脚,《兵法》修列;不韦迁蜀,世传《吕览》;韩非囚秦,《说难》《孤愤》;《诗》三百篇,大底圣贤发愤之所为作也。"

《象》曰:"明入地中,明夷,君子以莅众,用晦而明。"

上卦坤为地,下卦里为明,明入地中,光明受到压制,就是明夷。君子观此卦象,应该明白如何面对失败。明夷之道,"莅"是视察,治理,统治,管理的意思。"莅众"就是要深入民间,了解民情、民意。"晦"就是没有月光的夜晚,昏暗不明,比喻隐晦、暗处。"用晦而明",就比如我们看东西,如果站在暗处看,有光明的地方,一目了然。如果站在明处看暗处,反而什么都看不见。君子应该学会身处众人之中,观察成功者的风采,了解成功之路,然后学而习之。

自古以来,管理者视察民情最重要的方法就是用晦而明。管理者能放下尊位,怀仁德爱民之心深入民间,体察民情,才能真正地了解人民的疾苦,了解民心所向,才能制定出更有效的管理方法。只有用晦而明,才能天下归心,社会通泰。

初九,明夷于飞,垂其翼。君子于行,三日不食,有攸往,主人有言。

《象》曰:"君子于行,义不食也。"

初九,阳居阳位,处于下卦离的下位,属于平民之位。"明夷于飞,垂其翼",大鹏鸟在黑暗中无法展翅高飞,只能暂时垂下羽翼,韬光养晦。"君子于行,三日不食,有攸往",初九虽然处于卑下之位,但是他内心光明,志向远大,称得上仁人君子,只是壮志未酬。君子不能展翅高飞,却依然向目标努力进发,即使"饿其体肤",多日没有饭吃,依然励志前行。"主人有言",主人:指能领导自己的达官贵人。有言:用言语讥讽和指责。即使受到达官贵人的侮辱和讥讽,他也矢志不移,不改初心。

"君子于行,义不食也",君子行事坦荡荡,不食嗟来之食,所体现的精神意义很伟大。所有将来要成就一番事业的人,都必然要在内心和身体各方面经受一番痛苦与曲折的磨炼,并以此来增长自己的才干。

六二,明夷,夷于左股,用拯马壮,吉。

《象》曰："六二之吉,顺以则也。"

六二,阴居阴位,处于下卦离的中位,中正而光明,属于诸侯之位。"明夷,夷于左股",黑暗中受伤,而且伤及左大腿,不能行走,这是"劳其筋骨"。"用拯马壮,吉",拯:援助,拯救,使脱离危难。"用拯马壮"应该是"用壮马拯",得到强壮的千里马的救助,使他顺利吉祥地脱离了危险。

"六二之吉,顺以则也",六二是文明的主体,是文明的传播者,但受到小人的陷害,掉进陷阱,却能吉祥顺利地渡过危险,是因为他能坤厚载物,顺承天则,遵天道必然能得到上天的护佑。

九三,明夷于南狩,得其大首不可疾,贞。

《象》曰："南狩之志,乃得大也。"

九三,阳居阳位,处于下卦离的上位,属于士大夫精英之位。"明夷于南狩",在黑暗中要去南方狩猎。"得其大首不可疾,贞",想擒获敌首,但不能操之过急,应该保持纯真的本性,懂得用晦而明的道理,最终会实现志向。

"南狩之志,乃得大也",九三有阳刚之势,有将帅之才,但是处于上卦坤之下,受黑暗所压制。南方是人们向往的光明之地,所以九三立志去南方与黑暗势力做斗争,并擒获黑暗势力的首领,以拨云见日,扶危救难,以实现自己的远大志向。

六四,入于左腹,获明夷之心,于出门庭。

《象》曰："入于左腹,获心意也。"

六四,阴居阴位,处于上卦坤的下位,属于贤臣之位。"入于左腹,获明夷之心",进入左腹,才能感受到失败者的伤悲和心痛。"于出门庭",意志坚定地走出门庭,投奔光明。

"入于左腹,获心意也",六四能理解人生处于黯然失意时的心态,能感受到"明夷之心"。离为心,坤为腹,人们常用"心腹"来指亲信的人,"心"能相信"腹",可以把秘密与重任托付于"腹","腹"能顺从"心",也能更好地理解"心意"。六四贤臣在明夷受难之时,懂得用晦而明,先"入"后"出",只有深切地理解君王的心意,才能坚定地走出门庭,走出黑暗,投奔光明。

六五,箕子之明夷,利贞。

《象》曰："箕子之贞,明不可息也。"

六五,阴居阳位,处于上卦坤的中位,属于君王之位。"箕子之明夷,利贞"，箕子:殷纣王的伯父，官太师，封于箕，在商周政权交替与历史大动荡的时代中，因其道不得行，其志不得遂。箕子处于蒙难之时，越是艰难困苦，就越能磨炼他的意志;晦暗越想遮蔽他的光芒，就越能促使他光芒万丈。箕子就是这样才建立了朝鲜国，号称东方君子国，其流风遗韵，至今犹存。

"箕子之贞，明不可息也。"箕子的这种坚贞不渝的志向，就像太阳一样永不熄灭。君王在明夷之时，要像箕子一样意志坚定，终归会实现梦想。

上六，不明晦，初登于天，后入于地。

《象》曰:"初登于天，照四国也。后入于地，失则也。"

上六，阴居阴位，处于上卦坤的上位，至阴则刚，属于没落的贵族之位。"不明晦"，不明白阴阳的变化，不懂得刚柔的运用，更不能把握明与晦的关系。"初登于天，后入于地"，初始登上天位，最后却坠于地狱。上六阴柔达到极限，反而变得刚健，他以为可以永远压制光明，其实不懂得用晦而明，该明则明，该晦则晦，用晦而明才是智慧。

"初登于天，照四国也。"上六刚登上王位时，明照四方，一切都是美好的、光明的。"后入于地，失则也"，上六不懂得阴阳之道，违背天地的规则，晋升时不能"自昭明德"，在明夷蒙难时不懂得"用晦而明"，必然会从光明之端坠落到黑暗的地狱，从众人之星堕落成人人憎恨的罪犯。

家人（离下巽上）

《序卦传》："夷者，伤也；伤于外者必反于家，故受之以家人。"

明夷是受尽磨难、伤痕累累，却依然失败了。外伤好疗，心伤难医，疗伤最好的地方就是温馨的家，所以明夷卦之后是家人卦。

明夷是伤病不支，思念亲人，而家人是温情相慰，幸福美满。明夷是落难之时，举目无亲、步履艰难，而家人是合家欢乐，团团圆圆。明夷是火之熄灭，而家人是火之复生。家人可以使失败者心中熄灭之火被重新点燃，并熊熊燃烧。

家人：利女贞。

《彖》曰："家人，女正位乎内，男正位乎外。男女正，天地之大义也。家人有严君焉，父母之谓也。父父、子子、兄兄、弟弟、夫夫、妇妇，而家道正。正家，而天下定矣。"

风火家人

巽木

离火

"家人"有几种意思，一指家中的人，二是指平民、部属，三是指妇女。一家之人，家庭亲友，友人同辈，朋友，自己人，同道，团聚于内，富有之家。

"女正位乎内，男正位乎外。"家人卦讲的是齐家之道。齐家就是正家，摆正家里各个成员的位置。男的正位在外，男主外；女的正位在内，女主内；年长的正位在上，年幼的正位在下。

"男女正，天地之大义也。"男女摆正各自的位置，就像天地摆正自己的位置一样，天为万物提供阳光雨露，地承载并生养万物。男子承担外面的责任，女子承担家庭的责任，家才能兴旺。家庭兴旺，国才能安定。

一个国家首先要确立国王的位置，而一个家庭首先要确定女主人的位置，这是国与家的不同。国在于法制严明，而家在于和，和才能亲近，家和万事兴。家重在于情感，女子柔情，所以能持家，做一家之主。男子阳刚，所以能治国平天下，做一国之君。摆正各自的位置是天地之大义，不能含糊

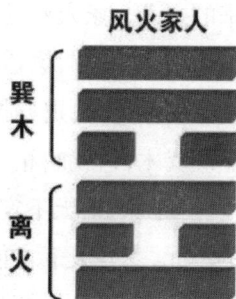

163

不清。

"家人有严君焉,父母之谓也。"父母是家庭的君王,享有至高的尊位。

"父父、子子、兄兄、弟弟、夫夫、妇妇,而家道正。"一个家庭里,有父子关系、母子关系、夫妻关系、婆媳关系、兄弟关系、妯娌关系、叔侄关系、姑嫂关系等等,众多关系中,最重要的当属婆媳关系,婆婆是当前的主人,媳妇是未来的主人。家人卦的上卦巽为长女,下卦离为中女,巽女与离女就好像婆婆与媳妇,婆媳和,家道兴。婆婆把媳妇当作女儿一样爱护,就像卦中的巽木居上而生离火,媳妇把婆婆当作亲娘一样孝敬,就像卦中的离火炽热居下而温暖巽木,这就叫相亲相爱、和睦相处,她们重视亲情、道义,以和为贵。

"正家,而天下定矣。"正家就是齐家,大丈夫应该修身齐家。家是社会的单元,家齐天下才能安定。家人卦的上卦巽风像炊烟,下卦离火似炉灶,家家户户,袅袅炊烟,一派人间自然景象。炊烟袅袅,意味着安静、和谐、温柔,也是一种社会和谐之美。

《象》曰:"风自火出,家人。君子以言有物而行有恒。"

上卦巽为风,下卦离为火,风自火出,袅袅炊烟,齐家之道。君子应该懂得齐家之道在于诚信,所以做事要言之有物,行之有恒。

风火家人,二女同居,女性阴柔。风行善变,飘忽不定;火又善于依附,过于虚华。所以言有物,讲诚信,不可善变;行有恒,正其家,不可虚华,坚守言行一致。

初九,闲有家,悔亡。

《象》曰:"闲有家,志未变也。"

初九,阳居阳位,处于下卦离的下位,在家属于孙子辈,在国属于平民之位。"闲有家","闲"是木栏之类的遮拦物。用围栏围成一个安静祥和的家。"悔亡",没有抱怨悔恨,不再烦躁。

"闲有家,志未变也。"初九虽然地位卑下,但他有刚健之势,立志要建立一个安静、祥和、温馨的家园。因为这样一个温馨的家有利于治疗明夷所留下的伤痛,更有利于治愈内心情感上的伤痛,即使再困难,也不会改变志向。齐家之道是一个人成熟的标志,是开创事业的基础,是首要的目标。

六二,无攸遂,在中馈,贞吉。

《象》曰:"六二之吉,顺以巽也。"

六二，阴居阴位，处于下卦离的中位，离为中女，在家属于媳妇之位，在国属于诸侯之位。"无攸遂"，"遂"就是"往"。六二没有跟随丈夫前往外出，因为家才是她的本位。"在中馈"，馈：以做好食物送人。在家中主管全家的伙食，以及祭祀等家务。"贞吉"，六二是家庭的主人，为全家提供一个舒适温馨的环境，是吉祥的。

"六二之吉，顺以巽也"，六二以柔居中，得到正位，谨守妇道，温柔贤淑，对上孝敬公婆，对下相夫教子，尽职尽责，能营造一个温馨舒适的家，这就是天地之道，非常吉祥。

九三，家人嗃嗃，悔厉吉；妇子嘻嘻，终吝。

《象》曰："家人嗃嗃，未失也。妇子嘻嘻，失家节也。"

九三，阳居阳位，处于下卦离的上位，火气爆裂，在家属于长子之位，在国属于士大夫精英之位。"家人嗃嗃"，"嗃（hè）嗃"是严酷的样子。对家人管理过于严厉，家人之间刻板冷漠，唯唯诺诺，哀声怨气。"悔厉吉"，懊悔自己的作风太严厉了，但齐家的结果是吉祥的。"妇子嘻嘻"，"嘻嘻"就是喜乐没有节制，没有礼教。对家人管理过于宽松，家人之间嬉皮笑脸，无礼傲慢，没有家教。"终吝"，最终会悔恨自己做错了。

"家人嗃嗃，未失也"，九三有阳刚之势，内心明亮，能明辨是非，他上有老，下有小，是家中的支柱。尊老爱幼、齐家治国是九三的责任，严明家规是九三的齐家之道。初期治家时，严能"正伦理"，严明家规，可以杜绝家人有傲慢的心理，并未失齐家之道。"妇子嘻嘻，失家节也"，妇子嘻嘻哈哈，难以"正伦理"。一旦家人失去节制，就违背了齐家之道。

总之，齐家之道在于严明家规。

六四，富家，大吉。

《象》曰："富家大吉，顺在位也。"

六四，阴居阴位，处于上卦巽的下位，在家属于母亲之位，在国属于贤臣之位。"富家，大吉"，能把家族治理得井井有条，并达到大富大贵，当然是大吉。

"富家大吉，顺在位也"，六四温柔娴淑，正当其位，对九五忠心耿耿，柔顺辅佐，善于以阴蓄阳，勤俭持家，所以才能使家庭富裕，大吉大利。

富家之道在于家人各正其位。

九五,王假有家,勿恤,吉。

《象》曰:"王假有家,交相爱也。"

九五,阳居阳位,处于上卦巽的中位,在家属于父亲之位,在国属于君王之位。"王假有家,勿恤",君王是一国之主,而家是国之根本。君王治国有方,家庭就会和睦稳定。君王以稳定和谐的家作为根本,就不用担忧王国的稳定和谐。"吉",非常吉祥。

"王假有家,交相爱也",国与家相辅相成,君王对平民之家充满了信任和爱心,平民之家也对君王寄予厚望,并拥护和爱戴,这就是"正家而天下定矣"。

上九,有孚威如,终吉。

《象》曰:"威如之吉,反身之谓也。"

上九,阳居阴位,处于上卦巽的上位,在家属于祖辈之位,在国属于太上皇之位。"有孚威如",齐家之道既要有威严,又要有诚信。以威严来治家,可以"正伦理",父子有亲,君臣有义,夫妇有别,长幼有序,朋友有信,家道已成。以诚信来亲睦,可以"笃恩义",家人相互关爱,安享天伦。"终吉",最终欢乐吉祥。

"威如之吉,反身之谓也。"上九刚健之极,治家有方。反过来,上九也树立了自己的威望和信誉,并受家人的拥护和爱戴。

睽（兑下离上）

《序卦传》："家道穷必乖，故受之以睽。睽者，乖也。"

"乖"本义指背离、违背、不和谐。人常说"巧妇难为无米之炊"，家道穷困，家人就难以和睦，所以家人卦之后就是睽卦，睽就是难以看清楚全部，两目相互不协调，变得乖离，反目。

火泽睽

离火

兑金

家人卦由疏而亲，如娶媳妇，不亲的人进入家门变成亲人，由外到内，由远到近，有纳进的意思。睽卦由亲而疏，如嫁女，把亲人嫁给别人家，由内到外，由近到远，有推出的意思。家人与睽构成相反相对之象，那么凡是由此达彼，由密而疏，由合而分的情况都是睽卦的卦象，比如水的分流，道路的分叉，夫妻离婚，兄弟分家等现象。反之就是家人的卦象。

家人以和为贵，合二为一，而睽由积怨引起分隔，一分为二。家人与睽都包含离卦，离在外在上，天性炎上升腾，发散飞扬，泽水不能克制它，终将分散，形成火泽睽卦。离在内在下，附着在其他物体上，一起燃烧，而且风能助火，也促使火向内团聚，形成风火家人卦。

家人是合，睽是分。有合有分，分分合合，合久必分，分久必合。

睽：小事吉。

《彖》曰："睽，火动而上，泽动而下。二女同居，其志不同行。说而丽乎明，柔进而上行，得中而应乎刚，是以小事吉。天地睽而其事同也，男女睽而其志通也，万物睽而其事类也。睽之时用大矣哉！"

"睽，火动而上，泽动而下"，"睽"就是目不相视。睽字左边是"目"为离火，右边"癸"为地支癸水。睽卦是上离下泽，离火炎上，泽水下济，水与火道路相反，相互矛盾，无法相济。

"二女同居，其志不同行。"睽卦，上卦离为中女，下卦兑为少女，二女同

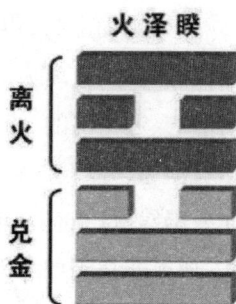

处一室但志趣相异,想法和观点大相径庭。如同母女关系,当女儿长大后,母女的想法就不一样了,这也就是我们常说的"代沟"。

"说而丽乎明",兑为说,讲习道义;离为附丽,帮助。相互之间有矛盾,需要理解和沟通。离火照耀着泽水,泽水反射着离火的光芒,从而变得更加明亮,把相互需要帮助的道理讲明了,矛盾就消除了。

"柔进而上行,得中而应乎刚,是以小事吉。"泽水以柔弱之势才能接受离火的光芒,受离火的加热而蒸腾向上,并刚柔相应。而这种关系只适合于内部的、近距离的、小范围,所以小事吉。生活中的一些小事看法不同,可以相互沟通,并增进感情。如果是大事上的看法不同,那就难以调和,比如女儿要出嫁,母亲是舍不得,如果女儿嫁不出去,母亲是恨不得。作为一个女儿,如果能找到如意郎君,她恨不得早点出嫁,如果没有如意郎君,她舍不得离开家。睽是针对同一件事情,引起母女的这种情志和心理的变化。

"天地睽而其事同也",引起睽的原因是事物原有的特性各异。天的特性是喜欢高处,善于主宰,地的特性是喜欢低处,善于承载。天地的特性不同,但却组成一个宇宙共同体,来生养万物。

"男女睽而其志通也",男性阳刚,女性阴柔,男女的特性不同,却能组成一个和睦的家,共同养儿育女。

"万物睽而其事类也",万物的特性都不同,但却在不同中能找出相同的类别。树大了分叉,儿大了分家,其目的都是为了更好地生存发展。

《象》曰:"上火下泽,睽;君子以同而异。"

睽,上卦离为火,下卦兑为泽,对离火来说,他看问题的角度总是高高在上,俯视一切,认为是自己的光明照耀着万物,是文明、高贵的化身。对兑金来说,他看问题的角度总是最底层的,认为自己就是渺小的,低下的,永远受人欺负,受人统治。看问题的观点不同就产生了分歧。

君子应该懂得"同而异",就是针对同一件事,从不同的角度去看问题,才能全面地了解事情的真相。"盲人摸象、管中窥豹、坐井观天"这些成语都是以局部代替整体,片面地看待问题的例证。对于同一事情不同心态的人,站在不同角度去看待,有时会得出截然相反的结论。这个社会从来不会只有一种声音,不要苛求一致,实际也根本不可能一致,重要的是求同存异。

初九,悔亡。丧马勿逐,自复。见恶人,无咎。

《象》曰:"见恶人,以辟咎也。"

初九,阳居阳位,处于下卦兑的下位,属于平民之位。"悔亡",没必要懊悔。"丧马勿逐,自复",马匹丢失了,不必追逐寻找,老马识途,它自己会返回。"见恶人,无咎",遇到邪恶之人,无须和他冲突,所以没有咎难。

"见恶人,以辟咎也。"初九有阳刚之势,但地位卑下,在生活中经常会遇到各种矛盾,有争执,有和解,有得失存亡,有悲欢离合,这就是生活。"塞翁失马,焉知非福",平常人以平常心面对生活琐事。当遇到邪恶之人,无法与他明辨事理,就更不必与他争执,只需要避开邪恶,这样就无咎。

九二,遇主于巷,无咎。

《象》曰:"遇主于巷,未失道也。"

九二,阳居阴位,处于下卦兑的中位,属于诸侯之位。"遇主于巷",君臣在巷道中相遇。"无咎",他们的方向和目标是一致的,没有什么危难。

"遇主于巷,未失道也。"九二诸侯有阳刚之势,居"地位",六五君王阴柔,居"天位",诸侯与君王都不当位,双方的观点时常不同,甚至于相睽,但是"天地睽而其事同也",都是为天下苍生服务。"说而丽乎明",君臣之间有小的矛盾,在巷道中相遇,只要能坦诚相对,畅所欲言,各抒己见,最终消除误会,增加感情,就不会丧失正道,就无咎。如果遇到大的矛盾,把矛盾摆在朝堂之上,相互争执,这就违背了伦常,失道则凶。

上下级之间要目标一致,解决彼此之间的矛盾要分场合。

六三,见舆曳(yè),其牛掣(chè)。其人天且劓(yì),无初有终。

《象》曰:"见舆曳,位不当也。无初有终,遇刚也。"

六三,阴居阳位,处于上卦兑的上位,属于士大夫精英之位。"见舆曳,其牛掣",曳:拉,牵引。掣:牵制,抽,拔。看见牛车需要往前拉,就吆喝驱赶着牛,而牛掣后腿,不愿意拉重车前行,结果双方僵持不下。"其人天且劓","天"指的是额头,天庭,这里指黥(qíng)额,即在罪人额上刺字之刑罚,也称作黥刑。"劓",古代割鼻之刑罚。这个人受到黥刑之后,又受到劓刑,使他无法掩盖自己的过失。"无初有终",也就是"初无终有",最初他们都是完美无缺的,最终却留下了难以磨灭的伤疤。

"见舆曳,位不当也。"六三阴柔,不当位,他的前后都是刚健的阳爻,也不当位,而且是两阳夹击一阴,导致矛盾重重。士大夫处于阴柔之位能力不足,却又不愿意奴颜婢膝地给强权当牛做马,受到强权的驱使,所以相互睽视。"无初有终,遇刚也",最初都是和睦相处,最终却不欢而散,这都是因为遇到刚健的对手,两强相斗,结果两败俱伤。

与人相睽,需要双方换位思考,诚信沟通。

九四,睽孤,遇元夫,交孚,厉,无咎。

《象》曰:"交孚无咎,志行也。"

九四,阳居阴位,处于上卦离的下位,属于贤臣之位。"睽孤",因为与他人观点不同,而使自己身陷坎险之中,孤立无援。九四有刚健之势,处于互卦坎的中位,即使他对六五君王忠心耿耿,也得不到君王的信任;即使他对六三士大夫晓之以理,动之以情,也得不到六三的信任。"遇元夫,交孚",九四来到民间,遇到了初九这样的大丈夫,两人坦诚相交,畅所欲言,更是有感于"丧马勿逐"。"厉,无咎",身处危险之中,只要以平常心去对待,就没有咎难,一切危险困难、荣辱得失都得到释怀。

"交孚无咎,志行也",只要坚定自己的信心和志向,与人坦诚相交,广结善缘,要寻找志同道合者,就会化解矛盾,不再孤立无援。特别是面对外部矛盾,就应该如此。

六五,悔亡。厥宗噬肤,往何咎?

《象》曰:"厥宗噬肤,往有庆也。"

六五,阴居阳位,处于上卦离的中位,属于君王之位。"悔亡",即使他们有矛盾,也不会懊恼悔恨。"厥宗噬肤",厥:他的,他们的。厥宗:他们的同宗、同族。噬肤:咀嚼肥肉。他们是同宗同族,其矛盾就像是上下牙齿在咀嚼食物,免不了要磕磕碰碰,只有这样的磕碰,才能更好地享受美食。"往何咎?"这样做怎么会有咎难呢?

"厥宗噬肤,往有庆也。"六五君王以柔弱而居"天位",但能明辨善恶;九二诸侯以刚健而居"地位",能体察民情。他们都不当位,但他们是同宗同族,"天地睽而其事同也",他们的目标应该是一样,都是为天下苍生服务。朝野之间的矛盾像是上下牙齿在咀嚼食物,免不了要磕磕碰碰,只有这样的磕碰,才能更好地享受美食;只有朝野上下相合,才能更好地治理国家。不但没有咎难,反而是吉庆的事。

建立共同的基础,就可化解矛盾,特别是化解内部矛盾。

上九，睽孤，见豕负涂，载鬼一车。先张之弧，后说之弧，匪寇婚媾，往遇雨则吉。

《象》曰："遇雨之吉，群疑亡也。"

上九，阳居阴位，处于上卦离的上位，属于没落的贵族之位。"睽孤"，上九有阳刚之势，本应该居高临下，明辨一切，但他自以为是，认为自己阅历丰富，傲视群雄，又因他脾气暴躁刚烈，生性多疑。上九常常主观臆断，又疑神疑鬼，不信任他人，结果把自己孤立起来。"见豕负涂"，涂：泥巴。猪本性就是懒散、脏臭，看见猪身上有污迹就认为不可宽恕。"载鬼一车"，看见车上拉着受到黥刑和劓刑的人，就认为他们是鬼怪。"先张之弧，后说之弧，匪寇婚媾"，张：拉开。弧：弓。"说"通"脱"，这里的意思是放下。看见有人先张弓搭箭，后又放下，就好像是匪寇来抢婚。"往遇雨则吉"，上九疑心重重，并前往去考察清楚，结果遇到了大雨，瓢泼大雨之下一切回归到原始状态，看清楚了本来面目，所以吉祥。

"遇雨之吉，群疑亡也。"猪身上的污迹被雨水洗干净了，车上的鬼也现出原形，也不见匪寇来抢婚，所有的疑虑都消失了。上九也不再疑心了，火爆的脾气被雨水克制了，变得安静了。所以遇事要冷静，与人相睽，要以事实为根据，不可主观臆断，才会吉祥。

蹇（艮下坎上）

《序卦传》："睽者，乖也；乖必有难，故受之以蹇。蹇者，难也。"

睽是相互之间乖离，矛盾重重，背道而驰，分崩离析，必然削弱了整体的力量，导致行动困难，所以睽卦之后就是蹇卦。蹇就是难。

蹇卦与睽卦互为错卦，睽是二女情志相违，无法调和，蹇是二男志向不同而行动难以协调。

水山蹇

坎水

艮土

蹇：利西南，不利东北。利见大人。贞吉。

《象》曰："蹇，难也，险在前也。见险而能止，知矣哉！蹇利西南，往得中也。不利东北，其道穷也。利见大人，往有功也。当位贞吉，以正邦也。蹇之时用大矣哉。"

"蹇，难也，险在前也。"蹇，形容行动迟缓或困顿，困苦。蹇是上坎下艮，山石嶙峋，水流曲折。坎为水，艮为足，足在水中，表示寒足之意，坎险在前，行动艰难。

"见险而能止，知矣哉。"上卦坎为险，下卦艮为止。冰天雪地中赤足而行，前有河流险阻，后有高山挡路，到了山穷水尽的地步，看见有危险能停下来，难能可贵。"行莫善于知止"，在行动时，人们最大的优点是知道能停下来，以避免陷入危难之中。

明知山有虎，偏向虎山行，那是因为你有打虎的本领，否则，你只会成为老虎的美餐。

蹇，前有河流险阻，后有山脉挡路，如果贸然直行，肯定有难有险，寸步难行。我们可以观察水在山中流动的特点，最形象的就是"九曲十八弯"，很少见到直行的，它们蜿蜒曲折，遇到阻挡就停下来，蓄积气势，寻找新的出路，趋避回旋，从容前行，如果没有了阻挡，它们就飞流直下，一泻千里，气势磅礴。

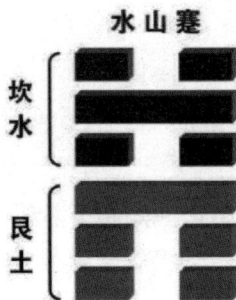

"蹇利西南，往得中也。"后天八卦中西南为坤卦，坤为静，《大学》曰："知止而后有定，定而后能静，静而后能安，安而后能虑，虑而后能得。"静能让人思考。坤为平原，水流向平原，一泻千里，毫无阻挡，"山重水复疑无路，柳暗花明又一村。"坤为众，在困难时能得到大众的帮助，任何困难都不是困难。

"不利东北，其道穷也。"东北为艮卦，艮为高山，有高山阻挡，其道穷也。艮为小人，难以找到志同道合者，必然穷途潦倒。"道不同不相为谋"，蹇难也有利于类族辨物。如果说，睽卦是观点不同而导致分离，并且造成重重困难，那么蹇卦预示着困难时期，反而有利于寻找到志同道合的人，并形成新的凝聚力。

"利见大人，往有功也"，有利于获得德高望重的智者的帮助，并可以走出困境而且建功立业。

"当位贞吉，以正邦也"，"正邦"就是治国平天下。下卦艮为山，山主志，表现出崇高峻拔的意愿，前面有多大的坎险也矢志不渝。上卦坎为水，水主智，九曲十八弯，"奔流到海不复回"才是目标。水藏山中而不显露，山怀水流而不彰显。知止善退，知难顺变，看似愚钝，行动如神，这才是"大智慧"。由此可见，蹇虽然有难而壮志未酬，然而正当其位，既有山的坚韧，水的智慧，又能获得大人的帮助，一定会治国平天下。

水山蹇与山水蒙是同体卦。蹇是水淹没了山，反过来，蒙是山压迫着水。蹇为困难，蒙为蒙蔽。蹇是知险能避险，而不冒险，知止善退，知难顺变，体现了"智"。蒙是蒙昧无知，盲目冲动，表现出"愚"，所以要开蒙启智。

《象》曰："山上有水，蹇。君子以反身修德。"

上卦坎为水，下卦艮为山，山上有水就是蹇，但见险而能止。君子观此卦象后应该懂得"反身修德"，就是反省自身，修养美德。由外转内，向内求救，通过格物致知，正心修身，只有克服了睽卦的矛盾，重新组建家人，懂得齐家之道，家齐而后国治，国治而后天下平，这就是大智慧，也就是大学之道。

初六，往蹇，来誉。

《象》曰："往蹇来誉，宜待也。"

初六，阴居阳位，处于下卦艮的下位，属于平民之位。"往蹇"，往前的道路上，遇到了蹇难，崇山峻岭，暗流险滩，阻挡了前行的道路。"来誉"，能见险知止,反身修德,值得称赞和美誉。

"往蹇来誉,宜待也。"初六位卑势弱,处于蹇难之初,适宜于韬光养晦,潜龙勿用,反身修德,等待时机。

六二,王臣蹇蹇,匪躬之故。

《象》曰:"王臣蹇蹇,终无尤也。"

六二,阴居阴位,处于下卦艮的中位,属于诸侯之位。"王臣蹇蹇",君王和大臣都陷入蹇难之中。"匪躬之故",匪:不。躬:自身。六二不考虑自身的安危,舍身救难,鞠躬尽瘁,死而后已,体现了大义精神。

"王臣蹇蹇,终无尤也。"六二居中守正,宜静不宜动。六二诸侯与九五君王同心同德,君臣有义,当发现九五君王深陷坎险之中,六二不顾个人安危,便动身前往营救,没想到自己前行的路被大山阻挡,使自己也深陷蹇难之中。六二忠心可嘉,智勇双全,最终不用担忧他能否克服蹇难。

九三,往蹇,来反。

《象》曰:"往蹇来反,内喜之也。"

九三,阳居阳位,处于下卦艮的上位,属于士大夫精英之位。"往蹇",往前的道路上,遇到蹇难。"来反",来:表示要做某件事。"反"通"返"。有刚健的能力却不冒进,要知难而退,反身修德。

"往蹇来反,内喜之也。"九三有阳刚之势,与上卦坎相邻,处于上下交汇之地,前面就是滔滔江水,奔流不息,不能再向前迈进,否则就会被大江吞没。九三审时度势,该止则止,该退则退,并得到了内部六二、初六的欢迎,因为九三是他们的阻挡外来侵袭的屏障,他们也不支持九三冒险。

处于蹇难之时,要懂得知止,并反身修德。

六四,往蹇,来连。

《象》曰:"往蹇来连,当位实也。"

六四,阴居阴位,处于上卦坎的下位,属于贤臣之位。"往蹇",往前的道路上,遇到蹇难。"来连",连:联合。要向外联合,寻求帮助。

"往蹇来连,当位实也。"六四已经处于坎险之中,再往前就会陷入更深。但是六四却能安全脱险,因为他阴柔当位,对九五君王忠心耿耿,并能实事求是、踏踏实实地做事。六四以柔弱顺从之心向九五君王求救,又以贤臣之位谦虚地向九三求救,联接上下关系,形成互卦离火之势,从而克服坎险之难，最终成就既济之功。

"蹇利西南"告诉我们遇到蹇难，需要寻找志同道合的人，合纵连横，壮大势力，共同抵抗风险，这也是处蹇之道。

九五，大蹇朋来。

《象》曰："大蹇朋来，以中节也。"

九五，阳居阳位，处于上卦坎的中位，属于君王之位。"大蹇"，遇到非常大的蹇难，已经深深陷入泥潭之中。"朋来"，获得众人的帮助，使他脱离危险。

"大蹇朋来，以中节也。"节：节制，管理。九五君王持中守正，治国有方，当他遇到蹇难，临危不惧，运筹帷幄，调兵遣将，众人必然纷纷前来救驾。《荀子》曰："君者，舟也；庶人者，水也。水则载舟，水则覆舟。"得民心者得天下，只要民心所向，众望所归，再困难的坎险都会渡过。

大蹇之时有利于凝聚人心，更体现了管理的重要性。

上六，往蹇来硕，吉，利见大人。

《象》曰："往蹇来硕，志在内也。利见大人，以从贵也。"

上六，阴居阴位，处于上卦坎的上位，属于天位。"往蹇"，遇到蹇难。"来硕"，完全克服了蹇难，并建立了硕大的功绩。"吉，利见大人"，能获得德高望重的大人的赏识，当然是吉祥的。

"往蹇来硕，志在内也。"上六遇到蹇难，并没有归隐田园，他有气吞山河之势，腹纳九州之量，包藏四海之胸襟，他的志向不在乎与万物争高，而在于向下润泽万物。凭借丰富的经验救黎民于水火，解百姓于倒悬，建立了硕大的功绩。"利见大人，以从贵也"，上六获得德高望重的大人的赏识，是因为他尊道贵德，德行天下，所以吉祥如意。

解(坎下震上)

《序卦传》:"蹇者,难也,物不可终难,故受之以解。解者,缓也。"

蹇是险难,有难就需要解除困难,所以蹇卦之后就是解卦。"解"就是缓的意思,就是把束缚着、系着、包裹着的东西打开,把整体解剖成零散,把疑惑讲解明白,把困难变成容易。

蹇卦与解卦互为综卦。蹇与解不同的是坎卦的位置不同,蹇卦是坎险在外为外患;解卦是坎险在内为内忧。如果说睽卦代表着矛盾,对矛盾进行分类,其中蹇卦就代表着外部矛盾,解卦就代表着内部矛盾。内忧外患要分别对待,蹇难可以知止,但是内患不能知止,而要立即行动来解除。

《彖》曰:"解,险以动。动而免乎险,解。解利西南,往得众也。无所往,其来复吉,乃得中也。有攸往夙吉,往有功也。天地解而雷雨作,雷雨作而百果草木皆甲坼(chè)。解之时大矣哉!"

"解,险以动。"解是上震下坎,震为动,坎为险,内部有危险,就立马行动去解除。

"动而免乎险,解。"解卦贵在动,蹇卦贵在止。只有快速行动去解除内患,才能避免更大的危险,所以内患绝不能拖延解决。

"解利西南,往得众也。"西南为坤位,坤为众。在西南方向行动有利,前往可以得到众人的帮助。解利西南而蹇也利西南,无论是内忧还是外患,既要取西南的地利优势,又要取西南的人和优势。雷水解,雷主勇,水主智,智勇双全,面对危险敢于行动并解除危险,更重要的是依靠群众的力量,这才是真正的"大勇"。单枪匹马突重围,那是匹夫之勇。救民于水火,解民于危难也是"大义之举"。

"无所往,其来复吉,乃得中也。"因为解卦有内患,有时不能前往西南,

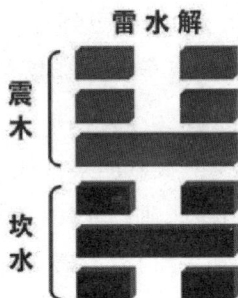

如果众人能由西南过来,那么一样是吉祥的,因为保持中道,就会获得众人的帮助。

"有攸往夙吉,往有功也。""夙"是天不亮就起来做事情。内患不能拖延,早一点解除最吉祥,而且要迅速行动,把握良机,就可以建功立业。

"天地解而雷雨作。"上震为雷,下坎为雨,天地开解就会发生雷雨。

"雷雨作而百果草木皆甲坼。"雷雨之后,冬去春来,化育万物,百果草木都破壳而出,生机再现,万象更新。

"解之时大矣哉!"如果雷不鸣,那么万物生机不畅。如果雨不降,那么万物难以生发。解卦的意义太重大了!

人生四大喜事,即"久旱逢甘霖,他乡遇故知,洞房花烛夜,金榜题名时",实际上都是解除了心头忧患。

《大学》讲:"古之欲明明德于天下者,先治其国;欲治其国者,先齐其家;欲齐其家者,先修其身;欲修其身者,先正其心;欲正其心者,先诚其意;欲诚其意者,先致其知,致知在格物。"如果说晋卦是明明德,那么明夷卦在于修身,家人卦在于齐家,睽卦在于格物致知,蹇卦在于治国,解卦在于平天下。

《象》曰:"雷雨作,解。君子以赦过宥罪。"

上卦震为雷,下卦坎为雨,春雷震动,天降甘霖,解大地干旱之难,从而万物生机勃勃。君子观此天象,应该懂得感恩天地的好生之德,效法天道来化解社会的苦难,进行"赦过宥罪",轻罪则赦,重罪则宥,宥就是宽宥。

古代善于效法天道,生杀予夺也尊天时。春季大赦,秋后问斩,"赦过宥罪"就是要赦免宽宥有过错或有罪过的人,让这些人既感谢上苍和君王的恩泽,又化解了社会的矛盾。在当时的历史背景下,"赦过宥罪"是对广大奴隶的解放,使奴隶获得应有的人身自由,从而也解放了社会生产力,推动了社会的文明进步。

初六,无咎。

《象》曰:"刚柔之际,义无咎也。"

初六,阴居阳位,处于下卦坎的下位,属于平民之位。"无咎",没有咎错。

"刚柔之际",就是冬去春来,乍暖还寒,坚冰即将消融之际,也就是刚健转化为柔弱之际,初六处于刚健之位,但身陷坎险之中,而解难之道在于变刚为柔,以宽恕为主,才可以化解矛盾,特别是内部矛盾。"义无咎也",作为平民也有犯错的时候,只要能顺应天时,回归本位,改过自新,放下屠刀,立地成佛,就会赦过宥罪,所以"无咎"。

九二,田获三狐得黄矢,贞吉。

《象》曰:"九二贞吉,得中道也。"

九二,阳居阴位,处于下卦坎的中位,居中守正,属于诸侯之位。"田获三狐得黄矢",狐狸聪明机灵,生性多疑,有媚态,比喻坏人、小人,属于坎卦。"黄"代表中色,"矢"是刚健之物。春雷震动,万物复苏,那些害人的禽兽也开始蠢蠢欲动,正是春季狩猎之时,要抓获那些狡猾的狐狸,得使用刚健的箭矢,同时要遵守狩猎之道。春季狩猎不注重杀生,而注重除害,注重于解决矛盾。"贞吉",非常的吉祥。

"九二贞吉,得中道也。"九二处于阴柔之位,却深陷坎险之中,要摆脱坎险,解决问题,就要变得刚健。九二诸侯能秉持中道,公正执法,伸张正义,铲除邪恶,为民除害,所以贞吉。

六三,负且乘,致寇至,贞吝。

《象》曰:"负且乘,亦可丑也。自我致戎,又谁咎也?"

六三,阴居阳位,不当位,处于下卦坎的上位,属于士大夫精英之位。"负且乘",小人乘坐在华丽的马车上,却依然背负着沉重的物品,不愿意放下。"致寇至",贵重物品暴露在外,必然引来贼寇的抢夺。"贞吝",真正暴露了他吝啬贪婪的本性。

"负且乘,亦可丑也",六三处于刚健之位,却表现出阴柔之气,本应该是正人君子,而实际上是卑鄙小人。背负着沉重的物品,却乘坐在华丽的马车上,必然丑态百出,贻笑大方。"自我致戎,又谁咎也?"自己招致的灾祸,又能怪谁呢?这便是"天作孽犹可存,自作孽不可活"。

《系辞》:子曰:"作《易》者,其知盗乎?《易》曰:'负且乘,致寇至。'负也者,小人之事也。乘也者,君子之器也。小人而乘君子之器,盗思夺之矣。上慢下暴,盗思伐之矣。慢藏诲盗,冶容诲淫。《易》曰:'负且乘,致寇至。'盗之招也。"

孔子说:"作《易》的人,大概知道盗之所起吧?《易》说:'背负着重物,且又乘坐在车上,势必招致盗寇的来临呀。'背负着重物,本是小人所做的事；乘坐的马车，本是君子出行的工具。如果小人背负着重物并乘坐在君子的马车上，必然丑态百出，贻笑大方，强盗就会思量抢夺他的财物。如果君上傲慢，臣下暴敛，礼崩乐坏，必然引来贼寇大盗侵犯国境。储藏财富很散漫就是诱导贼寇来偷盗；女人妖冶其容貌就是明示坏人来淫辱。《易》说："负且乘，致寇至。'原是说自己招致寇盗之意。"

解难之道在于自律，自律的人知道自己应该干的事，承担自己应该承担的责任。不自律就会给自己制造困难，而且这种困难没有谁能帮得了。

九四，解而拇，朋至斯孚。

《象》曰："解而拇，未当位也。"

九四，阳居阴位，处于上卦震的下位，属于贤臣之位。"解而拇"，拇：脚大拇趾，拇趾为阳，代指脚。给他的脚松绑，让他重获自由。"朋至斯孚"，众人感受到九四的诚信，便纷纷而至，投奔于他，但是这种现象又会引起朋党营私。

"解而拇，未当位也。"九四有阳刚之气，能勇于担当。惊雷一响，万物惊蛰，上天有好生之德，九四贤臣以雷霆万钧之势，救民于水火之中，为民众解开捆绑脚趾的绳索，赦过宥罪，使他们重获自由。但是九四不当位，应该明白自己只是奉天行事，替天行道，无论多大的功绩，那也是上天赐予的，绝不敢居功自傲、结党营私。

解难之道在于勇于担当。有时候困难并不难解决，难的是解决困难的人不当位，这需要勇气、担当和胸襟。当困难解决了，即受到众人的拥护和信任，也就是增加了自己的势力，或者说是影响力，又必然受到君王的疑心，疑心你收揽民心，功高盖主。

六五，君子维有解，吉，有孚于小人。

《象》曰："君子有解，小人退也。"

六五，阴居阳位，处于上卦震的中位，属于君王之位。"君子维有解，吉"，君子以怀柔之心，宽恕小人的过错，赦免小人的罪行，才能解除内患。内患解除，才能吉祥如意。"有孚于小人"，让小人感受君子的至诚关爱，从而达到万民归心臣服，天下太平。

"君子有解，小人退也。"六五君王虽然柔弱，但他懂得解决内患不能一味地用强势镇压，而要以德服人，以诚信感人。只要能宽恕小人的过错，小人也就畏惧退缩而臣服，所以说，解难之道在于赦过宥罪，教化民众。

上六，公用射隼于高墉之上，获之，无不利。

《象》曰："公用射隼(sǔn)，以解悖也。"

上六，阴居阴位，处于上卦震的上位，属于天位。"公用射隼于高墉之上"，王公站在高高的城墙之上，面对鹰隼来袭，以迅雷不及掩耳之势，张弓搭箭射杀鹰隼。"获之，无不利"，斩杀桀骜不驯的鹰隼，无所不利。

"公用射隼，以解悖也。"上六王公处于震卦的极位，虽然外表柔弱，至阴则刚，内藏刚健之势，随时保护六五君王的安危。不动则已，动则雷霆万钧；不鸣则已，一鸣惊人。太平盛世，依然需要防患于未然，上六王公一旦发现有悖逆之心、谋反之意的人，他就会像射杀鹰隼一样斩杀叛逆者，这才能保障天下长治久安。

《系辞》：子曰："隼者禽也，弓矢者器也，射之者人也。君子藏器于身，待时而动，何不利之有？动而不括，是以出而不获。语成器而动者也。"

孔子说："隼是猛禽，弓箭是器物，而以弓箭来射杀鹰隼的是人。君子身藏兵器，等待时机而动，有什么不利的呢？如果君子在行动时没有隐藏好自己的兵器，被敌人发现后，即使是出击也不会有收获。这就是告诉我们藏器而动的道理。"

旧的矛盾解除了，又会出现新的矛盾，所以解难之道在于不断地提高自己的能力，时刻准备战斗。

损（兑下艮上）

《序卦传》："解者，缓也。缓必有所失，故受之以损。"

解就是缓解危难。解决危难不但需要借助天时、地利、人和，还要智勇双全，这一切都需要付出一定的资源，而这种付出是一种损失，就是人常说的"破财消灾"，所以解卦之后就是损卦。

山泽损

艮土

兑金

损：有孚，元吉，无咎。可贞，利有攸往。曷之用？二簋可用享。

《彖》曰："损，损下益上，其道上行。损而有孚，元吉，无咎可贞，利有攸往。曷之用？二簋（guǐ）可用享。二簋应有时。损刚益柔有时。损益盈虚，与时偕行。"

"损，损下益上，其道上行"，"下"指的是老百姓，"上"指的是君王。"损"就是减损下面百姓的利益，以增加国家的利益，也就是向老百姓征收赋税，供养国家机器的运转。赋税是国家法度，由君王制定而广泛施行，其中资源的流转是由下而上。

"损而有孚，元吉"，"孚"就是诚信。征收赋税的目的是为公而不是为私，要讲诚信。国家要有公信力，税收要取之于民而用于民。老百姓诚信纳税，也是对政府的一种信任，相信政府会管理好国家，为人民服务。以诚信为基础，做事就会达到"元吉"，非常吉祥。

"无咎可贞，利有攸往。"君王只要能光明正大地履行职责，有利于国家的发展，有利于民众富强，征收赋税就没有什么错误，更不必内疚，而且这是君王应该担当的责任。

"曷之用？二簋可用享，二簋应有时。"古代最重要的公事就是祭祀，"簋"是古代盛食物的器具，圆口，双耳。簋常以偶数出现，如四簋与五鼎相配，六簋与七鼎相配，天子一般用八簋九鼎。但是天子具体用什么礼器来祭

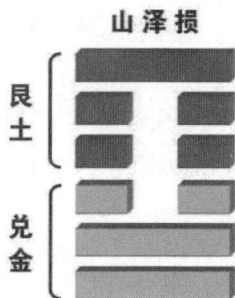

祀呢？必要的时期可以由八簋改为二簋，这要根据当年的"盈虚"即丰歉来决定，如果老百姓歉收，赋税就征收得少，祭祀就用二簋。

如果君王为了自己能享用八簋九鼎，无论丰歉依然横征暴敛，就是损而无信。把自己的私欲凌驾于公事之上，损害了国家的公信力，这将导致民心不稳，礼崩乐坏。

"损刚益柔有时"，阳可以养阴，损阳刚可以益阴柔，但是要根据天时的变化而调整。

"损益盈虚，与时偕行。"征收多少赋税要根据当时的收成情况来定，丰收了就征收多点，歉收就征收少点。由此可见，古人对礼制的理解是灵活的，礼制也要顺从天时，与时偕行。而我们现代人却经常拉大旗，作虎皮，打肿脸充胖子，无论有钱没钱，都要保住面子，反而心里很累。

损卦与益卦互为综卦，损和益，一减一增，被当作两个相互联系的方面，既是对立的，又可以相互转化，此盈彼虚。

《象》曰："山下有泽，损。君子以惩忿窒欲。"

损，上卦为艮为山；下卦为兑为泽，山下有泽是损卦的卦象，兑为缺，为凹陷，山下有凹陷就是山有损。艮为家园，兑为钱财，损就是家中缺失了钱财。当自己的利益受损，往往会激起愤怒的情绪，此时应当静静地想一想，有损就有益，有益就有损，所以损卦告诫我们要"惩忿窒欲"，即克制愤怒，抑制情欲。

然而，日月星辰，名山大川，大自然为我们展示了神奇瑰丽的面容；江河湖泊，花草树木，造物主为我们造就了多彩多姿的美景。置身其中，徜徉其间，谁能无感于怀？谁又能无动于衷？一旦要失去"有情之物"，谁又能做到"惩忿窒欲"，难难难！

山泽损的同体卦是泽山咸。山泽通气就是咸卦，"咸"加心就为"感"，感发乎情，能掌控好情欲就是正常的情感，不能掌控好情欲就会伤害自身。"咸"加刀就变成"减"，山泽气不相通就是损卦，损为自减，贵在惩忿窒欲。虽然两情相悦，但是难以相见，山是高大向上，而泽是低洼向下，有缘无分。

初九，已事遄往，无咎。酌损之。

《象》曰：已事遄往，尚合志也。

初九，阳居阳位，处于下卦兑的下位，属于平民之位。"已事遄往，无咎"，已：止，停下来。遄（chuán）：因走山路而缩短行程和时间，引申为往来频繁，快速地。事情已经结束，就应该快速地前往解决后续问题，才没有咎难。"酌损之"，根据实际的情况斟酌决定减损已经获得的利益。

"已事遄往，尚合志也。"经过了春耕夏长，初九在秋季丰收之后，赶快前往缴纳相应的赋税。损下益上，损刚益柔，种地纳粮，感恩天地，这符合人之常理，符合做人的原则。

损益之道在于感恩和回报。感恩天地阳光雨露，感恩国家的恩惠护佑，当自己获得了收益，应该尽快感恩和回报那些给予自己帮助的人。

九二，利贞。征凶，弗损，益之。

《象》曰："九二利贞，中以为志也。"

九二，阳居阴位，处于下卦兑的中位，属于诸侯之位。"利贞"，真正能感受到益处。"征凶，弗损，益之"，为了增益自己的利益，而不愿意减损，就表现出凶的征兆。

"九二利贞，中以为志也。"九二诸侯管理一方百姓，既要组织民众积极生产，又要积极地征收赋税；既能让百姓安居乐业，又能使国家富强繁荣，让人真正感受到九二带给大家的益处。九二以此作为自己的志向，居中守正，并努力去实现它。如果他仅仅考虑自己的地方利益，而不愿意承担国家的利益，不愿意上缴税收，不愿意损下益上，那就是凶祸的征兆。

损益之道在于集体利益要服从国家的利益，国家利益是最大多数人民的最根本最长远的利益。

六三，三人行则损一人，一人行则得其友。

《象》曰："一人行，三则疑也。"

六三，阴居阳位，处于上卦兑的上位，属于士大夫精英之位。"三人行则损一人"，三人同行，就会出现目标想法不一致的情况，如果减损一人，目标就更容易达成一致。"一人行则得其友"，一人独行，容易找到志同道合的朋友，同心协力，同甘共苦。

"一人行，三则疑也。"六三作为士大夫应该有主见，然而他阴柔不当位，所以需要寻找志同道合的人。"二人同心，其利断金"，如果两个人阴阳搭配，刚柔相济，则其利可断金。如果是三个人，则行动难以统一，三人各有主张，相互疑虑，难以达到阴阳平衡，刚柔相济。

《系辞》:"天地氤氲,万物化醇。男女构精,万物化生。《易》曰:'三人行则损一人,一人行则得其友。'言致一也。"

氤氲(yīn yūn):烟气、烟云弥漫的样子。醇:气味、滋味纯正浓厚,醇精。

《系辞》曰:"天地阴阳之气缠绵交密,互相会和,万物在阴阳之气的作用下生长变化。男女在阴阳之气的作用下相互交合,得以生生不息。《易经》曰:'三人行则损一人,一人行则得其友。'所以说理无二致,天下的事理都可以归为一致。"这句话告诉我们,天地万物都是由阴阳二气相交构成的,并以阴阳平衡为原则。天地相交就是泰卦,泰卦是下三阳上三阴,三阳同行则损一阳,损九三以益上,形成上艮下兑,就是损卦。艮兑互为错卦,达到阴阳平衡,而且艮为少男,兑为少女,男女交媾,万物化生。

损益的原则是损刚益柔,损有余,益不足,一旦阴阳失去平衡,就会通过损益来调节,使其达到平衡。

六四,损其疾,使遄有喜,无咎。

《象》曰:"损其疾,亦可喜也。"

六四,阴居阴位,处于上卦艮的下位,属于贤臣之位。"损其疾",减损疾病的痛苦,这是人们的心愿。"使遄(chuán)有喜",遄:迅速。这个消息迅速使人感到无比喜悦。"无咎",减损自己的财物就像减少自己的疾病一样,当然无咎。

"损其疾,亦可喜也。"六四贤臣位高权重,不能再贪权贪财,贪得无厌。贪欲越多痛苦越多,要想早点摆脱痛苦,就要"惩忿窒欲",而减损贪欲就像良药一样能解心头之患,当然是可喜可贺的。贪得无厌的人已经病入膏肓,无药可救。

减损之道在于惩忿窒欲。

六五,或益之十朋之龟,弗克违,元吉。

《象》曰:"六五元吉,自上祐也。"

六五,阴居阳位,处于上卦艮的中位,属于君王之位。"或益之十朋之龟","十朋之龟",古人视为大宝,用以占吉凶、决疑难的十类龟。《尔雅》云:"十朋之龟者,一曰神龟,二曰灵龟,三曰摄龟,四曰宝龟,五曰文龟,六曰筮龟,七曰山龟,八曰泽龟,九曰水龟,十曰火龟。"六五君王柔得尊位,四方来贺,八方来朝,能收到十朋之龟,君王得到十朋之龟就可以解决各种疑难问题。"弗克违,元吉",不用拒绝,欣然接受,而且大吉大利。

"六五元吉,自上祐也",六五君王能得到天赐大宝"十朋之龟",是上天对君王的护佑。君王以此可以调和各种矛盾,使国家得到更好的治理,达到繁荣昌盛,国泰民安的治世局面。

损益之道在于调解盈虚,平衡各种矛盾。

上九,弗损,益之,无咎,贞吉,利有攸往,得臣无家。

《象》曰:"弗损,益之,大得志也。"

上九,阳居阴位,处于上卦艮的上位,属于天位。"弗损,益之",损下益上,损刚益柔,但是不能无限度地减损,上九处于损卦的终点,需要损上而益下。"无咎,贞吉",居上益下,取之于民,用之于民,不但无咎,而且非常吉祥。"利有攸往",上九的建议是利国利民的好建议,得到君王的采纳。"得臣无家","臣"指奴隶。无家:没有主人、没有家园的孤独者。使那些无家可归者拥有自己的家。

"弗损,益之,大得志也",上九刚健,可以止损,不能再损下益上,不能再向民众征收税收,而应该损上益下,增加民众的收益。能让所有的人都受益,远大的志愿才能得以实现。

益（震下巽上）

《序卦传》："损而不已必益，故受之以益。"

现在我们知道"能量守恒"，而古人早就认识到损与益是相对的，既是对立，又可以相互转化，此盈彼虚。事物不断地减损，当减损到一定的程度就转而会增益，所以损卦之后就是益卦。

风雷益

巽木

震木

益，古同"溢"，像器皿中有水漫出。上卦为巽，巽为风；下卦为震，震为雷，风雷激荡，是益卦的卦象。风与雷两种现象相互助长、相互增益，雷借风势，风借雷威，形成强大的势力。

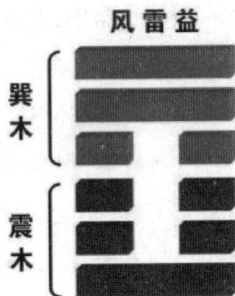

益：利有攸往。利涉大川。

《象》曰："益，损上益下，民说无疆。自上下下，其道大光。利有攸往，中正有庆。利涉大川，木道乃行。益，动而巽，日进无疆。天施地生，其益无方。凡益之道，与时偕行。"

"益，损上益下，民说无疆。""上"是君王，"下"是老百姓，"无疆"就是无限制。"益"是减损国家的利益，增益百姓的利益，也就减轻赋役，纾解民困，老百姓欢心喜悦地祝福君王万寿无疆。"损上益下"也指的是减损满盈的，增益虚亏的。

"自上下下，其道大光。"税收取之于民而用于民，国富而民强，从上到下，都称赞政通人和，大放光彩。

"利有攸往，中正有庆。"减少赋税有利于社会的发展，只要始终保持中正之道，必定会吉庆有余。

"利涉大川，木道乃行。""木道"指的是乘舟而行，利涉大川。风雷相互增益，风吹船动，一帆风顺。减少税收，增加收入，就像行船时遇到顺风一样，推动了社会的发展。

"益，动而巽，日进无疆。""益"是上巽下震，顺风而动，每日就会前进无限远的路程。

"天施地生,其益无方。"上天施与恩泽,大地生养万物,然后才可以不断地增益,因此想增益除此之外没有别的方法。没有上天的施与,大地再怎么努力也无法生养,就不能增益,所以古人讲"命中有时终须有"。如果仅仅依靠上天的施与,大地懒惰而不生养,更不能增益,所以古人讲:"天予弗取,必受其咎。"

"凡益之道,与时偕行。"损益盈虚都随天时的变化而变化,古人讲:"时至不行,反受其殃。"机会来了,却不抓住机会,反而会受到灾殃。

《象》曰:"风雷,益。君子以见善则迁,有过则改。"

上巽下震,风雷相互帮助,才会多多益善。君子应该学会善待他人,有过则改。益卦讲究的是外功,利益增长下如何善待他人。损卦讲究内省,在势力减损下如何自我反省。不管是内省还是外修,宗旨都要修德。损德必损财,益德必益利;损时自损,则克己复礼;益时自益,则进德修业。

初九,利用为大作,元吉,无咎。

《象》曰:"元吉,无咎,下不厚事也。"

初九,阳居阳位,处于下卦震的下位,属于平民之位。"利用为大作",利用他人的助益积极地劳作,以实现自己远大的作为。"元吉,无咎",非常吉祥,没有什么错。

"元吉,无咎。"初九有阳刚之势,但是地位卑下,利用君王的减税政策,大力发展自己的经济,走向勤劳富裕。给予他人的助益目的是鼓励人们更加积极地劳动,这是非常吉祥的好事。"下不厚事也",对于需要帮助的人来说,不能给予他们过于丰厚的好处,因为过于丰厚的助益,反而助长他们不劳而获的心态。斗米养恩,石米养仇,就好比接受救济的人,习惯了救济,就会忘记勤劳致富。

帮助的目的是帮助弱者自强自立,而不是助长不劳而获之风。

六二,或益之十朋之龟,弗克违,永贞吉。王用享于帝,吉。

《象》曰:"或益之,自外来也。"

六二,阴居阴位,处于下卦震的中位,属于诸侯之位。"或益之十朋之龟",或许会获得"十朋之龟"。古人认为"十朋之龟"可以占卜吉凶、决断疑难问题,得到"十朋之龟"意味着可以解决天下任何疑难问题。"弗克违,永贞吉",不用拒绝,可永保贞吉大利,受益无穷。"王用享于帝,吉",君王曾经用"十朋之龟"来祭祀上帝,期望上帝赐福降吉。

"或益之,自外来也。"六二诸侯阴柔当位,施德于民众,让民众得到文明教化。六二的所作所为或许会得到各方的助益,所获得的助益都来自于外界对他德行的认可,所以说,有德行的人必然会得到天助。你若盛开,蝴蝶自来;你若精彩,天自安排。

六三,益之用凶事,无咎。有孚,中行,告公用圭。

《象》曰:"益用凶事,固有之也。"

六三,阴居阳位,处于下卦震的上位,属于士大夫精英之位。"益之用凶事,无咎",当遭受灾祸,或者发生不祥之事,能获得他人的助益,这没什么错。"有孚,中行",在请求帮助的时候,要有一颗虔诚的心,并要行事中正。"告公用圭",圭:古代帝王、诸侯朝聘、祭祀、丧葬时所用的玉制礼器,为瑞信之物。手持玉圭,郑重其事地向公侯汇报详情,这样才能获得救助。如果弄虚作假,欺上瞒下,失去诚信,那没人能救他。

"益用凶事,固有之也。"六三阴柔有余,处于不中不正之位,还需要进德修业,行事中正。士大夫"终日乾乾,夕惕若",仍会有不祥之事发生,但只要诚信正直,必然获得他人的帮助。救苦救难是人之常情,救危扶困是人的本性。

六四,中行,告公从,利用为依,迁国。

《象》曰:"告公从,以益志也。"

六四,阴居阴位,处于上卦巽的下位,属于贤臣之位。"中行",能秉持中道,行事中正。"告公从",从:答应,听从。诚恳地告诉各位公侯,希望他们答应损上益下,为民造福。"利用为依,迁国",公侯利用君王减税赈灾、救苦救难的政策作为依据,把他的邑国民众顺利地迁移到安全地带。

"告公从,以益志也。"六四虽然不在中位,但阴柔当位,行事中正。当发生了天灾人祸时,六四贤臣能诚恳地告诉公侯要减税赈灾,公侯也能听从他的建议,损上益下,帮助民众顺利迁徙,六四因此而实现了安邦定国的志向。

九五,有孚惠心,勿问,元吉。有孚惠我德。

《象》曰:"有孚惠心,勿问之矣。惠我德,大得志也。"

九五,阳居阳位,处于上卦巽的中位,属于君王之位。"有孚惠心",效法天道,以诚信为本,给他人以恩惠仁爱之心。"勿问,元吉",不用问具体做法,只要有惠心就一定是国泰民安,吉祥如意。"有孚惠我德",给他人最大的助益就是给予他们信心,以我自己的大德给予他们精神上的鼓励,这种恩惠远远大于物质上的救助。同时把恩惠仁爱的美德也传承下去。

"有孚惠心,勿问之矣。"九五君王阳刚中正,飞龙在天,是恩惠民众的主体。只要有惠心、有诚信就一定会吉祥如意,无须询问具体做法。"惠我德,大得志也",同样君王也得到了民众对他的诚信,以及民众对他美德的称赞,深孚众望才是君王最大的志向。

上九,莫益之,或击之,立心勿恒,凶。

《象》曰:"莫益之,偏辞也。或击之,自外来也。"

上九,阳居阴位,处于上卦巽的上位,属于没落贵族之位。"莫益之",没有人给予他帮助。"或击之",甚至有人还攻击他。"立心勿恒,凶",自己心性不定,变化无常,难以持之以恒,发生凶祸是必然的。

"莫益之,偏辞也",偏辞:一面之辞,片面之辞。上九刚健之极,处于益卦的极点,已经达到满盈,此时应该损上益下,大力帮助他人,然而他心性不定,过分计较个人的得失,不愿意给予他人帮助,反而偏颇地抱怨没有人给予他帮助。"或击之,自外来也。"有困难时,大家帮助你,当你满盈时,你就应该自食其力,甚至于帮助他人,如果还祈求大家的恩惠,等待大家的帮助,一定会受到来自外在的指责和攻击。

《系辞》:子曰:"君子安其身而后动,易其心而后语,定其交而后求。君子修此三者,故全也。危以动,则民不与也;惧以语,则民不应也;无交而求,则民不与也。莫之与,则伤之者至矣。《易》曰:'莫益之,或击之,立心勿恒,凶。'"

孔子说:"君子必先安定其身,然后才可以有所作为,人生在世要先安身立命,然后才能谋图大业;改变心态,交换心境,反复斟酌,衡量好利害关系后,再说出来;先以诚信待人,相互交往建立信誉之后,才可以对人有所要求,君子有了此三项基本修养,与人必能和睦相处,无所偏失。自己处于危险不安的状态,却要冒险行动,人们不会支持和拥护你的;自己恐惧万分,心不能定,却要给民众讲道理,民众当然就不会去响应的;诚信和恩惠尚未施于民众,竟要对民众有所要求,则人民不会理会和支持的。处于困难当中若无人支持和助益,心灵遭受这种打击是最大的。所以《易经》说:'莫益之,或

189

击之,立心勿恒,凶。'"

　　古人讲"人到无求品自高",可是人生在世,谁也做不到不求于人。"礼下于人,必有所求","无事献殷勤,非奸即盗",谁都知道求人难,真正能理解"安其身而后动,易其心而后语,定其交而后求",也称得上是君子了。

夬（乾下兑上）

《序卦传》："益而不已必决，故受之以夬。夬者，决也。"

月盈则缺，水满则溢。不断地增益，达到满盈时必然出现决堤而溢出，所以益卦之后就是夬卦，夬（guài）就是决断的意思。

泽天夬
兑金
乾金

夬：扬于王庭，孚号有厉。告自邑，不利即戎，利有攸往。

《彖》曰："夬，决也，刚决柔也。健而说，决而和。扬于王庭，柔乘五刚也。孚号有厉，其危乃光也。告自邑，不利即戎，所尚乃穷也。利有攸往，刚长乃终也。"

"夬，决也，刚决柔也"，"夬"就是决断。夬卦是一个阴爻在最上面，阳爻天性向上，阴柔不能胜阳刚，阳刚把阴柔驱赶出去，这就是以刚决柔。夬字加水则决，遇力则抉，藏于心则快。夬本意是决断、决定。当事物发展到一定的程度，能量得到蓄积，这时就需要做出关键性的决策，要当机立断，切勿优柔寡断，错失良机。

"健而说，决而和。"上兑下乾，乾为刚健，兑为说，兑能深明大义，为了大义必须要刚健果断地抉择。天降恩泽，泽水满盈，如果不马上开堤放水，就会堤毁人亡，所以开堤放水，才能解除危险，保持和平，这就是"决而和"的卦象。

"扬于王庭，柔乘五刚也"，"王庭"是百官议事的朝堂。阴柔凌驾于五刚，小人凌驾于君王，在朝堂之上飞扬跋扈，扰乱纲常，所以要马上做出决断，扭转乾坤，以刚决柔，铲除小人，社会才会趋于和平。这就好比赵高指鹿为马，戏弄群臣。

"孚号有厉，其危乃光也"，"孚号"就是信号。小人发出的号令看似严厉，实际上他的危险已经曝光于天下。

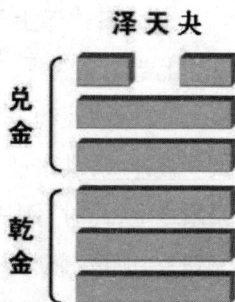

"告自邑,不利即戎",告诉自己邦国的民众,小人当道造成社会混乱,如果发生不利于民众的事,就必须要解决,甚至要用武力歼灭小人。

"所尚乃穷也",因为小人所崇尚的价值观会使自己走向穷途末路。

"利有攸往,刚长乃终也",铲除了小人,恢复了礼治,社会又变得有序。刚决柔之后,夬卦变成了乾卦,最终恢复了乾"统天、御天"的功能。

《象》曰:"泽上于天,夬。君子以施禄及下,居德则忌。"

上卦为兑为泽,下卦为乾为天,可见泽气上升,泽水上涨,决注成雨,雨施大地,滋润万物,浇灌大地,是夬卦的卦象。如果不及时地决开大坝,一旦大坝被冲毁,洪水就会泛滥成灾,成滔天之势。五阳一阴,阴柔小人凌驾于众阳之上,此时"刚决柔"不能犹豫,所以夬卦体现了一个"义"。君子效法这一现象,应该"施禄及下,居德则忌",意思是将恩惠福禄施降于百姓,百姓自然感恩戴德。如果拥有恩泽而不施降,就会招致他人忌恨。

损益是决断事物的出发点,眼光放远,深谋大局,懂得取舍。

初九,壮于前趾,往不胜,为咎。

《象》曰:"不胜而往,咎也。"

初九,阳居阳位,处于下卦乾的下位,属于平民之位。"壮于前趾",趾:脚拇指,这里以脚趾代指身体。他的身体非常强壮。"往不胜,为咎",在小人的欺凌之下,仅仅凭借强壮的身体就前往与小人决斗,必然失败而归,这是一种莽夫的行为,是极其错误的决定。

"不胜而往,咎也。"初九虽然有阳刚之气,有强壮的身体,但是位卑势弱,德行不够,应该潜龙勿用,进德修业。然而他有勇无谋,鲁莽行事,不可为而为之,肯定难以取胜。这样的决策是一种咎难。

九二,惕号,莫夜有戎,勿恤。

《象》曰:"有戎勿恤,得中道也。"

九二,阳居阴位,处于下卦乾的中位,属于诸侯之位。"惕号",发出警惕的号令,号召民众提高警惕。类似于打更巡夜,每天夜里敲竹梆子或锣,为人们报时,并提醒人们防火、防盗。"莫夜有戎","莫"通"暮",夜幕。戎:指战事。夜幕降临,要加强戒备,随时准备兵戎相见。"勿恤",不用担忧体恤这样做是否过于谨慎,防患于未然是应该的。

"有戎勿恤,得中道也。"九二阳刚中正,有守土有责,随时提高警惕,有备无患。即使发生战事，也无须忧虑担心，他早已做好了防护，这也符合中正之道。

九三，壮于頄，有凶。君子夬夬独行，遇雨若濡，有愠无咎。

《象》曰："君子夬夬，终无咎也。"

九三，阳居阳位，处于下卦乾的上位；属于士大夫精英之位。"壮于頄"，頄（qiú）泛指面颊。这里指的是颧骨高突，怒容满面。"有凶"，遇事不能沉着冷静，就有凶兆。"君子夬夬独行"，夬夬就是意志坚决的样子。君子决意要孤身独行，去铲除小人。"遇雨若濡"，中途遇到大雨，浑身湿透，无法前行。大雨的浇灌使他的头脑冷静下来。"有愠无咎"，虽然愤愤不平有怒气，但最终没有咎难。

"君子夬夬，终无咎也。"九三阳刚气盛，能力超群，作为仁人君子，面对小人当道，他义愤填膺，意志坚决地要铲除小人。君子这种意志坚决、敢作敢当的精神是值得肯定的，所以最终没有咎错。

九四，臀无肤，其行次且。牵羊悔亡，闻言不信。

《象》曰："其行次且，位不当也。闻言不信，聪不明也。"

九四，阳居阴位，处于上卦兑的下位，属于贤臣之位。"臀无肤"，臀部没有丰满的肥肉。过刚而无柔，比喻坐不住，坐立不安，此时难以抉择。"其行次且"，"次且"就是"趑趄"。他身体歪斜，脚步不稳，进退不定，畏畏缩缩，也表示遇事难以抉择。"牵羊悔亡"，"牵羊"是一种降服的仪式，表示降服。听说君王像小人降服，却没有懊悔。"闻言不信"，他听到这个传言并不相信。

"其行次且，位不当也。"九四有刚健之势，对君王忠心耿耿。当君王受小人所迷惑，并凌驾于君王之上，此时是否要铲除小人，九四坐卧不宁，无法决择。如果铲除小人，就担心君王不同意；如果任由小人猖獗，又担心君王的安危，原因是他不在中位，位不当，一切行动得听从君王的，自己难以抉择。"闻言不信，聪不明也"，耳听为聪，目视为明，耳听为虚，眼见为实。只听耳闻，没有亲眼所见，不能当真，这也是九四坐立不安的原因。

刚柔对决时，领导的决策很重要。

九五，苋陆夬夬，中行，无咎。

《象》曰："中行无咎，中未光也。"

九五，阳居阳位，处于兑卦中位，属于君王之位。"苋陆夬夬"，做出决定

193

就像挖除苋陆一样,坚决要斩草除根。"苋(xiàn)陆"就是商陆,这种植物再生能力很强,哪怕将它的块茎挖断了,只剩一点细根,仍能再生,而且它落地的种子也可以繁殖新苗。这里用来比喻敌对势力或是奸诈小人很难根除。"中行,无咎",行事中正,惩恶扬善,因此没有咎难。

"中行无咎,中未光也",九五阳刚中正,秉持中道。当小人"扬于王庭,柔乘五刚也"时,九五君王以刚决柔,惩恶扬善,因此没有咎难。但是九五受小人的谄媚和蒙蔽,当小人没有铲草除根之前,九五的中正之德难以光大宣扬。

上六,无号,终有凶。

《象》曰:"无号之凶,终不可长也。"

上六,阴居阴位,处于上卦兑的上位,属于没落贵族之位。"无号",没有任何的警惕和呼号。"终有凶",以柔乘刚,飞扬跋扈,恶习不改,最终有大凶。

"无号之凶",上六功成名就,拥有权势、富贵,本应该施禄及下,退隐田园,却贪恋权势,以柔乘刚,蛊惑民心,谄媚君王,必然招致人们的忌恨和唾弃。在没有任何警惕和呼号的情况下,就被君王所消灭,所以有凶祸。"终不可长也",阳长阴消,大势所趋,小人道消,君子道长,上六最终不可能长久地凌驾于君王之上。

居德则忌,拥有恩泽而不施降,最终引起凶祸。

姤（巽下乾上）

《序卦传》："夬，决也，决必有所遇，故受之以姤。姤者，遇也。"

夬是诀别，诀别是为了更美好的相遇。生活中有舍就有得，不舍弃糟粕，就难以遇到精华。远小人，亲君子，施禄及下，必有所遇，相遇，相知，最终赢得大家的爱戴，所以夬卦之后就是姤卦，姤就是相遇。

天风姤

乾金

巽木

夬与姤是往来卦，又互为综卦，夬是夬与姤分列乾之左右，姤是阴的开始，夬是阴的最终结果；姤是阴入于阳中，而夬是阴出于阳中，一入一出，循环往复。

姤：女壮，勿用取女。

《彖》曰："姤，遇也，柔遇刚也。勿用取女，不可与长也。天地相遇，品物咸章也。刚遇中正，天下大行也。姤之时义大矣哉！"

"姤，遇也，柔遇刚也。"姤是上乾下巽，一阴遇五阳，柔遇刚，臣遇君，女遇男。

"勿用取女，不可与长也。"姤是一阴承五阳，阴壮而阳衰。对于男士来讲，不要娶这样强壮的女士，很难与她相处长久。

"天地相遇，品物咸章也"，"章"应该是条理、章法的意思，引申为特点、属性。天地相遇，阴阳相吸，才能生养万物，万物都在彰显各自的特性，所以相遇也意味着竞争，五阳争一阴，竞显风流。

"刚遇中正，天下大行也。"阳爻居于中位，尽管阴盛阳衰，只要坚持中正之道，阳外阴内，就能大行天下。

姤与夬的相同点在于都是一阴五阳，阴盛阳衰。不同点是姤的一阴在内而不张扬，而夬的一阴居上，扬于王庭。所以夬是"刚决柔"，而姤是"柔遇刚"。上乾下巽，乾为君，巽为臣，君臣关系重在"遇"，臣子的能力再强大也

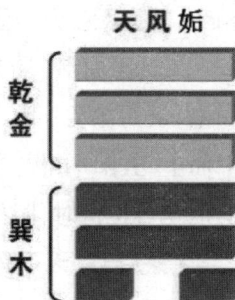

要服从君王的领导,能得到君王的信任,并很好地辅佐君王的统治,才能大行其道。同样,君王也要用一定的方法来驾驭能力超强的臣子,就像唐僧用紧箍咒来管控孙悟空一样,否则就会出现如曹操挟天子以令诸侯一样的局面。

"姤之时义大矣哉!"姤卦的意义非常大,有了阴阳的相遇,才会有阴阳相交,才会诞生万事万物。

姤为五月卦,夏至到来时,太阳到达北回归线,反而向南回归。夏至一阴生,正如冬至一阳生,这是阴阳生化的转折时期。姤为阴之始长,一阴自下而上,五阳不得与争,而且外阳内阴位置得当,阳能养阴护阴。阴虽然微弱但是得位得时,阳虽然强盛但却失势,阳气开始退让。

《象》曰:"天下有风,姤;后以施命诰四方。"

姤即遘,上卦乾为天,下卦巽为风,天下有风,吹遍大地,百花齐放,正是阴阳交配,繁衍后代的季节。

姤为天后,天后是主管后宫、后勤以及生殖繁衍的,相当于现在的计划生育工作。所以天后所颁布的号令是在告诫家庭主妇,春花烂漫的时候,做好计划生育工作。同时要谨守妇道,切莫滥情而伤风败俗。

初六,系于金柅,贞吉。有攸往,见凶,羸豕孚蹢躅。

《象》曰:"系于金柅,柔道,牵也。"

初六,阴居阳位,处于下卦巽的下位,属于平民之位。"系于金柅,贞吉","金柅(nǐ)"指车闸阀,塞于车轮下的制动之木。能拉紧车闸,悬崖勒马,就会贞吉。"有攸往,见凶",如果不能知止,而前往约会,攀附权贵,那就凶多吉少。"羸豕孚蹢躅","羸豕"就是瘦弱的猪,一般指母猪。"孚"这里指浮躁。蹢躅(zhí zhú):徘徊不安。母猪因发情而骚动不安。

"系于金柅。"初六虽然位卑势弱,但是物以稀为贵,五阳一阴,初六反而变得尊贵,就像众多风流倜傥的男子共同追求一位窈窕淑女,美女身价倍增。初六如果能谨守妇道,不要心猿意马,就像拉紧车闸,不妄行就会吉祥。"柔道,牵也","牵"就是牵制。阴柔之道在于知止,不能知止就要被制止。初六应该明白自己的真实地位,一个大家闺秀要懂得阴柔之道,含蓄之美,喜怒哀乐不形于色,待人接物礼貌周全,大方有度,知书达礼,不可急躁冲动。

初次相遇要懂得把控自己,不可冲动。

九二,包有鱼,无咎,不利宾。

《象》曰:"包有鱼,义不及宾也。"

九二,阳居阴位,处于下卦巽的中位,属于诸侯之位。"包有鱼","包"通"庖",厨房。厨房有鲜美的鱼。"无咎,不利宾",不能拿出来招待宾客,不与众宾客分享,也没有错。

"包有鱼,义不及宾也。"九二居中守正,忠诚沉稳,他与初六青梅竹马,知音相遇,郎才女貌,情投意合。"近水楼台先得月",九二迎娶到美貌的初六,并把她当作美玉而珍藏,生怕她被别人抢夺去。厨房有鲜美的鱼,这是把心爱的女主人比作鱼。主人却不愿意拿鲜美的鱼来招待宾客,与众宾客分享,意思是说主人不愿意向宾客炫耀自己心爱的美人,更不能与他人分享。虽然有重色轻友之嫌,但是九二重情重义,也是难能可贵,无可厚非。

相遇相知都是情义,需要珍惜,不是用来炫耀的,更不能分享。

九三,臀无肤,其行次且,厉,无大咎。

《象》曰:"其行次且,行未牵也。"

九三,阳居阳位,处于下卦巽的上位,虽然当位,却不在中位,而且阳刚之气过盛,属于士大夫精英之位。"臀无肤",臀部没有丰满的肥肉,就像瘦猴的屁股坐不稳。"其行次且","次且"就是趑趄。身体歪斜,脚步不稳,举止失当。"厉,无大咎",虽然危险,却没有大的咎难。

"其行次且,行未牵也。"九三血气方刚,但是缺乏稳重,特别是遇到楚楚动人的初六之后,就朝思暮念,坐卧不安。太过于痴情,不能把持自己,导致其行为举止失当,得不到控制。

与人交往要温文尔雅、举止大方。为情所困的确很危险,但是也是人之常情,只要没有患上相思病,没有做出违背伦理道德之事,也是情有可原的。

相遇而不相得,有缘而无分,不可强求。

九四,包无鱼,起凶。

《象》曰:"无鱼之凶,远民也。"

九四,阳居阴位,处于上卦乾的下位,属于贤臣之位。"包无鱼",厨房没有鲜美的鱼供自己享用。"起凶",贪念一起,必定凶祸连连。

"无鱼之凶,远民也。"九四有刚健之势却不当位,本应该进德修业,对上忠心耿耿,对下恩泽万民。但是当他看到别人家有鲜美的鱼,就感叹为什么自己没有;当他遇到美女,就感叹为什么自己得不到美人的芳心。九四居庙堂之上,位高权重,富贵思淫欲。一旦疏远民情,脱离群众,不接地气,贪念一起肯定是凶多吉少。

相遇不必相得,更不可起贪念。

九五,以杞包瓜,含章,有陨自天。

《象》曰:"九五含章,中正也。有陨自天,志不舍命也。"

九五,阳居阳位,处于上卦乾的中位,属于君王之位。"以杞包瓜",杞:枸杞,滋补肝肾,益精明目。瓜:果肉,成熟的枸杞子。杞树的叶子包裹着成熟的枸杞子,表示成熟而不显露。"含章",隐藏自己的美德而不彰显。"有陨自天",成熟的瓜果自然就会坠落,瓜熟蒂落是自然天成。

"九五含章,中正也",九五君王之位,持中守正,具备天德,又能彬彬有礼,含章可贞,体现了王者风范。当九五君王遇到端庄秀美的初六,就如同英雄遇美人,一见钟情,但九五君王并没有情不自拔,就像成熟的枸杞子包裹在杞叶之中而不显露。"有陨自天,志不舍命也",能否得到美女的芳心,他不会舍命强求,一切顺承天意。

美满姻缘在于缘分,与人交往也在于缘分。刘备三顾茅庐,孔明能不能出山,成败在于天。曹操得到了徐庶,而徐庶身在曹营心在汉,一言不发,只能说明"强扭的瓜不甜"。

相遇相得全在于天意。

上九,姤其角,吝,无咎。

《象》曰:"姤其角,上穷,吝也。"

上九,阳居阴位,处于上卦乾的上位,属于没落的贵族之位。"姤其角",两人不约而同地走到了角落而相遇,都没有退路了。"吝,无咎",不愿意舍去,也不愿意放下,同为天涯沦落之人,相互结伴,也无咎错。

"姤其角,上穷,吝也。"上九刚健之势过强,"知得而不知丧",最后"亢龙有悔",穷途潦倒。而初六盼望嫁入豪门,攀附权贵,左挑右拣,依然没有中意之人,最终人老珠黄。同是天涯沦落人,相逢何必曾相识,不约而同地走到了角落而相遇,相互结伴,也无咎错。追求美好向上的愿望已经到了穷途末路,都是过于珍惜自己的优势,结果错失了良机。

相遇相得也要把握时机。

萃(坤下兑上)

《序卦传》:"姤者,遇也;物相遇而后聚,故受之以萃。萃者,聚也。"

姤是相遇,柔遇刚,阴阳相吸,一见钟情,并有知遇之恩。有缘有情能相遇,相遇就会常相聚,所以姤卦之后就是萃卦。萃,聚在一起的人或物。

泽 地 萃

兑金

坤土

"远小人,亲贤臣"才能接地气、聚人气,群英荟萃才有生气。

萃:亨,王假有庙。利见大人。亨,利贞,用大牲吉。利有攸往。

《彖》曰:"萃,聚也。顺以说,刚中而应,故聚也。王假有庙,致孝享也。利见大人亨,聚以正也。用大牲吉,利有攸往,顺天命也。观其所聚,而天地万物之情可见矣。"

"顺以说,刚中而应,故聚也。"萃是上兑下坤,坤为顺,兑为说,众人柔顺地向君王讲述民情,君王刚健中正以顺应民心,所以君民得以相聚。

"王假有庙,致孝享也。""假"是至的意思。君王率领众大臣来到祖庙祭祀,致敬孝慈,享福天上人间。通过祭祀这种礼仪活动来教化民众,遵守孝慈之道,同时教化民众要以礼相聚,不能没有规范地乱聚。

"利见大人亨,聚以正也。"大人是有大德的人。以大德之人为首相聚,有利于得到大人的教化,从而达到亨通,这才是正道。群龙无首就是乱聚。

"用大牲吉,利有攸往,顺天命也。"萃,上卦兑为羊,下卦坤为牛,大牲指的是牛羊。有牛有羊代表着物资的丰富,牛羊又是温良恭顺的动物,所以才能被聚集放牧。虎豹豺狼难以驯服,所以祭祀用牛羊神灵才会降福吉祥,物归、人聚、神祐,非常有利于大有作为,这都是顺应天命。

"观其所聚,而天地万物之情可见矣。"观察万物聚会的情况就可以了解万物的属性,"方以类聚,物以群分"。

世间同类的东西常聚在一起,志同道合的人相聚成群,反之就分开。战

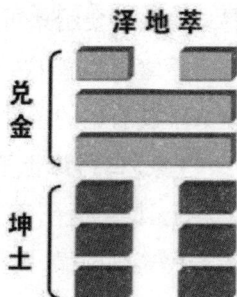

国时期,齐国淳于髡向齐宣王荐才时说:"同类的鸟儿总聚在一起飞翔,同类的野兽总是聚在一起行动。人们要寻找柴胡、桔梗这类药材,如果到水泽洼地去找,恐怕永远也找不到,要是到梁文山的背面去找,那就可以成车地找到。这是因为天下同类的事物,总是要相聚在一起的。我淳于髡大概也算个贤士,所以让我举荐贤士,就如同在黄河里取水,在燧石中取火一样容易——我还要给您再推荐一些贤士,何止这七个!"

萃之所以能聚,是因为有共同的特性,共同的信仰,共同的目标追求。有共性就有聚的条件,没有了共性就只有散,没有了共性就是乱聚。

《象》曰:"泽上于地,萃;君子以除戎器,戒不虞。"

上卦兑为泽,下卦坤为地,萃是坤土聚水流,而邦国聚人流,家是聚物流。民聚则国保,民至则上安。泽水在地面上聚集后,可以灌溉运输,恩泽民众。民众聚集牛羊可以养家,聚集劳作可以明德;聚集祭祀可以明礼。

"除"就是修治。"不虞"实际指的是发生意外的乱聚。聚水就要修堤;畜牛羊就要防豺狼;聚民既要讲礼治,又要讲法治。所谓的祸乱丛聚,一切祸乱都是从乱聚开始,君子效法萃卦应该修治武器,以戒备不虞。国家要修造兵器,招集军队来保家卫国,防止意外的事件发生。

初六,有孚不终,乃乱乃萃,若号,一握为笑,勿恤,往无咎。

《象》曰:"乃乱乃萃,其志乱也。"

初六,阴居阳位,处于下卦坤的下位,属于平民之位。"有孚不终",不能始终保持虔诚敬畏之心。"乃乱乃萃",越混乱越能引起众人的聚集。"若号",有的人号啕大哭。"一握为笑","一握"就是一部分。有一部分人在嬉笑打闹。"勿恤",不用担忧他们会聚众闹事。"往无咎"他们只是围观,没有什么咎错。

"乃乱乃萃",君王虔诚地祭祀先祖,祈求先祖泽福万民,而初六平民聚集在一起观看祭祀,有的好奇,有的怀疑,有的祈求,有的悲痛,不能长久保持敬畏之心,就变得混乱,越混乱越能引起众人的聚集。"其志乱也",人聚则乱,物聚则争,事聚则紊,志向不同的人聚集在一起,只会越聚越乱,越乱越聚。

相聚要有共同的志向。

六二,引吉,无咎,孚乃利用禴。

《象》曰:"引吉无咎,中未变也。"

六二,阴居阴位,处于下卦坤的中位,属于诸侯之位。"引吉,无咎",引导民众聚集在一起共同祭祀先祖,感恩先祖的护佑,祈求先祖泽福,所以吉祥,没有咎错。"孚乃利用禴",禴(yuè):禴祭。在殷商时期禴祭指的是春祭,春季万物尚未成熟,所用的祭品鲜薄。只要有虔诚之心,即使祭品非常鲜薄,也可以向神明表达敬畏之心、祈福之愿。

"引吉无咎,中未变也。"六二诸侯阴柔当位,主管一方民众,为民众普及道德文明,有责任引导人们祭祀先祖,这是吉祥如意的事。六二诸侯居中守正,做事不偏离中正之道,就没有咎错。引导人们祭祀先祖时,富裕之后就应该厚祭,贫穷之时也应该薄祭,目的在于教化人们要有虔诚敬畏之心,并且不能因为贫穷富贵的变化而改变此心。

相聚要以诚信为原则。

六三,萃如嗟如,无攸利,往无咎,小吝。

《象》曰:"往无咎,上巽也。"

六三,阴居阳位,处于上卦坤的上位,属于士大夫精英之位。"萃如嗟如",士大夫聚集在一起,感叹人生不得意,祈求神灵降吉赐福。"无攸利",仅仅悲叹、祈求,那就没有什么作用。"往无咎,小吝",长此以往,虽没有咎错,就是吝啬多一点。过于计较个人的利害得失,心胸不够开阔。

"往无咎,上巽也。"六三阴柔不当位,壮志未酬,与人相聚,常常悲叹人生不得意,这并没有咎错,因为他依然对君王柔顺服从,希望能有用武之地,以实现自己志向。

相聚就要放下自我,服从大家。

九四,大吉,无咎。

《象》曰:"大吉无咎,位不当也。"

九四,阳居阴位,位不当,处于上卦兑的下位,属于贤臣之位。"大吉",九四有阳刚之势,对君王忠心耿耿,全力操办君王的祭祀活动,能把众人聚集在一起,虔诚地参加祭祀活动,当然是大吉大利。"无咎",聚众不是为了增强自己的威望和势力,而是教化民众,所以无咎。

"大吉无咎,位不当也",九四贤臣有刚健之势,却不当位。他不是主祭之人,却能聚众,容易引起众人的疑心,只要是为公,而不是为私,就是大吉无咎。

聚会是众人之事,明白聚会的目的,认清聚会的主体,不可喧宾夺主,方可大吉。

九五,萃有位,无咎。匪孚,元永贞,悔亡。

《象》曰:"萃有位,志未光也。"

九五,阳居阳位,处于上卦兑的中位,属于君王之位。"萃有位,无咎",聚集在一起,要分清主次,摆正各自的位置,就没有咎错。"匪孚",有人对君王的主祭之位不信服,不愿意参加聚会。"元永贞",始终坚守诚信正义的本性。"元永贞"是君王应有的美德,是民众归顺的原因。"悔亡",如果有人不信服君王,不愿意参加聚会,那么君王只有始终坚守诚信正义,执政为民,为民众祈福降吉祥,取得他的信任,才不会懊悔。

"萃有位,志未光也。"九五君王居天下之尊位,只有修养大德,德高望重,才能聚天下之众。天下尚有未信服并归附的民众,都因为他的德行得不到普及,更没有发扬光大。九五君王作为主祭之人,教化民众,并为民众祈福,才是他的志向,为了实现自己的志向,就要不断地修养"元永贞"这样的美德。

组织聚众者要有足够的诚信和美德,并且有号召力。

上六,赍咨涕洟,无咎。

《象》曰:"赍咨涕洟,未安上也。"

上六,阴居阴位,处于上卦兑的上位,属于没落的贵族之位。"赍咨涕洟",赍(jī)咨:叹息。涕(tì):流眼泪。洟(yí):流鼻涕。悲伤叹息,痛哭流涕。"无咎",能痛哭流涕地自我反省,就无咎错。

"赍咨涕洟",上六功成名就,但是他"贵而无位",太过尊贵,君王不能给予他相应的职位,所以君王组织聚会并没有邀请他参加。"高而无民",上六太过高大就脱离了群众,失去了民众支持,当他组织大家来聚会,却没有人参加。回想当年的金戈铁马,现如今世态炎凉,人情淡薄,因此而悲伤叹息,痛哭流涕。"未安上也",上六功高盖主,依然悲痛叹息自己不被重用,这无法让君王安心。只有退隐田园,不问世事,淡泊名利,才会无咎。

"人走茶凉","宴席好摆客难请",这些都是世间常态。所谓失势,就是失去了人们的信任。

升（巽下坤上）

《序卦传》："萃者,聚也;聚而上者谓之升,故受之以升。"

地风升

坤土

巽木

萃卦是相聚的意思,"物聚势蓄,蓄则易发,发则飞扬"。事物会聚在一起,实际上就是蓄积气势,气势蓄积到一定程度就会发生转变,转变为向外发散,或向上升发,所以萃卦之后就是升卦。

萃卦是事物由少到多横向的发展,或者由外向内聚集发展。升卦是事物由低到高纵向的发展,或由内到外发散发展。萃与升,聚与散,互为因果,相互转换。

大自然的风云变幻也是如此。泽地萃,泽是水聚集而形成的。天上下雨,散落大地,而后雨水汇聚成泽,这就是由散到聚。地风升,地面上的水在太阳的作用下变成水蒸气,气化成风,风散而升,这就是由聚到散。当水蒸气上升到一定高度时,在天空中形成云,这又是从散到聚。当云聚集到一定的程度,云开始下降成为雨,洒满大地,这又是从聚到散。如此的风风雨雨,分分合合,聚聚散散,起起伏伏,并循环不息,这就是天地造化。

树木花草无不争奇斗艳,飞禽猛兽无不占领地盘,人人胸怀凌云壮志,个个都想晋升发财,但是"枪打出头鸟,刀砍地头蛇。木秀于林,而风必摧之",如何才能壮大高升呢?

升:元亨。用见大人,勿恤。南征吉。

《彖》曰:"柔以时升,巽而顺。刚中而应,是以大亨。用见大人勿恤,有庆也。南征吉,志行也。"

"柔以时升,巽而顺。"升,上坤下巽,坤性柔顺,善于包容,好静,是被动地接受,而巽为风,巽为入,性柔顺,好流动,像风一样主动地进入。巽木克坤土,坤土阻挡不了巽木的行动。巽由下而上,就如幼苗破土而出,并飞跃升腾,所以柔顺是根本,柔中有动才能升。

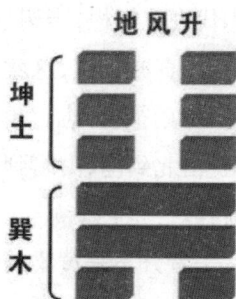

203

"刚中而应,是以大亨。"升卦中两个阳爻处于下,其中九二处于中位,称为"刚中",有刚健之势,能力超群,能得到君王的信任和重用,一路高升,所以大亨。

"用见大人勿恤,有庆也。"大人指的是德高望重的人。只要能做到"刚中",就会得到大人的重用,所以不用担心忧虑,一定有喜庆的事。如果说巽木代表着树根,当树根深入地下,能做到刚健中正,那么它的树干才会高大挺拔,直冲云霄,这就是"根正苗红"。

"南征吉,志行也。"后天八卦中,离卦为南为上,坎卦为北为下。从下向上,由北到南,由暗到明,这是顺势而行,"南征"与自己的志向相符合,所以吉祥。

晋升不是黄粱美梦,而是脚踏实地,志在必得。由此而知,人们最好把握住升的几个条件,一是"柔",二是"时",三是"中",四是"志",符合条件了就一定会晋升,就不怕风吹雨打。

《象》曰:"地中生木,升;君子以顺德,积小以高大。"

上卦坤为地,下卦巽为木,树木扎根于大地,逐步成长,并日渐高大成材,以此比喻事业步步高升,前程远大,故名为"升"。君子效法升卦,应该修养"顺德",学习"积小以高大"。

"顺德"就是柔顺的品德。顺是外在的表现,德是内在的阳刚,顺德是上升的根本。

常言道:"强自取柱,柔自取束。"太坚硬的物体易断裂,太柔弱了又会束缚自身。"刚不可久,柔不可守"。"刚不可久"就好比个性冲动、脾气火爆的人,遇到一点小事也可以激发他的斗志,引发气势磅礴的进攻。这种做法自然不会受到很多人的欢迎,但是别人只要避其锋芒,削其锐气,自然就能不战而胜。要是遇上个火力更猛的人,恐怕就会有一场大战了,其他人自然是做旁观者,既看热闹,又看笑话。

柔弱的人也不见得就会无往而不利。对人和善、为人和气,自然有个好人缘,但往往也会给人留下一个印象,就是无论别人怎么对待你,你也不会生气,也会保持和气。当周围的人习惯了你的友好时,你就会发现你发脾气的权利被剥夺了,会变得为了和气而和气,而不是出自真心的想法。虽说不见得他人就一定会名目张胆地欺负你,但是总会有不那么方便,不那么心平气和的时候,这时候与人相处就变得很累,很不舒服,所以说"柔不可守"。君子应该保持内刚外柔,才能步步高升。

"积小"就是从小到大,由弱到强,由低到高,这是一个逐渐发展的过程。没有积小就难以高大,揠苗助长是违背自然规律的,必然遭到自然规律的惩罚。荀子《劝学篇》说:"积土成山,风雨兴焉;积水成渊,蛟龙生焉;积善成德,而神明自得,圣心备焉。故不积跬步,无以至千里;不积小流,无以成江海。"升卦中,如果说下卦巽木为大腿,上卦坤就为台阶,一步一个台阶才能高升,"积小"才能"高大"。

初六,允升,大吉。

《象》曰:"允升大吉,上合志也。"

初六,阴居阳位,处于下卦巽的下位,属于平民之位。"允升",得到君王的允许而破格提拔。"大吉",有升迁的机会,自然是大吉大利。

"允升大吉,上合志也。"初六位卑势弱,而且谦卑柔顺。在祭祀时,君王允许他们上前来观看,也给他们一个文明教化的机会,这对普通民众来说是大吉大利的。只要服从命令听指挥,顺从君王的意志,自然就会得到升迁的机会。

柔顺服从是上升的首要条件。

九二,孚乃利用禴,无咎。

《象》曰:"九二之孚,有喜也。"

九二,阳居阴位,处于下卦巽的中位,属于诸侯之位。"孚乃利用禴","孚"是诚信。"禴"指的是春祭,春天时节,物品匮乏,所用祭品也非常鲜薄。只要怀有虔诚之心,敬畏之心,感恩之心,即使祭品少薄,也可以通往神明,表达祈福之愿。

"九二之孚,有喜也。"九二有刚健之势,对君王怀有敬畏之心、感恩之心,并忠诚可信,尽职尽责的管理一方民众,因此而得到君王的信任和重用,必然会获得升迁,自然是可喜可贺。

忠诚守信的品德是上升的必要条件。

九三,升虚邑。

《象》曰:"升虚邑,无所疑也。"

九三,阳居阳位,处于下卦巽的上位,属于士大夫精英之位。"升虚邑",

进入到空虚的城邑,非常顺利。九三有刚健之势,出类拔萃,又有谦逊顺从的品德。他听从君王的命令,率军南征,势如破竹,就好像进入一座空城一样毫无阻挡,又好像是深藏在地下的种子破土而出,扬眉吐气。

"升虚邑,无所疑也。"九三德才兼备,又与上卦坤相邻,坤代表着柔顺平静,空旷之地。九三能把握天时、地利、人和,破土而出,势如破竹,如入无人之境,所以不用怀疑,一定会飞黄腾达。白居易《祭卢虔文》写道:"名因文著,位以才升。"说的就是这个道理。

雄才大略也是上升的必要条件。

六四,王用亨于岐山,吉,无咎。

《象》曰:"王用亨于岐山,顺事也。"

六四,阴居阴位,处于上卦坤的下位,属于贤臣之位。"王用亨于岐山",君王要在岐山祭祖,把"南征大吉"的好消息告诉祖先。"吉,无咎",六四忠心耿耿地操办着祭祀活动,当然吉祥,无咎。

"王用亨于岐山,顺事也。"六四贤臣正当位,处于君王之下,万人之上,他已经没有再升的空间。君王祭祀以告慰先祖,也是论功行赏之时,六四不求晋升,只求忠诚顺从、尽职尽责地做好本职工作就行。

升迁之后要忠诚顺从、尽职尽责。

六五,贞吉,升阶。

《象》曰:"贞吉升阶,大得志也。"

六五,阴居阳位,处于上卦坤的中位,属于君王之位。"贞吉,升阶",升阶就是上升到一个新台阶。能让每位德才兼备者上升到应有的阶层,当然是非常吉祥。

"贞吉升阶,大得志也。"六五君王有生杀予夺的大权,各级官员的贬谪与升迁关乎社稷江山,如果君王能任人唯贤,汇集天下英才,让他们各得其位,那么众贤才就会为他开疆拓土,使他威加海内,大展宏图,最终实现君王治国平天下的远大志向。

用人之道是领导才能的体现。

上六,冥升,利于不息之贞。

《象》曰:"冥升在上,消不富也。"

上六,阴居阴位,处于上卦坤的上位,属于没落的贵族。"冥升",昏庸糊涂,冥顽不化,只知道不断地高升,而不知道停下来。"利于不息之贞",有利于他自强不息,长久保持进取之心。

"冥升在上,消不富也",万物都要遵守天地阴阳之道,"阳升则万物滋长,故称息;阴降则万物灭,故称消"。阴阳升降,此消彼长。上六处于阴极之位,"知进而不知退,知存而不知亡,知得而不知丧",身居高位,功高盖主,仍然想高升,一定是昏庸糊涂了。长此以往,必然由升转化为降,由息转为消,经过不断地消耗,由原先的富裕就变成衰败,最后陷入困境。

升迁贬谪要遵守阴阳之道,阳升阴降,此消彼长。

困（坎下兑上）

《序卦传》："升而不已必困，故受之以困。"

升和萃是事物发展过程中的两个阶段，物聚势蓄，蓄则易发，发则飞扬。聚了多少物，蓄了多大的势，就决定了飞得有多高。当事物上升到一定程度时，物资耗尽，气势衰退，就变得穷困，所以升卦之后就是困卦。

泽 水 困

兑金

坎水

萃是上泽下坤，泽水滋润大地，大地又滋养着地下的巽木，巽木生根发芽并破土而出就是升卦。一旦没有了泽水的滋润，巽木也就无法再生长了，并陷入困境中，所以泽中无水就是困。人们在成长过程中，一定要感谢那些曾经帮助过我们的人，感谢那些给我们恩泽的人。

困：亨。贞大人吉，无咎。有言不信。

《彖》曰："困，刚掩也。险以说，困而不失其所亨，其唯君子乎？贞，大人吉，以刚中也。有言不信，尚口乃穷也。"

"困，刚掩也"，困是池中无水，坎水被掩盖在池下，无法发挥作用，因此穷困。

"险以说"，兑为说，坎为险。遇到了坎险，兑能深明大义并没有惊慌失措，而是乐观面对，并向大家讲说困境的原因和解决办法。

"困而不失其所亨，其唯君子乎？"穷困只是外在的环境恶劣，并没有使其失去自己的居所，丧失自身的品德，磨灭自己的志向。恶劣的环境反而可以磨炼人的志气，修养自己的品德，所以是亨。难道这样的人不是堂堂正正的君子吗？

"贞，大人吉，以刚中也。"大人处困求通，在于修德，修养自己刚正不阿的品德，堂堂正正地做事，才是吉祥，这正如"宝剑锋从磨砺出，梅花香自苦寒来"一样。

"有言不信，尚口乃穷也。"上卦兑为说，好言向别人求救；下卦坎为陷，

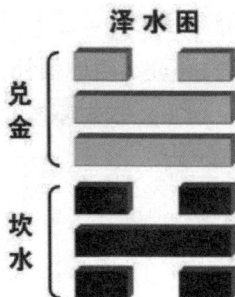

却得不到别人的信任，别人认为是陷阱。"尚口"就是小人解困之道，口蜜腹剑，心与行违，自以为智者，凭三寸不烂之舌来博取他人的同情，岂知缺乏诚信，聪明反被聪明误。处困求济，仅仅用言语乞求他人，不会获得他人的信任，反而更加穷困。

检验一个人是君子还是小人，我们就观察他是如何处困求济。《论语》写道："君子求诸己，小人求诸人。"君子遇到困难首先想到的是要靠自己去解决，小人遇事总是习惯于求助于别人。《中庸》曰："君子不动而敬，不言而信。"君子不动却能得到人们的尊敬，不说话却能得到人们的信任。其原因是君子在成长过程中，不断地在感谢恩泽他的人，感谢众人的帮助，始终如一地展示自己的品德，从而获得众人的信任。一旦君子处于困境之中，众人立即就会伸出援助之手，不用君子开口求济。

《象》曰："泽无水，困。君子以致命遂志。"

困卦，水困泽下，泽中无水，因此穷困。"困"字是口中囚木。如果口中无水，水不生木，木就被困于口中。

泽中无水就像腹中无物，没有了饮食是生物的最大困境，这就是穷困潦倒。几天没有吃的，英雄就变成狗熊了，再凶残的野兽为了吃的，也会被人驯养成马戏团的玩物。"困"就是需求得不到满足，就是"英雄无用武之地"，外部环境的恶劣导致自身的能力得不到发挥。

困的上卦兑金代表刑具，下卦坎水代表着坎险，这里是指造成坎险的人，就是犯人。泽水代表着深渊，坎水还在深渊之下，那就是地狱，所以困卦也是囚禁之卦。

上卦兑代表着口舌是非，下卦坎代表着内怀险诈，困卦就是口有蜜，腹有剑，好语说尽，坏事做绝，把自己陷于困境之中，这是人之困。上卦兑为泽为恩泽，如果国家没有恩泽于大众，大众没有丰衣足食，那就是国之困。

人生在世，会遇到各种各样的困境，我们困于一时，不会困于一世，更不会困于他人。我们困于物，而不能困于心。《论语》曰："三军可夺帅也，匹夫不可夺志也。"

"致命"意为舍弃生命，体现了君子不食嗟来之食，宁可饿死也不乞求小人的怜悯。"遂志"，达到、实现自己的志向。突破极限，超越自我，用整个生命来努力实现自己的理想。

愈困愈勉,愈穷愈坚,困境反而会磨炼人的意志,激励人奋发图强。《孟子》曰:"故天将降大任于是人也,必先苦其心志,劳其筋骨,饿其体肤,空乏其身,行拂乱其所为,所以动心忍性,曾益其所不能。"

初六,臀困于株木,入于幽谷,三岁不觌(dí)。

《象》曰:"入于幽谷,幽不明也。"

初六,阴居阳位,处于下卦坎的下位,属于平民之位。"臀困于株木","株木"指的是露出地面的树干、树根、树桩,特指枯树根。屁股呆坐于枯树根上,欲哭无泪,原先茂盛的树木没有水的滋养就会干枯,一派凄凉景象。"入于幽谷",从高山之巅跌入幽深谷底。"三岁不觌",觌:相见,观察,察看,显示,显现。三年之内看不到出头之日。

"入于幽谷,幽不明也。"初六位卑势弱,原先有刚健之势,能柔顺服从,所以得到了"允升"。随着事业的不断提升,原先的阳刚之气变成了阴柔之气,没有了自强不息的上进心,上升的基础就不牢固。从高山之巅跌入幽深谷底,看不到光明和希望。

初六之困,困于内心不明,没有了志向。解困之道在于韬光养晦。

九二,困于酒食,朱绂(fú)方来,利用享祀,征凶,无咎。

《象》曰:"困于酒食,中有庆也。"

九二,阳居阴位,处于下卦坎的中位,属于诸侯之位。"困于酒食","酒食"代表着有喜庆的活动。受困于过度的喜庆活动。"朱绂方来",朱绂:古代帝王、诸侯及上卿都穿着朱绂,所以朱绂也代表着王侯公卿。王侯公卿从各方来参加祭祀。"利用享祀,征凶",过度利用祭祀活动,来享受美酒美食,寻欢作乐,就已经显露出凶兆。因为诸侯的主要责任是组织民众进行农业劳动,务农为本。"无咎",好在九二能持中守正,其目的是教化民众,所以无咎。

"困于酒食,中有庆也",九二阳刚中正,利用祭祀活动,既教育了民众要诚实守信,又提升了自己的威望。但是过度举行祭祀活动,必然引来各方王侯公卿来参访,增加了大量的接待工作,因此"困于酒食",受困于过度的喜庆活动,实际上是困于虚华的公务。

九二之困,困于务虚而不务实。解困之道在于实事求是。

六三,困于石,据于蒺藜。入于其宫,不见其妻,凶。

《象》曰:"据于蒺藜,乘刚也。入于其宫,不见其妻,不祥也。"

六三,阴居阳位,处于下卦坎的上位,属于士大夫精英之位。"困于石",巨石阻挡着,根本无法前行,冒进只会自取其辱。"据于蒺藜","蒺藜"是一年生草本植物,有刺,茎横生在地面上。盘据在布满蒺藜的地方,使自己深陷危险境地。"入于其宫,不见其妻,凶","宫"指的是能安居的地方。回到家里,却没有见到妻子,没有了妻子就没有了家,没有了家就等于丢失了固有的地盘,真是凶祸连连。

"据于蒺藜,乘刚也。"六三阴柔不当位,既没有刚健向上之势,又被上下两个刚健的阳爻夹击,天时、地利、人和都不利于冒进,但是六三依然贪求名利,贸然行动,结果前面遇到巨石阻挡,后面困于蒺藜之中,进退失据,这都是以柔乘刚,刚愎自用导致的结果。

"入于其宫,不见其妻,不祥也。"伤于外者,必反其家,回到家里,却没有见到妻子,意味着失去了自己的居所。本来想开疆拓土,没想到不但事业受阻,而且丢失了自己固有的地盘,这是不祥之兆。蚍蜉撼树,螳臂当车,必然身败名裂。

《系辞》:子曰:"非所困而困焉,名必辱。非所据而据焉,身必危。既辱且危,死期将至,妻其可得见邪?"

孔子说:"本不该被困,但却陷入困境,其名誉就必然受辱;本不该占有的东西,而去占有,必然会使自己身处险境。名辱身危,身心俱损,死期将至,妻子哪里还能见到呢?"

六三之困,困于狂妄自大。解困之道在于审时度势。

九四,来徐徐,困于金车,吝,有终。

《象》曰:"来徐徐,志在下也。虽不当位,有与也。"

九四,阳居阴位,处于上卦兑的下位,属于贤臣之位。"来徐徐",徐徐而来。由于路途的艰险,车速非常缓慢。"困于金车","金车"就是刚健而尊贵的车。乘坐尊贵的金车,却担心陷于泥泞之中,更担心泥巴污染了华丽而尊贵的豪车。"吝,有终",吝:小心谨慎,放不开手脚。不愿意舍弃尊贵的地位,这就是吝啬了,但是能始终谨小慎微地行事,不求冒进也是难能可贵的。

"来徐徐,志在下也。"九四有刚健之势,却不当位,内心充满恐惧,处处小心谨慎。身居高位,不求上进,只求下面百姓平安无事。尽管车马劳顿,他依然事必躬亲,徐徐而行。

"虽不当位,有与也。"九四虽然不当位,但是以他丰富的人生阅历,他懂得越是身居高位,越不可妄行,解决社会矛盾要谨慎行事,多给予下面必要的帮助。

九四之困,困于金钱权势。解困之道在于谨慎行事,泽福他人。

九五,劓刖(yì yuè),困于赤绂,乃徐有说,利用祭祀。

《象》曰:"劓刖,志未得也。乃徐有说,以中直也。利用祭祀,受福也。"

九五,阳居阳位,处于上卦兑的中位,贵在决断,属于君王之位。"劓刖",劓:古代割掉鼻子的一种酷刑。刖:古代的砍断腿脚的一种酷刑。割鼻断足,特指严酷的刑罚。"困于赤绂","赤绂"代指众官员。受困于吏治,如何管理众官员是君王最困扰的事。"乃徐有说,利用祭祀",通过讲习道义慢慢地对官吏进行教化,最好的办法是利用祭祀,教化官吏要遵守礼制。

"劓刖,志未得也。"九五君王持中守正,飞龙在天,具有生杀予夺的至高权力,同时也为权力所困,困于吏治。君王治国平天下的志向并没有实现,整顿吏治仍有必要使用威刑重典,比如割鼻断足,虽然刑罚太过于残忍,有悖仁德,但是绝不能放弃。"乃徐有说,以中直也",君王在整顿吏治时,不光用重典,还要用仁德。通过讲习道义慢慢地对官吏进行仁德教化,教化他们要秉承中正之道,怀有忠诚耿直之心。"利用祭祀,受福也",通过祭祀来"观民设教",让民众有敬畏之心、感恩之心,感受天地赐福,君恩浩荡,这才是为君之道。

九五之困,困于吏治。解困之道在于恩威并用,文治武功相结合。

上六,困于葛藟(lěi),于臲卼(niè wù),曰动悔。有悔,征吉。

《象》曰:"困于葛藟,未当也。动悔,有悔,吉行也。"

上六,阴居阴位,处于上卦兑的上位,属于没落贵族之位。"困于葛藟,于臲卼",葛藟:是一种攀附缠绕,枝形似葛藤的蔓生植物,意思是捆绑、缠绕。臲卼:危险重重,惶惶不安的样子。被葛藟缠绕着无法逃脱困境,以至于惶惶不安,苦恼之极。"曰动悔",自我感叹,当初不应该冒然行动,现在才知道后悔。"有悔,征吉",不过能知道后悔,已经是一种吉兆。

"困于葛藟,未当也。"上六居高临下,本来可以恩泽大众,由于他信口开河,致使"有言不信,尚口乃穷",无论怎样解释,大家都不会相信他,他处处遭受众人的指责;功成名就时就该退隐江湖,如果难舍红尘,必然受是非所困,更会遭到君王的嫉恨,如同遭受葛藟的缠绕,让他坐卧不定,寝食难安。这些都是他言行不当所造成的信任危机。"动悔,有悔,吉行也",对自己的盲目行动感到后悔,只要真心悔过并改正,就是吉祥的做法。

上六之困,困于是非。解困之道在于远离是非之地。

井（巽下坎上）

《序卦传》:"困乎上者必反下,故受之以井。"

困是泽中无水,水渗泽底。如果无法获得上苍的恩泽雨露,就应该向大地求助,向地下挖井取水而解除困境,所以困卦之后就是井卦。困与井互为综卦。

水风井

坎水

巽木

困则变,变则通。受困就要解困,一方面向外"求济",求资源,求渠道,求关系,求人脉。另一方面要向内"自济","自济"就是挖掘自己的潜能,处于困境之中,人的潜能往往会得到极大的释放。"你若盛开,蝴蝶自来",一旦将自己的特长发挥到极致,自然就会把各种资源吸引过来,因此掘井自救才能从根本上解除困境,这也是"求人不如求己"的真正内涵。

另外,困是因为"升不已",晋升到一定高度,再不停下来就严重脱离群众,脱离群众就一定会成为困局。"困乎上者必反下","反下"就是要联系群众,上下相通,民得其养,官得其享,也就解困了。井是民生之源、国家之基,井养万民的意义是非常重大的。

井:改邑不改井,无丧无得。往来井井。汔至,亦未繘井,羸其瓶,凶。

《象》曰:"巽乎水而上水,井。井养而不穷也,改邑不改井,乃以刚中也。汔至亦未繘井,未有功也。羸其瓶,是以凶也。"

"巽乎水而上水,井。"井是上坎下巽,巽为木桶,木桶浸入水中,等水灌满后,用外力使木桶上升,才能取到水,这就是井。《系辞》:"形而上者谓之道,形而下者谓之器。"井就是形而下的器物,作为器物就要有器物的价值。

"井养而不穷也。"井以养民,井水能源源不断地供民众汲取而不枯竭,这就是器物的价值。

"改邑不改井,乃以刚中也。"每天饮水、灌溉、耕种都离不开井,即使邦国发生了变更,井也不会改变,因为井本身是刚健的器物,深入大地之中而

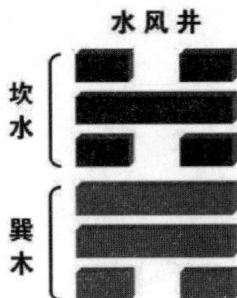

不可能移动,这也是井所具有的恒久不变的品德。管理者应该效法水井的品德去善养自己的人民。因此为人民服务也是一个持之以恒的事业,任何疏忽大意、管理失误都会给人民造成巨大的灾难。

"汔至亦未繘井,未有功也","繘"就是汲水的绳索。准备取水时才发现没有井绳,于是无功而返。

"羸其瓶,是以凶也","羸"是瘦弱的意思,这里指的是汲水的瓶子坏了。准备汲水时才发现瓶子破裂了而无法汲水,这就是凶相。

创业容易守业难。挖井取水重要的是时常维护井的设施,保证水井源源不断地提供清澈甘甜的井水。同样,守业也在于及时发现问题并改正问题,而且细节决定成败。天天要做某件事,就习以为常,却不知道定时维护,一时的疏忽大意,很可能导致前功尽弃。

老子《道德经》曰:"为无为,事无事,味无味。大小多少。报怨以德。图难于其易,为大于其细;天下难事,必作于易;天下大事,必作于细。是以圣人终不为大,故能成其大。夫轻诺必寡信,多易必多难。是以圣人犹难之,故终无难矣。"

以顺应自然的方式去作为,以不搅扰的方式去做事,以恬淡无为的方式去感觉、体会、思考可能发生而还未发生的问题。不论大小,不论多少,用德去回报怨恨。处理困难的问题与处理容易的问题相比较,以及做大事情与做细微的事情相比较。天下间最困难的事也一定是从容易的事做起,天下最大的事也一定从细微的事做起。所以圣人始终不认为自己很高大,因此能够完成大事业。那些轻易允诺的人必定信用不足,把事情看得过分容易的必定遇到更多的困难。所以圣人遇事总是从困难处考虑得多,最后反而不会遇到很多困难。

《象》曰:"木上有水,井,君子以劳民劝相。"

井卦就是上坎下巽,巽为木,坎为水,木桶上面有水。井就是为民众源源不断地提供水资源的器物,井以养民,大公无私,默默奉献,值得君子效法学习,"君子不器"也就是这个意思。

"劳"就是慰劳、体恤,又有勤劳的意思。"劝"就是说服,讲明事理使人听从。"相"就是帮助,又有保护的意思。"劳民劝相"就是君子应该效法水井的奉献精神,默默地为庶民操劳,并劝勉大家相互帮助,共同维护集体的利益。

《孟子》曰:"老吾老以及人之老,幼吾幼以及人之幼。"一个大家庭就是一个命运共同体,利益共生,情感共鸣,价值共识,发展共赢,责任共担,而每一个人都不能忘记这个大家庭的"家长",正如"吃水不忘挖井人",得到井养,就要怀感恩之情,报滴水之恩。

初六,井泥不食。旧井无禽。

《象》曰:"井泥不食,下也。旧井无禽,时舍也。"

初六,阴居阳位,处于下卦巽的下位,属于平民之位。"井泥不食",井底的淤泥浑浊不清,井水根本无法供人饮用。"旧井无禽",废弃的旧井无法提供饮水,连禽兽都不愿意栖息,更何况人呢?

"井泥不食,下也。"初六位卑势弱,能力不足,就应该努力上进,不能浑浑噩噩,碌碌无为。浑浊不清的井水无法供他人饮用,就应该继续向下深挖。只有辛苦地淘井,才能找到新的水源,不能固守枯井,没有进取之心。"旧井无禽,时舍也",破旧的井连禽兽都不愿意栖息,人更应该舍弃它,去寻找新的水源。人如果故步自封,不与时俱进,终究也会被时代所抛弃。

井为器,在于更新换代,与时俱进。

九二,井谷射鲋(fù),瓮敝漏。

《象》曰:"井谷射鲋,无与也。"

九二,阳居阴位,处于下卦巽的中位,属于诸侯之位。"井谷射鲋",井谷:井道。射:向下流注。鲋:虾、蛤蟆,井泥中的寄生物。井道生养着众多虾蟆类的寄生物,井水都被寄生物所占据,无法供人汲水饮食。"瓮敝漏",敝:破旧,有裂缝。用破旧有裂缝的瓮来盛水,水很快就漏光了。有其形而无其实,外形看似厚德,其实不载物。

"井谷射鲋,无与也。"九二有阳刚之势,作为一方诸侯,应该济世救民,但是他不推行仁政,却豢养了一群狐朋狗友、地痞恶霸,以及贪官污吏,如同井道被蛤蟆类的寄生物占据,无法给人们提供饮水一样,想获得甘甜清澈的井水,就要清除寄生物。

井为器,在于清除腐败,尽善尽美。

九三,井渫(xiè)不食,为我心恻。可用汲王明,并受其福。

《象》曰:"井渫不食,行恻也。求王明,受福也。"

九三,阳居阳位,处于下卦巽的下位,属于士大夫精英之位。"井渫不食",渫:除去,淘去污泥的意思,也有泄,疏通之意。淘去枯井的污泥,并疏通井道,使井水变得清澈,但是没有人来饮用。"为我心恻",因为人们不相信我,这让我深感忧伤。"可用汲王明,并受其福",可以汲取清澈的井水献于君王,让君王明察,了解到这里的井水可以饮用,并想获得君王的嘉奖和赐福。

"井渫不食,行恻也。"九三阳刚当位,能力超群,他淘去井底污泥,使井水变得清澈,但却没有人饮用。空有报国之志,济世之才,却得不到伯乐的举荐和君王的赏识,以及民众的理解和信任,让他深感忧伤。"求王明,受福也",九三毛遂自荐,希望君王能明察他的功绩,并给予他嘉奖和赐福。

井为器,在于价值的体现。优质的产品和服务必须得到大家的认可和称赞,否则也难以发挥它的价值。

六四,井甃(zhòu),无咎。

《象》曰:"井甃无咎,修井也。"

六四,阴居阴位,处于上卦坎的下位,属于贤臣之位。"井甃",甃:砖砌的井壁。用砖把井壁进行加固。"无咎",能修补好继续使用,就没有咎错。

"井甃无咎,修井也。"六四阴柔当位,辅佐君王管理朝政,但他无力鼎新,只能革旧,对旧的体制只能修修补补,尽力完善。就如同对老旧的井壁进行加固,修缮井道,这样做没有错,目的是保障水井的正常使用。

井为器,在于修德补过,以便更好地为民服务。

九五,井冽,寒泉食。

《象》曰:"寒泉之食,中正也。"

九五,阳居阳位,处于上卦坎的中位,持中守正,属于君王之位。"井冽",井水甘美清冽。"寒泉食",寒泉清澈、冷静,这是水的本性,保持本色才能被人饮用。

"寒泉之食,中正也。"九五君王阳刚中正,有上善之德,济世之才,文韬武略,治国有方,他的富民国策就像甘甜的井水一样滋润着人们的心田,民众得到井养,自然拥戴君王。

井为器,在于保持品质优良的本色。

上六,井收,勿幕有孚,元吉。

《象》曰:"元吉在上,大成也。"

上六,阴居阴位,处于上卦坎的上位,属于没落的贵族。"井收",从井里取完水,把井绳和水桶收拾好,以备他人使用。"勿幕有孚,元吉",幕:蔽覆,遮盖。随时有人来汲水,不需要把井口遮盖上,相信大家都会爱护水井的设施。人人有公德心,井水才会源源不断地福泽万民,非常吉祥。

"元吉在上,大成也",上六阴柔当位,从"井泥不食",到"寒泉之食",最后到"勿幕有孚",人人都有公德心,个个都能爱护水井的设施,井水才会源源不断地福泽万民。上六最终大功告成,可以放心地退隐田园,这是人生之大吉。

井为器,在于长久不衰,世代相传。

革(离下兑上)

《序卦传》:"井道不可不革,故受之以革。"

水井之道在于井养而不穷,那就需要经常维护和更新井的设施,而且还需要淘井,淘出井底的污泥,保障井水永远清澈洁净,不能再出现"汔至亦未繘井"和"羸其瓶"的现象。当事物变得故旧,无法发挥它应有的价值时,就一定要进行革新,这是自然规律,所以井卦之后就是革卦。革就是革新、更新。

泽火革

兑金

离火

不故不革,唯故始革,唯革始新,随时观察和分析事物的新与旧,适应当前发展的就是新,不适应当前发展的就是旧,这符合大自然新陈代谢的规律,这也是变革的前提。如果没有出现故旧的情况,却对事物进行变革,那就违背了自然规律。

革:巳日乃孚。元亨。利贞,悔亡。

《彖》曰:"革,水火相息,二女同居,其志不相得,曰革。巳日乃孚,革而信之。文明以说,大亨以正。革而当,其悔乃亡。天地革,而四时成。汤武革命,顺乎天而应乎人。革之时大矣哉!"

"革,水火相息。"革,上卦兑为泽水,下卦为离火,离火本性干燥,泽水本性润湿,燥湿性不同,难以共处,斗争非常激烈。但是水火又有既济之象,相互调剂,相互适应,达到变革。

"二女同居,其志不相得,曰革。"上卦兑为少女,下卦离为中女,如同母女二人同处一室,志向大不相同。比如择偶一事,遂了母亲的意,满足不了姑娘的心;满足了姑娘的心,又难遂母亲的意。

"巳日乃孚,革而信之。"从一阳复始的至日到火势旺盛的巳日,是一个逐渐发展的过程。从冬至开始一阳复始,火势很弱,难以让泽水蒸腾,所以泽水不信,但是巳日之火可以蒸腾泽水,使泽水信服。民众对往日的生活早就习以为常,对变革不能马上适应,要经过一段时间之后,人们相信变革能

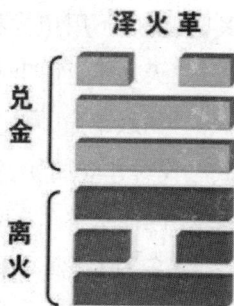

带来益处,相信变革能给他们带来文明,才能真正认识到变革的意义。

"文明以说,大亨以正。"上卦兑为说,下卦离为文明。给人们讲习变革会使社会更加文明、公正、亨通,这是变革的目的,也是衡量变革是否正确的标准。

"革而当,其悔乃亡。"既然变革能带来文明、公正、亨通,那变革就正当其时,所以不用担忧和后悔。

"天地革,而四时成。"天地发生变革,才有了春夏秋冬四季。

"汤武革命,顺乎天而应乎人,革之时大矣哉!"由于商汤灭夏建立商朝,武王伐纣建立周朝,夏商周之间的朝代更迭顺应了社会的发展需要,顺应了民心,因而史称"汤武革命"。由此可见,变革的意义是多么伟大!

《象》曰:"泽中有火,革;君子以治历明时。"

上卦兑为泽水,就像锅里面盛满水,下卦离为火,大火燃烧,内蒸外煸,把容易腐烂的兽皮去毛加工,以便再利用,这就是革的本意。所以革表示变革、革命、革新。

人们观察天地运转以及四季的变化,运用自然规律来制定历法,明确时间,以此来指导人们的生产生活,这就是"治历明时"。

"治历明时"最典型的就是更改年号,其根源来自于革卦。年号,是我国历代封建王朝用来纪年的一种名号。更换年号在古代就是革新的象征,历代帝王凡遇到"天降祥瑞",或者新皇登基,都要根据新的思想,更改年号。

初九,巩用黄牛之革。

《象》曰:"巩用黄牛,不可以有为也。"

初九,阳居阳位,处于下卦离的下位,属于平民之位。"巩用黄牛之革",巩:繁体是"鞏",即用皮革捆东西,表示坚固,结实。当水井的设施发生损坏时,用最坚韧结实的黄牛皮牢牢地捆绑加固,这已经是尽力而为了。

"巩用黄牛,不可以有为也。"初九位卑势弱,当水井的设施损坏时,只能用黄牛皮牢牢地捆绑加固,不可能有更大的作为。面对社会体制的衰退,初九没有实力进行更新换代,也无法成为改革的主导者,更不能像"汤武革命"一样进行变革,只能"潜龙勿用,成德为行",不能有大的作为。

改革主要是对故旧的事物进行再创新,价值的再利用。

六二,巳日乃革之,征吉,无咎。

《象》曰："巳日革之,行有嘉也。"

六二,阴居阴位,处于下卦离的中位,属于诸侯之位。"巳日乃革之",巳日:巳属火,从一阳复始的至日到火势旺盛的巳日,是一个逐渐发展的过程。变革也是逐渐变化的过程,当巳日来临,刚烈之火可以熔断坚硬的钢铁,使它发生变革。"征吉,无咎",这是吉祥的征兆,没有咎错。

"巳日革之,行有嘉也。"六二居中守正,作为地方诸侯,不到万不得已,不会轻易进行变革。当他发现旧体制给民众的生活带来困惑时,当民众要求改革的呼声越来越强烈时,当君王对六二高度信任时,改革就像巳日之火熊熊燃烧。此时六二若能把握时机,顺天应民,实行变革,必然能得到君王的嘉奖和赞美。

改革的时机是改革成败的一个重要因素。

九三,征凶,贞厉。革言三就,有孚。

《象》曰："革言三就,又何之矣。"

九三,阳居阳位,处于下卦离的上位,属于士大夫精英之位。"征凶,贞厉",这是一个凶兆,而且极其危险。"革言三就","就"是完成、确定的意思。多次提出改革的建言和呼声,最终获得君王的认可。"有孚",非常有诚信。

"革言三就,又何之矣。"九三处于离火之巅,高瞻远瞩,能力超群,是改革的积极拥护者。九三明知道自己无职无权,还要多次冒死谏言,为何要这样做呢?因为士大夫既能体察到民众的疾苦,又能深刻地认识到体制的弊端,所以他极力主张改革旧制,这也体现了他对君王的忠诚之心,对社会的责任之心,对民众的关爱之心,并因此获得了君王的认可。

责任、担当和勇气是改革成败的重要因素。

九四,悔亡。有孚改命,吉。

《象》曰："改命之吉,信志也。"

九四,阳居阴位,处于上卦兑的下位,属于贤臣之位。"悔亡",没有懊悔之心。"有孚改命,吉",改命:改革,革命。怀有忠诚之心的人才可以担当改革的大任,并能有力地贯彻和执行改革的大政方针,这当然是吉祥的。

"改命之吉,信志也。"九四凭借阳刚之气,有信心和意志,能坚韧不拔地把改革进行到底,不计较个人的荣辱得失,所以吉祥。

坚定的信念和意志也是改革成败的重要因素。

九五,大人虎变,未占有孚。

《象》曰:"大人虎变,其文炳也。"

九五,阳居阳位,处于上卦兑的中位,属于君王之位。"大人虎变",虎是百兽之王,刚健勇猛,有绝对的权威性。德高望重的大人在进行改革时就要像老虎遇见猎物一样刚健勇猛,意志坚定,而且具有至高无上的权威性。"未占有孚",占:占卜,预测。我们不用估计君王对改革的诚信,因为虎变是不容置疑的。

"大人虎变,其文炳也","文"通"纹",文炳:老虎的花纹非常显著,是一种警戒色。九五君王是改革的主导者、设计者,他体察了民情,征询了民意,并得到了贤臣的支持,于是他大胆地革除旧制,贯彻新法。君王变革的决心就像老虎以斑斓的花纹来彰显自己的权威一样,不容丝毫怀疑。

改革者要有绝对的权威性。

上六,君子豹变,小人革面,征凶,居贞吉。

《象》曰:"君子豹变,其文蔚也。小人革面,顺以从君也。"

上六,阴居阴位,处于上卦兑的上位,属于没落的贵族之位。"君子豹变",豹子具有很强的适应性,随环境的变化而变化。仁人君子面对旧制的改革要像豹子一样迅速地改变自我,适应环境。"小人革面",贪恋权势的小人面对旧制的改革就像洗脸而不革心一样,表面支持,内心保守。"征凶",小人的做法是一种凶兆。"居贞吉",最好是安居静处,不要反对改革,才会吉祥。

"君子豹变,其文蔚也",文蔚:纹饰丰富多彩。君子发自内心地拥护改革,使改革的气势如同豹子的纹饰一样鲜明华美,蔚然成风。"小人革面,顺以从君也",小人能革面,也是顺从君王的改革浪潮,免得被改革所淘汰。

所有人要顺应改革的浪潮。

鼎（巽下离上）

《序卦传》："革物者莫若鼎，故受之以鼎。"

火风鼎

离火

巽木

处困求济，不如挖井取水以自救。挖井之后就需要不断地淘井革新。如果经过不断的革新，旧井依然打不出水，只有弃之不用，需要另择吉地重新掘井，这就是鼎新，所以革卦之后就是鼎卦。

革卦是对故旧的事物进行修修补补。鼎卦是对故旧的事物进行翻天覆地的创新。自从燧人氏钻木取火，教人们吃熟食，就开始有了烹饪，而鼎也就成为人们生活中烹煮用的重要器具。鼎，把五谷杂粮烹饪出美味佳肴，这是一种划时代的创新。所以鼎被古代视为立国的重器，是立法的象征，是政权的象征，是开创新世纪的象征。

鼎：元吉，亨。

《彖》曰："鼎，象也。以木巽火，亨饪也。圣人亨以享上帝，而大亨以养圣贤。巽而耳目聪明，柔进而上行，得中而应乎刚，是以元亨。"

"鼎，象也"，鼎是一种象征，是制器立法的象征。

"以木巽火，亨饪也。"上卦为离火，下卦为巽木，燃木煮食，化生为熟。鼎就是把五味进行烹饪，调和出一份美味佳肴。鼎是金属制作，内盛食物为土，然后加水，下面用木来生火进行加热，所以鼎是具备金木水火土五行之德。鼎的功能就在于调和五行，除旧布新，有容乃大，吐故纳新。

"圣人亨以享上帝。"《康熙字典》中说："古惟亨字兼三义。后加一画作享，献之。亨加四点作烹，饪之。"圣人用鼎调和出美味佳肴之后，祭祀时敬献给上帝，以获得上帝的嘉奖。

"而大亨以养圣贤。"圣人烹饪美味佳肴以养育圣贤，圣贤既是辅佐君王的肱骨大臣，又是人民的代表，圣贤得到养育，人民也就得到养育。

"巽而耳目聪明。"鼎卦是上离下巽，巽为风为讯息，巽就是顺风耳；离为

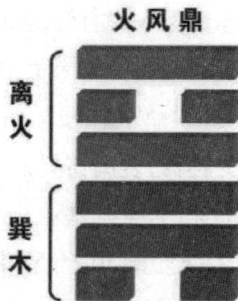

火为明亮,离就是千里眼,所以说圣贤是耳聪目明之人。既要参与政策的制定,又能有力地贯彻执行新政。

"柔进而上行,得中而应乎刚,是以元亨。"圣贤作为圣人的耳目,倾听民意,然后柔顺地向上送达民情,同时秉持中正之道,以柔应刚,也就是柔顺地服从圣人的新政,所以非常吉祥。

圣人只有管理好他的官吏,把官吏培养成贤能之人,才能开创新纪元,亨通无比。如果吏治腐败,任何新制度都难以推行。

"鼎"通"顶",头顶,是高贵尊重、盛大隆重的意思。古人以鼎烹饪,并视为神器,夏禹铸九鼎,以昭示天下,天下遂归夏,并且世代相传;汤武革命,迁鼎建国,重开基业,天下人服从他。后世把宰相处理国政称作"调和鼎鼐",这和老子《道德经》讲的"治大国,若烹小鲜"是一个道理,即治理国家就如同烹饪鲜美的食物一样,需要调和五行,调节社会各方面的矛盾,使之融合。所以鼎已经不是老百姓烧饭的锅了,而是制定国策的象征,是国家权力的象征。

鼎为养民之本,得鼎者,得其民。失鼎者,失其民。民得其养,莫不来归。民失其养,莫不背叛。鼎,有容乃大,鼎盛的东西越多越好,同时又能天天更新,顿顿有饭吃,所以鼎要时时刻刻吐故纳新,这才是鼎的本色。这样的鼎才能养民、养家、养国。

《象》曰:"木上有火,鼎;君子以正位凝命。"

上卦离为火,下卦巽为木,鼎就是燃木生火,烹煮食物的器具。鼎代表着革新变法,开创新纪元,所以君子应该学习鼎的精神,居于正位就要勇于担当,不怕火烧水煮,坚持使命。我们经常说"一言九鼎",指的就是正位凝命,自己的言行要一致,敢于担当责任。

初六,鼎颠趾,利出否。得妾以其子,无咎。

《象》曰:"鼎颠趾,未悖也。利出否,以从贵也。"

初六,阴居阳位,处于下卦巽的下位,属于平民之位。"鼎颠趾,利出否",颠:颠覆,倾倒。否:不通,壅塞。把鼎颠倒过来,四脚朝上,有利于清除壅塞的杂质,然后再填装新的食材。"得妾以其子,无咎",为了传宗接代而纳妾,妾为他生育儿子,也没有咎错。

"鼎颠趾,未悖也。"初六位卑势弱,如果能拥护君王的新政,接受君王的管理,就会被保留下来。如果不服从管理,阻挠新政的推行,就会被淘汰。好比鼎中食材,有用的就被留下来,没用的就会被淘汰,然后重新填补新的食材,这就是吐故纳新,并没有违背常理。"利出否,以从贵也",初六深感自己卑贱,因此要向有高尚品德的贵人学习,学习他们尊道贵德,德行天下,而革故鼎新有利于摒弃陋习,濯清心灵的污秽。

九二,鼎有实,我仇有疾,不我能即,吉。

《象》曰:"鼎有实,慎所之也。我仇有疾,终无尤也。"

九二,阳居阴位,处于上卦巽的中位,属于诸侯之位。"鼎有实",鼎中盛满实实在在的东西,让我感到充实满足。"我仇有疾",仇(chóu):深切的怨恨,痛恨。疾:缺点,毛病,瑕疵。我痛恨担忧鼎会破裂损坏。"不我能即",这不是我所能解决的问题。"吉",谨慎行事本身就是吉祥的。

"鼎有实,慎所之也",鼎能烹饪食物,供人们使用,也要小心谨慎地使用,防止损坏。九二诸侯是鼎之腹,厚德能载物,在执行新的管理体制时,一定要慎之又慎,防止出现偏差而伤害了民众的心,能使民众安居乐业,就是吉祥的。

"我仇有疾,终无尤也",我痛恨的是鼎破裂损坏就无法载物,所以谨慎使用,最终不用担忧害怕。九二诸侯作为新政的执行者,最怕朝令夕改,导致民不聊生、民心涣散,因此谨慎行事就不用忧虑。

九三,鼎耳革,其行塞,雉膏不食,方雨亏,悔,终吉。

《象》曰:"鼎耳革,失其义也。"

九三,阳居阳位,处于下卦巽的上位,属于士大夫精英之位。"鼎耳革",鼎耳:鼎腹两边高出部位谓之鼎耳,中空以便穿进横木杠,搬运鼎身。鼎耳损坏,需要修复革新。"其行塞",鼎耳损坏,鼎就无法自由移动。"雉膏不食",鲜美的野鸡汤不能被大家食用。"方雨亏",方:才,刚刚。亏:指亏污,亏损污染。恰好刚刚下雨,鼎中的美味就会被污染亏损,功亏一篑。"悔",九三后悔对鼎耳的重要性认识不足。"终吉",最终由此而认识到鼎耳的重要性,所以吉祥。

"鼎耳革,失其义也",鼎耳损坏,再好的美味也不能食用,鼎就失去了它的意义。九三是鼎之耳,他没有担任重要官职,没有陷入权力之争。相对平民来说,"巽而耳目聪明",他具有敏锐的观察能力,对新政有独到的见解,因此君王要推行新政，革故鼎新，一定要抓住九三士大夫精英的心，能得到他们的支持和拥护，改革就能成功。

九四，鼎折足，覆公餗，其形渥，凶。

《象》曰："覆公餗，信如何也。"

九四，阳居阴位，处于上卦离的下位，属于贤臣之位。"鼎折足，覆公餗"，餗（sù）：古代指鼎中的食物，后泛指美味佳肴。一旦鼎足折断，整个鼎就会倾覆，鼎中的美味佳肴随之而倾覆。"其形渥，凶"，渥：本义是洒水，引申义是把东西弄湿了。那些美味佳肴倾洒一地，一片狼藉，这是一种凶兆。

"覆公餗，信如何也。"九四是鼎之足，承担整个鼎的重任，结果鼎足折断，导致食物倾覆，叫人如何信任它呢？君王把推行新政的重担交付于九四，没想到他辜负了君王对他的信任，砸锅了。

《系辞》：子曰："德薄而位尊，知小而谋大，力少而任重，鲜不及矣。《易》曰：'鼎折足，覆公餗，其形渥，凶。'言不胜其任也。"

孔子说："品德浅薄而地位尊贵，才智贫乏而图谋宏大的事业，力量微弱而担当重任，很少有不失败的。《易经》曰：'鼎折足，覆公餗，其形渥，凶。'讲的就是这样的人难以担当重任的道理。"

新政的执行者应该让德才兼备的人来担任。

六五，鼎，黄耳金铉（xuàn），利贞。

《象》曰："鼎黄耳，中以为实也。"

六五，阴居阳位，处于上卦离的中位，属于君王之位。"鼎，黄耳金铉"，黄：中正之道。铉：古代横贯鼎两耳以举鼎的木棍，也是操纵鼎的把柄，所以把铉比喻为三公等重臣。铜耳搭配刚健的金铉，操纵起来游刃有余，自由灵活。"利贞"，烹饪出美味佳肴，才体现出鼎的作用和价值。

"鼎黄耳，中以为实也。"六五君王能秉承中道，耳聪目明，柔中有刚，既能明辨是非，听取民意，又能调和各方矛盾。"治大国若烹小鲜"，治理国家如同烹饪鲜美食物，既要有承载万物的鼎腹，又要有担当重任的鼎足，更重要的是有灵活中正的鼎耳和刚健中正的鼎铉相配合，才能自由地操纵金鼎，这就是六五君王为了治大国"以养圣贤"的原因。有了圣贤的支持，君王才可以掌握火候，进行五行调和，烹饪出美味，鼎中才不会空虚。鼎中有实，万民得养，才更显鼎的庄严尊贵。

上九,鼎玉铉,大吉,无不利。

《象》曰:"玉铉在上,刚柔节也。"

上九,阳居阴位,处于上卦离的上位,属于天位。"鼎玉铉","玉"是洁白晶明,刚中有柔,"君子比德于玉"。"玉铉"这里指的是玉质鼎盖。鼎中有实,需要鼎盖来保护,以便公平公正地分配给万民,大功告成。"大吉,无不利",玉的美德得到昭显,并熠熠生辉,大吉大利。

"玉铉在上,刚柔节也。"上九刚健而不当位,本应该退隐田园,但是面对君王推行新政,也挺身而出,为新政保驾护航,并不为争名夺利。鼎中有实,最怕贪欲膨胀,而上九是鼎之盖,高高在上,却淡泊名利。有光明之德,又能高瞻远瞩。既保护了鼎中之实,又能公平分享给万民。既抑制贪欲,又赞美了玉的美德。金鼎配玉铉,一开一合,一刚一柔,德才兼备,刚柔相济,推陈出新,才是管理之道。

震（震下震上）

《序卦传》："主器者莫若长子，故受之以震。震
者，动也。"

旧制度被革命，新制度已经诞生，而鼎是新政权
的象征。鼎作为国之重器，执鼎者最好是长子，长子
古代指年长而且德高望重的男子。由长子执掌新政
权并推行新政，他有雷霆万钧的执行力，能开创新世
纪，所以鼎卦之后就是震卦。震为雷为动，震就是执
行力。

震为雷

震木

震木

震：亨。震来虩虩，笑言哑哑，震惊百里，不丧匕鬯。

《象》曰："震，亨。震来虩虩，恐致福也。笑言哑哑，后有则也。震惊百
里，惊远而惧迩也。不丧匕鬯，出可以守宗庙社稷，以为祭主也。"

"震，亨。"震雷炸响，摧枯拉朽，没有什么可以阻挡，所以亨通。

"震来虩虩(xì)，恐致福也"，"虩虩"就是恐惧的样子。天雷震动，威加
于众，令人恐惧，所以人们向上天祷告，祈求平安，避免灾祸。

实行新政，要树立天威，肃整怠慢，就如霹雳惊雷，人们不知道新政是福
是祸，所以恐惧，并祈求平安。

"笑言哑哑，后有则也。"人们面露喜色，其原因是震雷过后，万象更新，
欣欣向荣，一切都变得有序有则。这当然是新政带给人民的好处。

"震惊百里，惊远而惧迩也。"震惊百里，远近四方的人都能感受到惊惧。
对新政的执行力就要像震雷一样强大，让任何地方都能感受到它的存在，而
不是像以往那样政令不出朝堂。

"不丧匕鬯，出可以守宗庙社稷，以为祭主也"，"匕"是古代的一种勺子，
"鬯(chàng)"指的是香酒。匕和鬯都是古代宗庙祭祀用物，借指宗庙祭祀。
虽然雷霆惊惧，但是主祭之人并没有惊慌失措而损坏祭祀的重器。所以只
有他们才可守承祖业，造福社稷，堪当祭主。

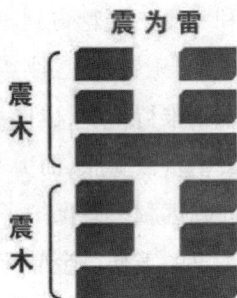

在新政的执行中会遇到各种各样的挑战，甚至要付出鲜血或生命，只有那些临危不惧的人才可以担当改革的执行者，无论遇到任何危险他们都能贯彻执行政策。

《象》曰："洊雷，震。君子以恐惧修省。"

"洊"古通"荐"，屡次，接连的意思。洊雷就是雷声阵阵，声势浩大，给人以威严之感，使人心里恐惧。"修省"就是克己复礼，反身修德。君子应该效法震卦，懂得时刻保持警惕，检查自己的过失，并反身修德。《中庸》曰："戒慎乎其所不睹，恐惧乎其所不闻。"在别人看不见听不到的地方也要保持戒慎恐惧之心，唯恐有失。

震五行属木，木主仁，"仁"是一种道德范畴，指人与人相互友爱、帮助、同情等。"仁"最早写作"丨二"，即一竖二横，一为阳，二为阴，合起来就是八卦中的震卦。"仁"在古代代表长子，"长子为仁或以伯称之"，这和震为长子的意思完全一样。

震卦的意思就是行动，行动就要有规范，这种规范就是"仁"。"仁"是中国古代一种含义极广的道德范畴。孔子把"仁"作为最高的道德原则、道德标准和道德境界。孔子对"仁"做了解释，那就是："克己复礼为仁。一日克己复礼，天下归仁焉！为仁由己，而由人乎哉？"克者胜也，克己就是一个人能够克制自己，战胜自己，不为外物所诱，而不可以任性，为所欲为。"礼"不仅仅是具体的礼节，而是泛指天理，"复礼"就是应当遵循天理，恢复礼治，使自己的行为符合礼的要求。

初九，震来虩虩，后笑言哑哑，吉。

《象》曰："震来虩虩，恐致福也。笑言哑哑，后有则也。"

初九，阳居阳位，处于下卦震的下位，属于平民之位。"震来虩虩"，虩虩：指惊恐不安的样子。霹雳惊雷突然降临，人们不知道是福是祸，开始惊恐不安。"后笑言哑哑，吉"，哑哑：欢笑喜悦的样子。随着震雷过后，万象更新，欣欣向荣，人们也欢笑喜悦，这当然是吉祥如意。

"震来虩虩，恐致福也。"初九平民虽然刚健，却位卑势弱，生活能平平淡淡最好。但是革故鼎新，改朝换代，如同霹雳惊雷突然降临，不知道是福是祸，开始惊恐不安，并祈求上天赐福。"笑言哑哑，后有则也"，随着震雷过后，万象更新，欣欣向荣，一切都变得有序有则，民众又开始欣欣喜悦，享受新政带来的好处。

有震动,但不要太突然,震动之后能有法有序,井井有条,才是人们需要的。

六二,震来厉,亿丧贝,跻于九陵。勿逐,七日得。

《象》曰:"震来厉,乘刚也。"

六二,阴居阴位,处于下卦震的中位,属于诸侯之位。"震来厉",霹雳惊雷来势凶猛,危险无比。"亿丧贝",亿:繁体为"億",通"臆",臆测,预料。贝:指货币,代表利益、财物。估计会丧失了财物。"跻于九陵",跻,登也。九陵:很高的山丘。惊慌失措地登上九陵之高的山丘,躲避危险。"勿逐,七日得",不用去追逐寻找。"七日来复",七日之后惊雷过去了,一切恢复了平静,就会返回。

"震来厉,乘刚也。"六二阴柔当位,往往有两种表现,一种是柔顺服从,另一种是好静不好动,思想保守,不思变革。诸侯是既得利益者,不愿意变革,因为他担心巨大的变革会损害他的利益。面对震天动地的惊雷,诸侯以为凭借九陵之高就可以避险,实际上是以柔乘刚,根本无济于事。

地方割据往往是改革的阻力,新政的实施必然要削弱地方势力。对抗改革的结果是自己被革命。

六三,震苏苏,震行无眚。

《象》曰:"震苏苏,位不当也。"

六三,阴居阳位,处于下卦震的上位,属于士大夫精英之位。"震苏苏",苏苏:昏迷中苏醒过来,畏惧不安的样子。霹雳巨雷让人从昏昏沉睡中苏醒,"震行无眚",眚(shěng):眼睛长白翳,看不清楚。阵阵雷声使人振奋精神,但不能盲目行动。

"震苏苏,位不当也。"六三阴柔而不当位,本应该行动刚健,却阴柔保守,浑浑噩噩。阵阵惊雷让六三从昏昏沉睡中苏醒,擦亮眼睛,认清形势,不可盲目行动,只要顺应新政,就有用武之地。

九四,震遂泥。

《象》曰:"震遂泥,未光也。"

九四,阳居阴位,处于上卦震的下位,属于贤臣之位。"震遂泥",遂:行,往。上有雷声轰鸣,下有泥泞沼泽,艰危险恶,举步维艰。

"震遂泥,未光也",光:荣耀、光鲜。九四有刚健之势却不当位,居于四阴之中，被上下阴气包围，形成互卦坎卦。阵阵惊雷之下，深陷泥泞之中，不得不赴汤蹈火，壮士断腕。他担当改革的执行者，已经成为矛盾的焦点，各种反对势力设置陷阱来阻碍改革的进程，致使改革困难重重。志向没有实现，让他无法感到荣耀光鲜，曾子曰："士不可以不弘毅，任重而道远。"

六五，震往来厉，意无丧，有事。

《象》曰："震往来厉，危行也。其事在中，大无丧也。"

六五，阴居阳位，处于上卦震的中位，属于君王之位。"震往来厉"，震雷来来往往，反复撞击，其危险程度几乎要摧城毁国。"意无丧，有事"，即使发生变故，但是意志坚决，临危不惧，就不会丢失匕鬯，损坏祭祀的重器。

"震往来厉，危行也"，六五阴柔不当位，阳刚之势不足，君王刚刚继任大位，在推行新政时如同雷声阵阵，危险重重，但是他依然要坚守本位，毫不动摇地推行新政。"其事在中，大无丧也"，六五君王作为主祭之人，秉承中道，意志坚决，不丧匕鬯。一切变故都在他的掌控之中，不会有大的损失。

改革成败的关键就在于君王的意志是否坚定。

上六，震索索，视矍矍，征凶。震不于其躬，于其邻，无咎。婚媾有言。

《象》曰："震索索，中未得也。虽凶无咎，畏邻戒也。"

上六，阴居阴位，处于上卦震的上位，属于没落的贵族之位。"震索索，视矍矍，征凶"，索索：恐惧、颤抖的样子。矍（jué）：惊慌地看着。簌簌发抖，已经胆颤心惊；惶恐不安地张望，已经六神无主；真气不固，已经显露出凶兆。"震不于其躬，于其邻，无咎"，惊雷打破了他内心的平静，使他不能把控自己，而是依靠邻里帮他度过危险，没有咎错。"婚媾有言"，有言：有人指责。为了适应新变化，期望与邻里缔结姻缘，这样的婚媾却会引来他人的指责。

"震索索，中未得也"，"中未得也"应该是"未得中也"。上六虽然阴居阴位，当位而不居中，退出了权力核心，归隐田园，好静保守而不思进取。面对惊天动地的改革，就像震雷打破了他平静的生活，使他惊恐万分。"虽凶无咎，畏邻戒也"，虽然凶险，但也无咎，为了适应改革，度过凶险，超脱世俗的他不得不入世随俗，与邻里和睦亲善，缔结姻缘，就怕邻里对他有戒备之心，不愿意婚媾。

艮(艮下艮上)

《序卦传》:"震者,动也;物不可以终动,止之,故受之以艮。艮者,止也。"

雷声猛烈却不能持久,事物不可能始终处于剧烈的行动中;雷厉风行的执行力在短期内效果明显,长期就难以维持强势,最终需要停下来。震为动,有动就有止,所以震卦之后就是艮卦。艮为止,艮为静,艮为山。

艮 为 山

艮土 ☶

艮土 ☶

震与艮互为综卦。震代表着开始行动,艮代表着终止行动,一起一止,一动一静,一作一息。相当于作用力与反作用力,相互制约,相互调剂。

艮:艮其背,不获其身,行其庭,不见其人,无咎。

《彖》曰:"艮,止也。时止则止,时行则行,动静不失其时,其道光明。艮其止,止其所也。上下敌应,不相与也,是以不获其身。行其庭,不见其人,无咎也。"

"艮,止也。时止则止,时行则行,动静不失其时,其道光明。"艮为止,但是艮不是停止不动的意思,而是该停止的时候必须停止,该行动的时候必须行动。无论停止还是行动都要把握好时机,这样做事才会顺利。

"艮其止,止其所也。"艮的卦象如同一扇门,它代表着一个关口,什么时候开,什么时候关,纵横捭阖,得心应手,灵活地把握时机。但是事物不能离开它的本来位置,在本来的位置范围内可以行动,超出本来的位置就应该停止行动。简单地说就是不要忘本。

"上下敌应,不相与也,是以不获其身。"艮是两阴在内向外推,一阳在上形成拱形,很好地保护两阴,好比敌我双方筑起堡垒相互防备,以保全实力,相互不给对方机会,因为不能让对方擒获自己。

"行其庭,不见其人,无咎也。"来到庭院,不见主人,因为主人在室内,只有得到主人的允许,才可以进入室内拜见主人。主人居室内也是为了保护

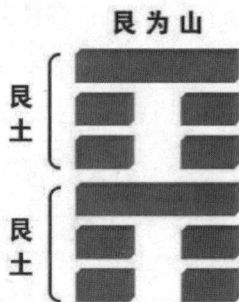

自己，所以这样做没有过错。

震为动，艮为静，动中有静，静中有动，动与静相互转化。太极图表现的就是阴阳互生，动静有时，张弛有度。道家讲"虚无"，佛家讲"空无"，儒家讲"止"，都是一个意思。"时止则止，时行则行。"有止就有行，有静就有动，行动与静止互相连接，互成因果。过动犹如紧绷的琴弦，于忙碌疲惫中损伤元气；过静则如一潭死水，于停滞僵硬中失去活力，把握一个"时"最重要。

《大学》曰："知止而后有定，定而后能静，静而后能安，安而后能虑，虑而后能得。"人们应该先求知止，知止然后才可以获得智慧。

《象》曰："兼山，艮，君子以思不出其位。"

兼山，两山重叠，接连不断。兼有"连"的意思，兼山就是连山。君子看到连绵不断的大山，巍峨挺拔，便学习大山的精神，安于所处的地位，克制自己的私欲，不越位行事，固守根本。"思不出其位"用现在的话讲，它代表一种原则性，一切行为都受一定的原则所约束。

《大学》曰："为人君，止于仁；为人臣，止于敬；为人子，止于孝；为人父，止于慈；与国人交，止于信。"做人君的原则是要有仁爱之心，做人臣的原则是要有恭敬之心，做人子的原则是要有孝道之心，做人父的原则是要有慈爱之心，与国人交往的原则是要讲诚信。如果能各守其分，各尽其责，那么天下就可以得到大治。

初六，艮其趾，无咎，利永贞。

《象》曰："艮其趾，未失正也。"

初六，阴居阳位，处于下卦艮的下位，属于平民之位。"艮其趾"，"艮"就是规则、原则和标准，是我们不能违反而要遵守的条条框框。"趾"就是足。把人的脚趾束缚住，让他遵守规则，止于足，止于其所，心安于家。"无咎，利永贞"，不但没有咎错，而且有利于长久的生存发展。

"艮其趾，未失正也。"初六位卑势弱，是社会最底层的人群，没有实力去挑战规则，只有绝对的服从，而且遵守规则是最基本的生存之道。能安守本分，止于其所，以家为根，并没有迷失正道，而且有利于长久的生存。否则，盲目奔波，四处飘荡，结果流离失所，那就偏离正道。

德薄才疏，要懂得知止。

六二，艮其腓，不拯其随，其心不快。

《象》曰："不拯其随,未退听也。"

六二,阴居阴位,处于下卦艮的中位,属于诸侯之位。"艮其腓",腓:胫骨后的肉,也称"腓肠肌",俗称"小腿肚子"。把他的小腿束缚住。"不拯其随","拯"的本义是向上举。因为小腿被束缚,他的脚趾随之无法上举,也就无法行走。"其心不快",这使他的心中感到不愉快。

"不拯其随,未退听也","退"的意思是脱节、脱落。脚趾会随着小腿被束缚而不能向上举,原因是脚趾不能与小腿脱节的同时还听从心的意志。六二诸侯中正当位,一方面他不能脱离民众,另一方面要忠于君王,常常不能随心所欲,使其心中不快。

迫不得已,要懂得知止。

九三,艮其限,列其夤(yín),厉熏心。

《象》曰："艮其限,危熏心也。"

九三,阳居阳位,处于下卦艮的上位,属于士大夫精英之位。"艮其限",限:意思是分隔,上下交汇之际,这里指的是腰胯。束缚住他的腰胯,他仍然不断地挣扎。"列其夤",夤:夹脊肉,脊柱两侧的肌肉。"列"通"裂"。结果撕裂了他背部的肌肉。"厉熏心",熏:火烟向上冒出。熏心:被一种思想、品行、习惯所濡染而渐趋同化。心浮气躁,利益熏心,难以知止,必然是危险的。

"艮其限,危熏心也",九三有阳刚之势,能力超群,而且他心高气傲,个性张扬,不愿受约束。尽管束缚了他的腰胯,但他心中的欲望却难以控制,利欲熏心,腿脚依然在动,这样是非常危险的。

利欲熏心,要懂得知止。

六四,艮其身,无咎。

《象》曰："艮其身,止诸躬也。"

六四,阴居阴位,处于上卦艮的下位,属于贤臣之位。"艮其身",身:指的是腰足以上的上身。束缚住他的上身。"无咎",身不动,即使心动,也不会出差错。

"艮其身,止诸躬也",诸躬:整个身体。六四阴柔当位,辅佐君王,一切按照君王的旨意而行事,光明磊落。束缚住自己的身心,就不会为了私欲而折腰,没有咎错。

止于身，止于心。

六五，艮其辅，言有序，悔亡。

《象》曰："艮其辅，以中正也。"

六五，阴居阳位，处于上卦艮的中位，属于君王之位。"艮其辅"，辅：牙床，此处为口舌言语。把握好口舌之关，"言有序"，讲话要有根据，有条理，一言既出，驷马难追。"悔亡"，不用后悔。

"艮其辅，以中正也。"六五君王持中守正，金口玉言，出口就是圣旨，不可不慎。一言可止杀，也可杀人，千万不可口不择言，乱判糊涂案。

止于口。

上九，敦艮，吉。

《象》曰："敦艮之吉，以厚终也。"

上九，阳居阴位，处于上卦艮的上位，艮之极，属于天位。"敦艮，吉"，像大山一样敦实厚重，意志坚定，坚守原则，这是吉祥的。

"敦艮之吉，以厚终也。"上九虽不当位，但他阳刚正直，能坚守原则，即使退出权争，退隐江湖，也始终保持敦厚之德，所以吉祥。

止于厚德。

渐（艮下巽上）

《序卦传》："艮者，止也。物不可以终止，故受
之以渐；渐者，进也。"

艮为止，但是事物不能永久停止不动，静极生
动，这种行动不是猛烈地震动，而是风轻柔顺地渐
进，所以艮卦之后就是渐卦。

如果说艮为一个关口，那么渐讲的就是如何破
关进入。如果说艮是一个团队，那么渐就是如何加
入这个团队。

渐，淹没，浸泡，潜伏，表示程度或数量的逐步增减。渐卦，上卦为巽为
风为云雾，下卦为艮为山，云雾浸没了山脉。巽要风行，艮要静止，云雾在山
中飘行受山的阻挡，并不是顺利的。

渐：女归吉，利贞。

**《彖》曰："渐之进也，女归吉也。进得位，往有功也。进以正，可以正邦
也。其位刚得中也。止而巽，动不穷也。"**

"渐之进也，女归吉也。""归"就是女子出嫁。渐代表着慢慢地行进。渐
上卦巽为嫁娶的女子，下卦艮为家园，渐就好比女子嫁与婆家，找到了自己
的归宿一样。艮又是阻止的意思，当一个陌生的人要进入一个新的团体，并
不是容易的，会受到很多的阻力，但是巽又代表着柔顺，保持柔顺的心态慢
慢地融入新的团队，找到了自己的归宿。

"进得位，往有功也。"进入新的团队，得到应有的地位，往后就要建功立
业。女子在没有出嫁前飘忽不定，没有归属感，没有责任心。渐代表着女子
成家后怀孕生子的卦象，巽为妇女，艮为少男，母以子贵，有了自己的子嗣，
就提升了自己的地位，才能真正有归属感。同时要做一个贤妻良母，尽一个
家庭主妇的责任，打理家务，相夫教子，所以渐是女子修德的最好典范。《孟
子·离娄上》曰："不孝有三，无后为大。"讲的就是这个道理。

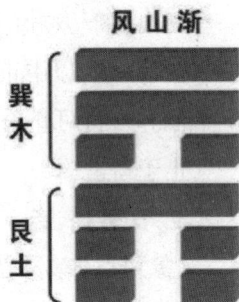

风山渐

巽木

艮土

"进以正，可以正邦也。"在其位，谋其政，尽职尽责，是我们每一个人应有的操守。有这样的操守就能正其家，而治国与治家道理是相通的，有这样的操守就能兢兢业业地治理国家，并建功立业。

"其位刚得中也。"渐是上巽下艮，本来外柔内刚不符合天道，但是内刚是艮刚，艮能止，止于内，反而是刚得中。巽虽然在外飘动，却是以内刚为中心，所以下卦艮山永远都是基石、靠山。

"止而巽，动不穷也。"止是止于本，巽是顺从，云雾在山中行动缓慢，循序渐进，不急不躁，该止就止，该动就动。以家为本，家可以兴旺发达、长久不衰；以国为本，政令才能得到贯彻执行，国家才能长治久安。

渐讲的是夫妇之道，男女从相识、相恋，到喜结连理，从生儿育女、相夫教子到白头偕老，是一个渐进的过程。渐就像盐慢慢地溶解在水里一样，互不相干的两样事物逐渐地融合成为一体。夫妇之道在于相互包容，行为方式相互协调统一。只有遵守夫妇之道，世俗民风、国家纲纪才能得到维护。

《象》曰："山上有木，渐，君子以居贤德，善俗。"

渐，上卦巽为木，下卦艮为山。山上长木，木的根深入山石中，木干逐渐地向上长高。所以渐是进，是止于本而逐渐向前推进。

十年树木，百年树人，只有根越深越牢固，才能长成参天大树。渐既是妇之道，又是君子的修养之道。"居贤德"就是处于高尚贤德的位置。"善俗"就是用善心去处理日常的事务。就是要居其位，谋其政，尽职尽责。

初六，鸿渐于干。小子厉，有言，无咎。

《象》曰："小子之厉，义无咎也。"

初六，阴居阳位，处于下卦艮的下位，属于平民之位。"鸿渐于干"，渐：慢慢地。干：河岸，水涯。一群鸿雁在河边悠闲自在地饮水觅食。"小子厉"，弱小的鸿雁河边戏水，有跌倒陷溺的危险。"有言"，这会受到他人的指责，指责他们不听长者的警告而冒险。"无咎"，没有什么咎错。

"小子之厉，义无咎也。"弱小的鸿雁需要渐渐地学会适应大自然的环境，有时候会有危险，但是这样的历练很有意义。初六位卑势弱，渐渐去适应自己生存的环境和法则，这才是最重要的。

逐渐地适应生存环境。

六二，鸿渐于磐，饮食衎衎，吉。

《象》曰:"饮食衎衎,不素饱也。"

六二,阴居阴位,处于下卦艮的中位,属于诸侯之位。"鸿渐于磐",磐:大石,表示平安。鸿雁觅到食物就飞到平坦的磐石之上。"饮食衎衎,吉",衎(kàn):快乐,安定,舒适自得的样子。衎衎和鸣,呼唤群雁一起来分享食物,一派祥和吉祥的气象。

"饮食衎衎,不素饱也",鸿雁勤劳作息,饥餐渴饮,但是他们不白白的吃饱就行了,而是追求群体的和谐悦泽、吉祥如意。由河边到磐石,由坎险到平安,安享和平,顺乎天性,才是生存的正道。六二诸侯居中守正,有责任带领民众文明致富、安居乐业,社会慢慢就会呈现一派和谐景象。

逐渐步入文明和谐的社会。

九三,鸿渐于陆。夫征不复,妇孕不育,凶。利御寇。

《象》曰:"夫征不复,离群丑也。妇孕不育,失其道也。利用御寇,顺相保也。"

九三,阳居阳位,处于下卦艮的上位,属于士大夫精英之位。"鸿渐于陆",陆:平原。鸿雁展翅翱翔于广阔的原野之上,尽管开阔了视野,但是风险也在增加。"夫征不复,妇孕不育,凶",大丈夫出门远征以求取功名,迟迟没有返回,而且毫无音讯。怀孕的妻子担心生下小孩却无人来养育,的确是凶多吉少。"利御寇",有利于抵御贼寇,保家卫国。

"夫征不复,离群丑也。"九三有阳刚之势,能力超群,他有鸿鹄之志,想寻找更大的发展空间。大丈夫出门远征以求取功名,并不能保证就会衣锦还乡、荣归故里,而且抛家弃子、不知返回的行为并不值得称赞。"妇孕不育,失其道也",丈夫迟迟没有返回,怀孕的妻子担心生下小孩却无人来养育,这就失去了齐家之道。"利用御寇,顺相保也",大丈夫就应该开疆拓土,抵御贼寇,保家卫国。国得以保全,家才能平安。

逐渐地担当社会责任。

六四,鸿渐于木,或得其桷,无咎。

《象》曰:"或得其桷,顺以巽也。"

六四,阴居阴位,处于上卦巽的下位,属于贤臣之位。"鸿渐于木",鸿雁渐渐地寻找到自己栖息的树木,并以此为家。"或得其桷,无咎",桷(jué):方形的椽子,也指平直如桷的树枝。或许会找到一个房屋的椽子,能安身立命,尽职尽责,也无悔无咎。

"或得其桷,顺以巽也。"六四有柔顺忠诚的品德,竭尽全力地辅佐君王,希望能得到君王的赏识。良禽择木而栖,贤臣择主而事,士为知己者死,女为悦己者容。只要能安身立命,即使不能成为栋梁之材,做一个房屋的椽子也无咎。

渐渐地懂得安身立命。

九五,鸿渐于陵,妇三岁不孕,终莫之胜,吉。

《象》曰:"终莫之胜吉,得所愿也。"

九五,阳居阳位,处于上卦巽的中位,属于君王之位。"鸿渐于陵",鸿雁渐渐地登上高陵。"妇三岁不孕",登上高陵只是鸿雁的凤愿,高陵并不是他的栖息之地,而妻子在家三年也没有怀孕。"终莫之胜,吉",登高远望,俯视天下,没有人能胜过他,非常吉祥。

"终莫之胜吉,得所愿也。"九五阳刚中正,心怀天下,有鸿鹄之志。男主外,女主内。大丈夫志向在于"修齐治平",为了攀登至尊之位,他背井离乡,披荆斩棘,跋山涉水。妻以夫贵,能帮助丈夫"治国平天下",勤俭持家,即使苦等三年无孕,也不后悔。"二人同心其利断金",没有人能战胜过他,他们最终实现了宏愿。

上九,鸿渐于陆,其羽可用为仪,吉。

《象》曰:"其羽可用为仪,吉,不可乱也。"

上九,阳居阴位,处于上卦巽的上位,属于天位。"鸿渐于陆",鸿雁展翅翱翔于广阔的原野之上。"其羽可用为仪,吉",鸿雁展开羽翼,列队飞翔,整齐如一,气势恢宏,非常吉祥。

"其羽可用为仪,吉,不可乱也。"上九有阳刚之势,已经功成名就,子孙满堂,此时带着妻儿荣归故里,衣锦还乡。"大风起兮云飞扬,威加海内兮归故乡,安得猛士兮守四方。"鸿雁从高陵之上返回平原,带领着雁群列队飞翔,由高而低,恬然自得,整齐如一,气势恢宏,自然吉祥。

归妹（兑下震上）

《序卦传》："渐者，进也；进必有所归，故受之以归妹。"

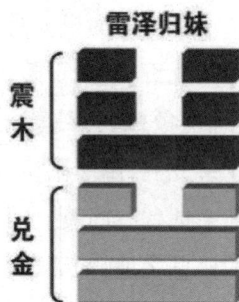

雷泽归妹
震木
兑金

渐就是进，迎娶女子进家门。有娶亲就有出嫁，女子出嫁称为归妹，所以渐卦之后就是归妹卦。

渐卦是一个团体不断地吸收成员，逐渐扩大势力。归妹是一个团体的势力发展到一定程度开始向外扩张，向外输出自己的势力。

归妹：征凶，无攸利。

《彖》曰："归妹，天地之大义也。天地不交，而万物不兴。归妹，人之终始也。说以动，所归妹也。征凶，位不当也。无攸利，柔乘刚也。"

"归妹，天地之大义也。"归，旧时指女子出嫁。男婚女嫁是人生的大事，是天地之大义。"天地之大义"就是天地之间最应该去做的事。

"天地不交，而万物不兴。"阴阳交合，万物才生生不息。天地相交是天地之大义，天地不交，万物就难以兴旺。

"归妹，人之终始也。"男婚女嫁之后，阴阳交合，生儿育女，才能传宗接代，所以男婚女嫁是大义之举，也是人生的开始。

"说以动，所归妹也。"上卦震为动，下卦兑为说，讲习道义。通过讲习道义，懂得婚姻对人生的意义，然后心有所动，因此才愿意让女子出嫁。

"征凶，位不当也。无攸利，柔乘刚也。"九二与六五阴阳不当位，是凶的征兆。如果女子不听他人讲习道义，不把自己的位置摆正，而是以阴柔凌驾于阳刚之上，就没有任何好处。男女不交，无法传宗接代，所以是凶兆。

《象》曰："泽上有雷，归妹。君子以永终知敝。"

泽上雷鸣，雷鸣水动。窈窕淑女君子好逑，少女钟情于伟岸的男子，并以身相许，称为归妹。君子效法归妹卦的卦象，懂得"永终知敝"。

"永终"是人们期望婚姻能天长地久、白头偕老。"知敝"，就要防止生活中出现的各种弊端。上卦震为雷,雷好动,雷厉风行,激情四射。下卦兑为泽,泽水好静,含情脉脉。婚姻是爱情的结果,也是爱情的坟墓,激情总会随着日日相伴的生活逐渐消退,而性情的差异导致矛盾加深,各种弊端显露无遗,有争吵,有埋怨,忘记了宽容,久而久之爱情就会随着争吵慢慢消磨殆尽。

"永终知敝",就是要在爱的牵引和动力下,相互多沟通和理解。男人闯荡事业,同时担当家庭的责任,女人应该坚守妇德,勤俭持家,呵护温暖的家,这才是爱的升华!所以婚姻大事上,既要"永终",又要"知敝"。要长相厮守,白头偕老,就要防止意乱情迷,感情出轨。新婚燕尔固然是人之常情,但是,要长相厮守、白头偕老,就应该好好培养感情,没有牢固的感情基础,百年好合只是空谈。

初九,归妹以娣。跛能履,征吉。

《象》曰:"归妹以娣,以恒也。跛能履吉,相承也。"

初九,阳居阳位,处于下卦兑的下位,属于平民之位。"归妹以娣",妹:未成家的女子。娣:古代女子出嫁时随嫁的女子,也是丈夫的妾,处于从属地位。女子以天地大义为原则,不计较个人的荣辱,以卑微小妾的身份出嫁。"跛能履,征吉",腿跛的人依然能行走正道,身残但能尊礼,礼行天下就是吉祥的征兆。

"归妹以娣,以恒也。"初九地位卑下,但有阳刚之势,以小妾的身份出嫁,服侍体弱的丈夫,为婆家生儿育女延续香火,符合天地之大义,懂得夫妇的恒久之道,非常吉祥。"跛能履吉,相承也",腿跛的人行动不便,依然能尊礼行道,也是吉祥的。刚柔相承,阴阳相济,曲与直,虚与实,强与弱,礼与义相结合。

缔结姻缘要地位、品德相匹配,相辅相成。

九二,眇能视,利幽人之贞。

《象》曰:"利幽人之贞,未变常也。"

九二,阳居阴位,处于下卦兑的中位,属于诸侯之位。"眇能视",眼睛有疾病,能视但看得不清楚,依然处于黑暗之中。"利幽人之贞",有利于处于幽暗之中的人走出黑暗,这就是值得做的大义之举。

"利幽人之贞,未变常也",九二阳刚中正,"见龙在田,天下文明",能为天下百姓带来光明,才是天地之大义,因为有一些人不能像正常人一样生活。贤德的女子出嫁到婆家,就如一颗太阳,给婆家带来了光明,帮助他们走出黑暗,走向文明。

六三,归妹以须,反归以娣。

《象》曰:"归妹以须,未当也。"

六三,阴居阳位,位不当,处于上卦兑的上位,属于士大夫精英之位。"归妹以须","须"着待也。到了该出嫁的时候,她却在等待。"反归以娣",结果错过了青春年华,不得已嫁于他人做小妾。

"归妹以须,未当也。"六三阴柔而不中正,到了该出嫁的时候,她却不急于出嫁,一方面寻找自己的意中人,另一方面却以美貌取悦他人。德不正,行不顺,这种不当的行为终将导致身败名裂,没有人敢迎娶她,最后不得已嫁于他人做小妾。

"须"也代表着"虚",以虚为实,把不切实际的外表当作追求的目标,违背了天地之大义。如果自恃才高八斗,待价而沽,实际上是自我夸耀,名不副实,并有谄媚之嫌,最终得不到大家的赏识,不得已自降身价。

九四,归妹愆期,迟归有时。

《象》曰:"愆期之志,有待而行也。"

九四,阳居阴位,处于上卦震的下位,属于贤臣之位。"归妹愆期",愆(qiān)期:误期,失期。女子出嫁时遇到了误期。"迟归有时",虽然推迟了婚期,女子依然静静地等待婚期的到来。

"愆期之志,有待而行也。"九四有阳刚之势,虽然位不正,本性好动,但能以诚信为本,以大局为重。与人有婚约,即使愆期,也忠贞不渝,静候佳期,待时而动,这才是大家风范。

六五,帝乙归妹,其君之袂不如其娣之袂良。月几望,吉。

《象》曰:"帝乙归妹,不如其娣之袂良也。其位在中,以贵行也。"

六五,阴居阳位,处于上卦震的中位,属于君王之位。"帝乙归妹",帝乙:商朝第三十任君主。帝乙嫁女,以尊贵的身份下嫁到地位低下的人家。"其君之袂不如其娣之袂良",袂(mèi):衣袖。帝乙出嫁女儿的穿着还没有随嫁女仆的好。"月几望,吉",月亮即将达到望月,月盈则亏,本来应该是凶兆,但是它以谦卑示人,反而望月成为圆满吉祥的象征。人处于高贵至极就会衰败,但是高贵之人能自降尊位,谦卑待人,反而是吉祥的。

"帝乙归妹,不如其娣之袂良也,其位在中,以贵行也。"服饰的穿着要与身份地位相符,出嫁的新娘就应该穿着嫁衣,不能处处彰显以前高贵的身份。帝乙归妹,女子不但穿着嫁衣,而且自降尊位,嫁衣还不如女仆的好看。其位在中,能持中守正,深明大义,做事能顾全大局,崇尚礼法,这才是尊贵的行为。

上六,女承筐无实,士刲羊无血,无攸利。

《象》曰:"上六无实,承虚筐也。"

上六,阴居阴位,处于上卦震的上位,属于没落的贵族之位。"女承筐无实",女子在祭祖之时捧着一只空筐,无所奉献,也预示着不能怀孕生子。"士刲(kuī)羊无血","刲"意为刺、割。男子杀羊却取不出血来,无法祭祀,也预示着不能延续血脉。"无攸利",这是不祥之兆,没有一点好处。

"上六无实,承虚筐也",上六阴柔当位,却以柔乘刚。"归妹,人之终始也。"祭祖之时女子竟然捧着一只空筐,无所奉献,而丈夫连羊都宰杀不了。女强男弱,不能生育的婚姻没有一点好处,不符合天地之大义。

丰（离下震上）

《序卦传》："得其所归者必大，故受之以丰。丰者，大也。"

雷火丰

震木
离火

归妹就是女子出嫁。少女嫁作他人妇并生儿育女。婆家得到新人的加入，从而子孙满堂，枝繁叶茂，势力壮大，所以归妹卦之后就是丰卦，丰就是盛大的意思。

丰：亨，王假之。勿忧，宜日中。

《彖》曰："丰，大也。明以动，故丰。王假之，尚大也。勿忧宜日中，宜照天下也。日中则昃，月盈则食。天地盈虚，与时消息，而况于人乎，况于鬼神乎？"

"丰，大也。"丰富、盛大、丰收、茂盛、丰满。

"明以动，故丰。"丰，上卦震为动，下卦离为明，在光明的指引下才能有更大的行动。有了阳光普照，才有百花齐放，繁荣昌盛。

"王假之，尚大也。"君王凭借正大光明、文明政治，才能得到民众的积极响应，大展宏图，建立丰功伟绩。好比君王高举火炬，众人向往光明，势力才能壮大。

"勿忧，宜日中，宜照天下也。"不用忧愁，要借助丰盈之势把握时机，就像太阳一样趁着正中午阳光最激烈的时刻光照天下。人生如白驹过隙，空悲切只会白了少年头。时机到了就要乘势而上，奋力而为，无论成败。当他回首往事的时候，他不会因为虚度年华而悔恨，也不会因为碌碌无为而羞耻。

"日中则昃，月盈则食。"太阳到达正中午就开始偏斜，月亮达到圆满就开始亏缺。事物发展到一定程度就会向相反的方向转化，花开花落，盛极必衰，这是自然规律。

"天地盈虚，与时消息，而况于人乎，况于鬼神乎？"天地间万物的盈盈与

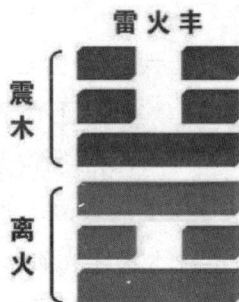

亏虚,一切都是随着时序的变化而消长,更何况人和鬼神,都不可能长盛不衰。

人往往在事业初创时小心谨慎,当事业达于顶峰时,不仅骄奢之心来了,争权夺利之事也多了,失败随之而来。懂得"日中则昃,月盈则食"的道理,以"如临深渊,如履薄冰"的态度来待人接物,只有如此才能持盈保泰,永享幸福。

《象》曰:"雷电皆至,丰;君子以折狱致刑。"

上卦震为雷,下卦离为电,闪电雷鸣,惊天动地,达到丰盈之势,可以战胜一切邪恶。

折:折断,去掉。折狱:折进大狱,断决狱讼。致刑:实施刑罚。君子效法丰卦,光明正大地断决狱讼,对罪犯实施最严厉的刑罚。古代对罪大恶极的罪犯于午时三刻问斩,就是效法丰卦,借天时之势,让他永不超生。

初九,遇其配主,虽旬无咎,往有尚。

《象》曰:"虽旬无咎,过旬灾也。"

初九,阳居阳位,处于下卦离的下位,属于平民之位。"遇其配主","配主"就是与自己相配的人,这里指震木生离火,木火相配。遇到相配的人,就能得到贵人相助。"虽旬无咎,往有尚",旬:十天为一旬,十年也为一旬,旬也指时间。虽然过了十年,依然要一往无前,向目标奋斗,就没有咎错。

"虽旬无咎,过旬灾也。"初九犹如刚刚燃起的火把,有阳刚之势,但地位卑下,必须附丽于强势的震木才能燃起熊熊大火,达到丰盈之势。因此,十年之内即使有贵人相助,自己也要努力奋斗,才可无咎。如果十年之后依然没有发光发热,那就错过了青春年华,达不到丰盈之势,一事无成,那将是人生之灾。

要想达到丰盈之势还需要把握时机。让青春发光发热,光靠自己的努力是不行的,还需要他人来点燃。

六二,丰其蔀,日中见斗。往得疑疾,有孚发若,吉。

《象》曰:"有孚发若,信以发志也。"

六二,阴居阴位,处于下卦离的中位,属于诸侯之位。"丰其蔀",蔀(bù):覆盖于棚架上以遮蔽阳光的草席,这里指蔀屋,即用草席盖顶,幽暗简陋的房屋。建造了非常多的蔀屋,使其达到丰盈之势。"日中见斗",众多的

245

蔀屋就像发生日食一样,把阳光遮蔽住,都能见到北斗了。"往得疑疾",以这样的趋势还要继续前往,就要疑虑途中是否有危险。"有孚发若,吉","若"通"诺",应允,承诺。非常诚恳地许下诺言,一定要实现自己的志向,才是吉祥之兆。

"有孚发若,信以发志也",六二诸侯持中守正,"见龙在田,天下文明",他心怀诚信,庄严地许下诺言,一定要为民众带来文明,能使天下所有的百姓有蔀屋居住,即使蔀屋多得可以遮天蔽日。

九三,丰其沛,日中见沫,折其右肱,无咎。

《象》曰:"丰其沛,不可大事也。折其右肱,终不可用也。"

九三,阳居阳位,处于下卦离的上位,属于士大夫精英之位。"丰其沛",沛:古通"旆",旌旗,或者指幡幔。制作一幅巨大的幡幔,使其达到丰盈之势,足以用来遮蔽阳光。"日中见沫",沫:微小的星星。正午时的日食遮掩了太阳的光芒,连细微的小星星也看得见。"折其右肱(gōng),无咎",自以为能力非常强大,结果折断了自己的右臂,性命无忧就是万幸无咎了。

"丰其沛,不可大事也。"九三阳刚之极,有宏大的理想,但是他外刚内柔,外实内虚。虽然能力强大,犹如巨大的旌旗几乎要遮蔽了阳光,而这样恃强傲物,不可一世,最终不能成大事。因为太阳是永恒的、强大的,被遮掩只是短暂的。"折其右肱,终不可用也",强势而为,以卵击石,折断了自己的右臂,最终成为废人而无所作为。

九四,丰其蔀,日中见斗,遇其夷主,吉。

《象》曰:"丰其蔀,位不当也。日中见斗,幽不明也。遇其夷主,吉行也。"

九四,阳居阴位,位不当,处于上卦震的下位,属于贤臣之位。"丰其蔀,日中见斗",众多的蔀屋就像发生日食一样,把正中午的阳光遮蔽了,都能见到北斗星。"遇其夷主,吉","夷"指东方,日出的地方。如果能遇到能给他带来光明的君主,他的行动就是吉祥的。

"丰其蔀,位不当也。"九四阳刚之气盛,有雷霆万钧之势,有斩妖除魔之能,但是位置不当还想扩张自己的势力,就像巨大的蔀屋想遮蔽太阳的光芒一样自不量力,功高盖主将是危险的。"日中见斗,幽不明也",日食想遮蔽太阳的光芒,那是它处于幽暗之地而不明智的行为。"遇其夷主,吉行也",

如果能遇到英明君王的重用，便可大展宏图，这当然是非常吉祥的。

六五，来章，有庆誉，吉。

《象》曰："六五之吉，有庆也。"

六五，阴居阳位，处于上卦震的中位，属于君王之位。"来章"，"章"通"彰"，彰显。太阳光照天下，天下万物拥护和爱戴太阳，君王向天下所有人彰显文明，天下所有人必归顺于君王。"有庆誉，吉"，人与人之间的彰显文明美德，这当然是值得庆贺和赞誉，也是大吉大利的事。

"六五之吉，有庆也。"六五以阴处于中正之位，有怀柔之德，那些贤能之人便纷纷来归顺辅佐。"王假之，尚大也"，君王凭借他们铲除了阴霾，彰显日月的光芒，普及了文明，彰显了美德，获得了美誉，达到了太平盛世。

上六，丰其屋，蔀其家，窥其户，阒其无人，三岁不觌，凶。

《象》曰："丰其屋，天际翔也。窥其户，阒其无人，自藏也。"

上六，阴居阴位，处于上卦震的上位，属于没落的贵族之位。"丰其屋，蔀其家"，扩建豪宅，广置田产，他的荣光达到了丰盈之极。"窥其户，阒其无人"，阒（qù）：形容寂静。从门缝中向屋内看，竟然是空荡荡的，寂静无人。"三岁不觌，凶"，觌（dí）：相见。三年之间都见不到人，真是凶多吉少。

"丰其屋，天际翔也。"上六功成名就，应该懂得盛极而衰，退隐田园，深居简出，高尚其事。然而他却要建造盛大的豪宅，就好像日夜交接的时候，也就是黄昏时分还要展翅飞翔，真是昏头转向。"窥其户，阒其无人，自藏也"，"藏"与"葬"相通。偌大的门户，却寂静无人，非常凶恶。

旅（艮下离上）

《序卦传》："丰者，大也；穷大者必失其居，故受之以旅。旅而无所容。"

火山旅

离火

艮土

丰盈之势盛大过极，物极必反，就会由盈变亏，由富变穷，气势衰弱以至于穷困潦倒，此时家破人亡，不得不背井离乡，寻找新的归宿，所以丰卦之后就是旅卦。

丰与旅互为综卦。旅卦讲的是如何熄灭火，丰卦讲的是如何让火燃烧的旺盛。丰卦是如日中天，旅卦是日薄西山。旅是寡亲，弱小，是无依无靠的游子，丰是多故旧，盛大，帮助者多。旅是贫穷，丰是富有。旅是流离颠簸，退而不进，丰是进而升腾，光照天下。

旅：小亨。旅贞吉。

《彖》曰："旅，小亨。柔得中乎外，而顺乎刚。止而丽乎明，是以小亨，旅贞吉也。旅之时义大矣哉！"

"旅，小亨。柔得中乎外，而顺乎刚。"旅，意味着小小的亨通，因为外卦离火阴柔居中，离火能依附艮山，柔弱能顺应内在的阳刚。

"止而丽乎明，是以小亨，旅贞吉也。"艮为止为控制，离为亮丽。控制离火的燃烧，让火的亮丽更加光明，所以说旅卦意味着小小的亨通，而且是非常吉祥。

旅者，寄寓也。旅的本意是居无定所，寄寓他乡，如浮萍，如游丝，无根无本。读万卷书，行万里路，旅行者为自己的理想而践行，就像夸父逐日，既是光明的追寻者，又是文明的传播者，走到哪里，把文明带到哪里，纯真吉祥。

"旅之时义大矣哉！"旅的意义非常大，主要体现在人们对火的使用以及对文明的追求。

孔子周游列国，历时十余年，行程数千里，历经艰难险阻，四处碰壁，尽

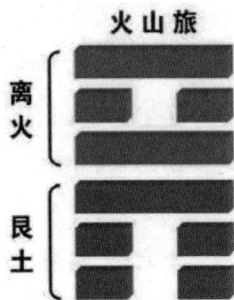

管颠沛流离,却志不稍贬,学不暂停,坚持不懈地教学和布道,这就是旅的意义。

《象》曰:"山上有火,旅;君子以明慎用刑,而不留狱。"

上卦离为火,下卦艮为山,山上有火,日薄西山,就是旅卦。君子观察旅卦而懂得要审慎用刑,而不稽留狱讼。

离火代表着文明政治。政治主要以礼仪教化民众,而不仅用刑罚来管理民众,同时在使用刑罚时要慎之又慎,文明执法。"苛政猛于虎也",何谈文明政治,苛政只会使人居无定所、颠沛流离、无依无靠、四处漂泊。文明政治使社会有序,居有其所,人得其养,自然就减少了犯罪,所以要"明慎用刑,而不留狱"。

初六,旅琐琐,斯其所取灾。

《象》曰:"旅琐琐,志穷灾也。"

初六,阴居阳位,处于下卦艮的下位,属于平民之位。"旅琐琐",琐琐(suǒ)就是疑虑不定的样子,形容人品卑微,平庸,渺小。人在旅途,既没有社会地位,又没有生存能力,更没有目标方向,所以他的样子是猥琐的。"斯其所取灾",斯:这,这个。这是他人穷志短,自己给自己招致的灾难。

"旅琐琐,志穷灾也",初六位卑势弱,就显得人穷志短,鄙猥琐细,漫无目的,四处飘零,不会发光发热,只能黯然失色。这都是自卑的心理给自己造成的。

六二,旅即次,怀其资,得童仆,贞。

《象》曰:"得童仆贞,终无尤也。"

六二,阴居阴位,处于下卦艮的中位,属于诸侯之位。"旅即次","旅次"指旅行时停留的处所,这里指人在旅途有暂时的旅馆居住。"怀其资,得童仆,贞",携带者旅途所需的资费,有忠诚朴实的童仆相随,这是非常满意的事。

"得童仆贞,终无尤也。"六二有柔顺中正之德,然而世事变化无常,昨天乍暖,今日又寒,正午刚过,又见夕阳。在人生失意之时,能柔顺谦卑地行事,携带资费旅居他乡,忠诚朴实的童仆不离不弃,相伴相随,最终无忧。

九三,旅焚其次,丧其童仆,贞厉。

《象》曰:"旅焚其次,亦以伤矣。以旅与下,其义丧也。"

九三，阳居阳位，处于下卦艮的上位，属于士大夫精英之位。"旅焚其次"，旅途中，所居住的旅馆被烧毁了。"丧其童仆"，丢失了自己的童仆。"贞厉"，这真是极其危险。

"旅焚其次，亦以伤矣。"九三阳刚过盛，高傲之极，然而盛极而衰，日中则昃，由春风得意到悲伤失意，不得不旅居他乡，此时本应该止于至善，闭门思过，他却怨天尤人，结果所居住的旅舍又被焚烧，自己无处安身，流离颠沛，更增加了人的忧伤之情，这真是几多失望几多愁，愁中更有愁人伤。"以旅与下，其义丧也"，身处危难之时，让童仆跟自己一起旅居他乡，历经磨难，是不义的行为，应该让童仆离去。

九四，旅于处，得其资斧，我心不快。

《象》曰："旅于处，未得位也。得其资斧，心未快也。"

九四，阳居阴位，处于上卦离的下位，属于贤臣之位。"旅于处"，旅途之中，身处安全的居所。"得其资斧"，"资斧"就是旅费，钱财。能得到亲朋故旧的资助。"我心不快"，这些并不是我想要的，反而令我心情难受。

"旅于处，未得位也。"九四有阳刚之势，但位不正，心中有欲火难耐，寝食不安。旅居他乡，有安全的居所和充足的财物，但是这些并不是他想要的。"得其资斧，心未快也"，虽然能得到亲朋故旧的资助，却不能实现抱负，始终不会让人开心快乐。人生失意，常常感慨伯乐太少，怀才不遇，愤世嫉俗，又郁郁寡欢。

六五，射雉，一矢亡，终以誉命。

《象》曰："终以誉命，上逮也。"

六五，阴居阳位，处于上卦离的中位，属于君王之位。"射雉，一矢亡"，射杀雉鸡时，要气定神闲，聚精会神，张弓搭箭，把握机会，一矢中的。"终以誉命"，古代"信于友则有誉"，"获乎上则有命"，最终会获得众人的赞誉和上天的帮助。

"终以誉命，上逮也。"六五虽然柔弱，却处于离火的中位，柔中带刚。在困难面前，他依然能心底明亮，目标准确，意志坚定，不离居所。"君子以明慎用刑，而不留狱"，对于十恶不赦的罪犯就像射杀雉鸡一样抓捕归案，终会获得众人的赞誉和上天的帮助。

上九，鸟焚其巢，旅人先笑后号咷。丧牛于易，凶。

《象》曰："以旅在上，其义焚也。丧牛于易，终莫之闻也。"

上九，阳居阴位，处于上卦离的上位，属于没落的贵族之位。"鸟焚其巢"，高高在上的鸟巢被人们焚烧，鸟不得不远走他乡，落魄不堪。"旅人先笑后号咷"，旅途中，落魄之人本应该谦卑处世，他却难舍虚华，行事高调，先笑逐颜开，后遭人嫉妒，被人驱赶，不得不号啕大哭远走他乡。"丧牛于易，凶"，易通"埸"，疆界。温顺的牛一旦桀骜不驯，就容易从饲养场走失，失其居所，这就是凶兆。

"以旅在上，其义焚也"，上九刚健之极，在人生低谷之时，他依然行事高调，就像高高在上的鸟巢，自以为高枕无忧，处处彰显贵族风范，必然遭人焚毁，这都是咎由自取。"丧牛于易，终莫之闻也"，温顺的牛从饲养场逃走，最终难以找到。人在旅途，一旦丧失温顺的本性，一定是凶兆。

巽（巽下巽上）

《序卦传》："旅而无所容，故受之以巽。巽者，入也。"

巽为风

巽木

巽木

旅卦讲的是居无定所，四处漂泊，没有自己的容身之处。要找到立足之地，就需要学会谦卑柔顺和服从，别人才会允许你进入新的家园，所以旅卦之后就是巽卦。巽为柔顺，为进入。

"巽"的本意就是辅助，像风一样谦让恭顺，顺势而行，但是不能自决其事。

巽：小亨。利有攸往。利见大人。

《彖》曰："重巽以申命，刚巽乎中正而志行。柔皆顺乎刚，是以小亨。利有攸往，利见大人。"

"重巽以申命。"上下都是巽称作重巽，重巽如风一样地柔顺服从。"申命"就是发布命令。发布的命令就像风一样迅速地传播，而且人们能够柔顺地服从。

"刚巽乎中正而志行。"刚健的君王做事能尊崇并坚守中正之道。

"柔皆顺乎刚，是以小亨。"阴柔都能顺从刚健，民众也不违背君王的命令，完全顺从君王的命令，这样对民众来说是亨通吉祥。

"利有攸往，利见大人。"巽的最高品质就是"服从命令听指挥"，有利于事业的发展，并能得到大人的喜欢和赏识。

《象》曰："随风，巽；君子以申命行事。"

巽为风，如风相随。巽具有顺从的美德，君子做事应当服从命令，也就是"服从命令听指挥"，它体现了"忠"。

"忠"被认为是封建君主要求臣民绝对服从的一种道德义务，尤其宋代以后，"忠"发展到"君叫臣死，臣不得不死"的愚忠。其实这是封建帝王对忠的过度宣传，是应该批判的。但是要注意批判的是"愚"而不是"忠"。

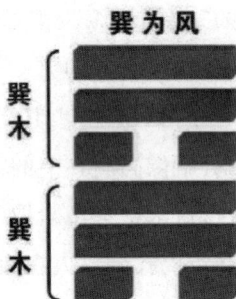

"忠"是儒家思想的核心之一,原指为人诚恳厚道,尽力做好本分的事。有忠诚无私、忠于他人、忠于国家等多种含义。如"志虑忠纯","君使臣以礼,臣事君以忠","尽心于人曰忠,不欺于己曰信"等等。

"忠"目前被认为是中国古代的道德规范之一,恰恰现代人最缺乏的道德就是忠。忠与奸相对应,缺少了忠,那么奸就大行其道。人们把忠厚老实等同于愚蠢,把奸诈狡猾认同为聪明,这必然造成价值观的混乱。想一想,奸诈狡猾的人能讲诚信吗? 奸诈狡猾的人有仁爱之心吗? 有的只能是自私自利的私心。如此一来,我们的社会就缺少了团队意识和团队精神。

初六,进退,利武人之贞。

《象》曰:"进退,志疑也。利武人之贞,志治也。"

初六,阴居阳位,处于下卦巽的下位,属于平民之位。"进退",是进还是退,如何进退。"利武人之贞",武人:崇尚刚武的人,指将帅军人。尚武之人懂得进退之道,有利于指挥行军。

"进退,志疑也。"初六位卑势弱,遇到问题就不知进退,因为他怀疑自己的意志和方向。"利武人之贞,志治也",尚武的将帅懂得进退之道,有利于指挥千军万马,因为他能统治军队的行动和方向。

九二,巽在床下,用史巫纷若,吉,无咎。

《象》曰:"纷若之吉,得中也。"

九二,阳居阴位,处于下卦巽的中位,属于诸侯之位。"巽在床下",床:古代坐卧的工具。非常谦逊地跪于床下。"用史巫纷若,吉,无咎",史巫:祝史和巫觋,古代司祭祀、事鬼神的人。"若"通"诺",许诺,祈祷。请史巫为他祭祀神灵,纷纷叩拜祈祷,向天地君王表达他的赤胆忠心,能如此柔顺,自然是吉祥的,并无咎错。

"纷若之吉,得中也。"九二诸侯阳刚中正,跪于床下不断地叩拜神灵,祈祷神灵护佑,风调雨顺,物阜民康。从而教化民众敬畏神灵,柔顺地服从管理,当然是吉祥的。

九三,频巽,吝。

《象》曰:"频巽之吝,志穷也。"

九三,阳居阳位,处于下卦巽的上位,属于士大夫精英之位。"频巽",频频申命,过度谦虚,自己毫无决断,实际上就是骄傲、自大、虚伪。"吝",珍惜自己的实力而不愿意舍弃,是十足的虚伪吝啬之徒。

"频巽之吝,志穷也。"九三阳刚之极,能力超群,本来应该勇于担当,大展宏图,而他唯唯诺诺,极度谦逊,并频频向君王申命行事。看似忠心耿耿,实际上自卑而志穷,好谋无断,外强中干,虚伪吝啬。

六四,悔亡,田获三品。

《象》曰:"田获三品,有功也。"

六四,阴居阴位,处于上卦巽的下位,属于贤臣之位。"悔亡",不用懊悔。"田获三品",据《礼记》载,"天子、诸侯,无事则岁三田,一为乾豆,二为宾客,三为充君之疱"。意思是说,把田猎所得之物分为三份,一份晒成干肉,作为祭祀时的供品;一份用作宴赏宾客时的食品;一份充作君主疱厨中的菜肴。这里指古人田猎时有收获,比喻能执行命令,建功立业。

"田获三品,有功也。"六四柔弱当位,柔中有刚,对君王忠心辅佐,马首是瞻;对下勤政爱民,廉洁奉公。六四贤臣心怀坦荡,无怨无悔,赤胆忠心,建功立业,就好比"田获三品",打猎时能有巨大的收获。

九五,贞吉,悔亡,无不利,无初有终。先庚三日,后庚三日,吉。

《象》曰:"九五之吉,位正中也。"

九五,阳居阳位,处于上卦巽的中位,属于君王之位。"贞吉,悔亡,无不利",非常吉祥,没有懊悔,无所不利。"无初有终",初始之时混乱无序,最终有条不紊。"先庚三日,后庚三日,吉","先庚三日"指的是庚之前的己、戊、丁,丁为火,戊己为土,庚为金,火生土,土生金,代表事物的发展变化。"后庚三日"指的是庚之后的辛、壬、癸,辛为金,壬癸为水,金生水,代表事物的发展结果。事物的发展变化前后截然不同,真是大吉大利。

"九五之吉,位正中也。"九五君王持中守正,光明正大,明辨是非,意志坚定,不但有很强的决断力,又有贤臣辅佐,民心归顺。所以能一言九鼎,政令通达,一统江山,贞吉悔亡,无所不利。初始之时政局多事,民风粗野,经过君王励精图治,最终达到民风淳朴,政通人和,太平盛世。

上九,巽在床下,丧其资斧,贞凶。

《象》曰:"巽在床下,上穷也。丧其资斧,正乎凶也。"

上九,阳居阴位,处于上卦巽的上位,属于没落的贵族之位。"巽在床下",非常谦逊地跪于床下祈祷。"丧其资斧,贞凶",丢失了自己的财产,真是极其凶险。

"巽在床下，上穷也"，上九刚健至极，但是位不正，物极必反，亢龙有悔。本应该对君王忠心耿耿，唯命是从，他却自命不凡，违抗君命，结果被君王罢官免职，才幡然醒悟，悔不当初。即使跪于床前乞求饶命，也是穷途末路。"丧其资斧，正乎凶也"，被削爵抄家，资财充公，真正是凶险至极。

兑(兑下兑上)

《序卦传》："巽者,入也;入而后说之,故受之以
兑。兑者,说也。"

巽为入,柔顺服从才可以进入,进入之后才可以
听从他人讲习道义,所以巽卦之后就是兑卦,兑就是
讲习道义。

兑,在古代指男巫,或者指在庙里管香火的人,
祭祀时跪在神前拜神、开口祈祷。

兑为泽   兑为泽

兑
金

兑
金

兑为泽,泽水是池塘的水,是被控制在一定范围的水。泽水是相对静止
的水,像镜子一样反射出五颜六色的光芒,五行中兑泽属阴金。人们效仿大
地聚水于泽的方法,制作一些开口的容器来储存水,供人们利用,因此兑为
口为开口,为喜悦为说话为唱歌,凡是与口有关的都是兑卦的类象。

兑:亨。利贞。

《彖》曰:"兑,说也。刚中而柔外,说以利贞,是以顺乎天,而应乎人。说
以先民,民忘其劳。说以犯难,民忘其死。兑之大,民劝矣哉!"

"兑,说也。"兑为说,就是讲习道义,也称作说教。

"刚中而柔外,说以利贞,是以顺乎天,而应乎人。"兑卦是一阴居两阳之
上,阳刚在中而阴柔在外,内心刚正,对外柔弱,但不谄媚。向人们讲习道义,
让人们明白怎么做才有利于发展,那就是顺天应民,即顺应天道,顺应民心。

"说以先民,民忘其劳",向先民讲解"顺天应民"的道理,让民众明白劳
动的意义,民众就不会感到劳动的辛苦。

"说以犯难,民忘其死",告诉民众做危险的事有什么重要的意义,民众
就是牺牲生命也在所不惜,这就是舍生取义。

"兑之大,民劝矣哉!"兑卦所讲习的道义,其意义非常大,可以劝勉民众
做该做的事。

兑体现了中国传统道德观念中的"义"。义就是公正合宜的道理或举

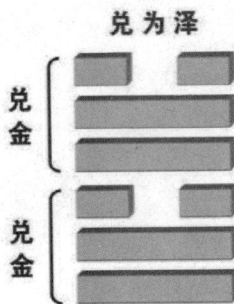

动。儒家的荀子把万物分成四大类。第一类是水火,水火就是一股气,没有生命,所以水火是"有气而无生"。第二类是草木,草木"有气也有生",但没有"知",就是没有感觉、情感。第三类是禽兽,禽兽有知觉,有情感,"有气有生亦有知",但无"义"。只有人,"有气有生有知亦有义"。孟子说:"仁者,人心也;义者,人路也。""仁"是讲人心的,要有爱心、恻隐之心等,"义"就是告诉人走正路,不走邪路。人有义,"民忘其劳""民忘其死"。

《象》曰:"丽泽,兑;君子以朋友讲习。"

兑卦,下泽上泽相叠。"丽"通"俪",是相并相连、对偶的意思,夫妻称为伉俪。君子学习兑卦的意思,学会与朋友相聚,坐而论道。理不辩不清,道不辩不明,相互交流,进行心灵的沟通,才能明白事理,也让彼此心情愉悦。

初九,和兑,吉。

《象》曰:"和兑之吉,行未疑也。"

初九,阳居阳位,处于下卦兑的下位,属于平民之位。"和兑,吉",和:和睦,和谐。和颜悦色地向大家讲习道义,相互和睦交流,这是吉兆。

"和兑之吉,行未疑也。"初九有阳刚之气,虽然地位卑下,但有正义之心,没有高傲之态。平民百姓之间能和睦相处,和颜悦色地相互交流,这种行为举止没有人有疑虑,当然是吉祥的。

九二,孚兑,吉,悔亡。

《象》曰:"孚兑之吉,信志也。"

九二,阳居阴位,处于下卦兑的中位,属于诸侯之位。"孚兑,吉,悔亡",非常诚挚地向民众讲习道义,才能获得大家的认同,这样做无怨无悔,吉祥如意。

"孚兑之吉,信志也",九二诸侯阳刚中正,他的权势地位比民众要高,取得民众的信任是九二做事的前提。他非常诚恳地向民众讲习道义,普及文明之德,必然能获得民众的信任。所以说,做人做事讲诚信,才能无怨无悔,吉祥如意。

六三,来兑,凶。

《象》曰:"来兑之凶,位不当也。"

六三,阴居阳位,位不正,处于下卦兑的上位,属于士大夫精英之位。"来兑,凶",在没有获得大家的信任之前,自命不凡,不请自来,侃侃而谈,实际上是自我吹嘘,令人厌恶。

"来兑之凶,位不当也",六三没有阳刚之气,且阴柔之气过盛,处于不当的位置,难以获得大家的信任。他没有真才实学,只有伶牙俐齿,不请自来,侃侃而谈,令人厌恶,所以凶多吉少。

九四,商兑未宁,介疾有喜。

《象》曰:"九四之喜,有庆也。"

九四,阳居阴位,处于上卦兑的下位,属于贤臣之位。"商兑未宁",商兑:商度,商榷,商量斟酌。未宁:不能安宁,没有解决的问题。商量解决一些让人不安宁的争议。"介疾有喜","介"通"芥",比喻微小纤细的事物。介疾:微小的疾病。通过相互沟通、商榷,大的争议得到解决,小毛病无关大局,所以可喜可贺。

"九四之喜,有庆也。"九四有阳刚之气,又有贤臣之德,所以遇到那些不安宁的事,他不急不燥,不以权势压人,与大家商量斟酌,辨明事理,以理服人,大的争议就可以得到解决,小毛病不值一提,这种解决问题的方法真是值得学习。

九五,孚于剥,有厉。

《象》曰:"孚于剥,位正当也。"

九五,阳居阳位,处于上卦兑的中位,属于君王之位。"孚于剥,有厉",即使以诚信为前提,行使生杀予夺的权力,也会带来危险。

"孚于剥,位正当也。"九五处于君王之位,秉承中正之道,深明大义,有生杀予夺的权力。惩奸除恶,除暴安良,是君王应有的担当。为了维护正义,维护天道,就应该斩妖除魔。

上六,引兑。

《象》曰:"上六引兑,未光也。"

上六,阴居阴位,处于上卦兑的上位,属于没落的贵族之位。"引兑",以花言巧语引他人来听他讲习道义。

"上六引兑,未光也。"上六阴柔至极,却高而无位,没落失意,得不到他人的信任,本应该退隐田园,不论世事,但他不甘寂寞,只有自己引他人来听他讲习道义,宣讲他的丰功伟绩,这样做并不能彰显他的光辉。

涣（坎下巽上）

《序卦传》："兑者，说也；说而后散之，故受之以涣。涣者，离也。"

兑就是说，大家聚在一起听圣人讲习道义，从而懂得了顺天应民的大道，然后就可以离开，各奔前程，自由遨翔，所以兑卦之后就是涣卦。涣就是分离，就是涣散，如同水上行舟，百舸争流。

涣：亨。王假有庙。利涉大川，利贞。

《彖》曰："涣，亨。刚来而不穷。柔得位乎外而上同。王假有庙，王乃在中也。利涉大川，乘木有功也。"

"涣，亨。"涣，下卦是坎水，上卦是巽木，代表着木船，巽又为风为流动，水上行舟，亨通无阻。

"刚来而不穷。"巽卦与坎卦都是刚爻居中，而且风在吹，水在流，无穷无尽，浩浩荡荡，川流不息。

"柔得位乎外而上同。"外卦巽木柔顺得位，与阳刚之爻志向相同，阴柔顺从刚健。巽为木，为风，船与风方向相同，所以能一帆风顺，畅通无阻。

"王假有庙，王乃在中也。"君王设立祖庙，祭祀有功的先祖，而君王也在祖庙之中被供奉。

"利涉大川，乘木有功也。"其原因是君王建造了舟船，带领大家渡过坎险，又有利于交通运输，这样的功绩太大了。

涣是利用水的流动性，因势利导，乘木有功。流动性也普遍存在于社会中，通常有物流、人流、资金流，可以说没有流通就没有发展，但是流动性本身也是一种风险，"乘木有功"告诉我们要有驾驭风险的能力。

《荀子·劝学篇》曰："假舟楫者，非能水也，而绝江河。"善假于物充分地体现了人类的智慧，也体现了涣卦的精髓。

《象》曰："风行水上，涣；先王以享于帝，立庙。"

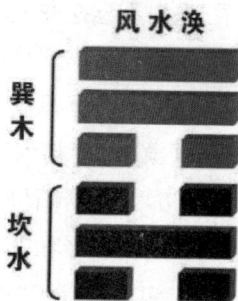

涣卦就是风水行舟,既渡过了坎险又便于交通运输。先王创造了舟船,他的功绩使他享受"帝位"的称号,并设立宗庙来祭祀。

巽木重本,坎水重源,木本水源,涣卦通过祭祀活动来告诫人们不要忘本。自古我们的先辈就注重"返本而报德,溯源而敬先"。人们就设立宗庙来祭祀那些悬壶济世、斩妖除魔、救民于水火的圣贤之人。"水有源,树有根,吃水不忘挖井人。"在人们遇到坎险时,谁能带领大家脱离苦海,走向幸福,大家就会牢记他的功绩。

初六,用拯马壮,吉。

《象》曰:"初六之吉,顺也。"

初六,阴居阳位,处于下卦坎的下位,属于平民之位。"用拯马壮,吉",拯:援助。在强壮兵马的救助下,他脱离了危险,大吉大利。

"初六之吉,顺也。"初六位卑势弱,遇到坎险,一方面他懂得柔顺之德,虚心求救,另一方面政通人和、风调雨顺,因此而得到壮马的援助,使他脱离了危险,所以初六能大吉大利。

九二,涣奔其机,悔亡。

《象》曰:"涣奔其机,得愿也。"

九二,阳居阴位,处于下卦坎的中位,属于诸侯之位。"涣奔其机,悔亡",机:合适的时间以及地点。河水奔腾流动,流到那些合适的地方,利涉大川,无怨无悔。

"涣奔其机,得愿也。"九二诸侯阳刚中正,上善若水,其心愿是造福一方民众。在政通人和、风调雨顺之时,九二就像河水一样奔腾流动,流到需要它的地方,灌溉农田,润泽万物,以实现心愿,无怨无悔。

六三,涣其躬,无悔。

《象》曰:"涣其躬,志在外也。"

六三,阴居阳位,处于下卦坎的上位,属于士大夫精英之位。"涣其躬","躬"就是身体,意思是自身、亲自做事。自身得以解放,自由自在地按照自己的心愿行事。"无悔",没有怨言懊悔。

"涣其躬,志在外也",六三以柔弱之身处于阳刚之位,外柔内刚,智勇双全。在政通人和、风调雨顺之时,他志向高远,自我解放,奔赴前程,如大江东去,"天生我材必有用,千金散尽还复来"。

六四,涣其群,元吉。涣有丘,匪夷所思。

《象》曰:"涣其群,元吉,光大也。"

六四,阴居阴位,处于上卦巽的下位,属于贤臣之位。"涣其群,元吉",解散群众,给民以自由。实际上是解放奴隶,社会由奴隶制转变为封建制,这样的做法非常吉祥。"涣有丘",河水涣散必须用土丘来疏导,人心涣散必然要加强管理,进行必要的疏导。"匪夷所思",自由涣散,必有大患,这不是平常人能够思虑得到的事,只有圣贤智者才能做到。

"涣其群,元吉,光大也。"六四贤臣辅佐君王,忠心耿耿,他大力支持和执行君王解放奴隶的政策,给民众以自由,既光大了君王的美德,又深得民心,风调雨顺,百舸争流,百家争鸣,这当然是最吉祥的事。

九五,涣汗其大号,涣,王居无咎。

《象》曰:"王居无咎,正位也。"

九五,阳居阳位,处于上卦巽的中位,属于君王之位。"涣汗其大号",涣汗:散汗。大号:重大的政令。体内壅滞需要用猛药来散汗,汗水流出,解除了壅滞,全身清爽。"涣,王居无咎",社会处于壅滞,君王就号令天下,解放奴隶,还民以自由。只有处于九五之尊的君王才能拥有号令天下的权力,这样做才没有咎错。

"王居无咎,正位也。"九五君王处于至尊之位,阳刚中正,是最高统治者,只有君王才是政策的颁布者。自古治国之道与行医之道大有相通之处,扶本祛邪是根本,颁布新政就如同用猛药散汗一样,不但解除了社会的壅滞,而且使社会变得政通人和。

上九,涣其血去,逖出,无咎。

《象》曰:"涣其血,远害也。"

上九,阳居阴位,处于上卦巽的上位,属于没落贵族之位。"涣其血去",气滞血瘀症的治疗,需要把瘀血散开,使气息通畅。"逖出,无咎",逖(tì):远方。到很远的地方,远离是非,回归自然,才会无咎。

"涣其血,远害也",上九阳刚之极,必然亢龙有悔。君王强力施行新政,必然导致保守的上九大权旁落,郁郁寡欢,情志不畅,气滞血瘀。一方面要活血化瘀,疏通气血,另一方面要放下名利,远离权力争斗,回归自然,才能减少对身心的损害。

节(兑下坎上)

《序卦传》:"涣者,离也;物不可以终离,故受之以节。"

涣是离散。自由涣散必有大患,物也不可能始终处于自由离散的状态,需要管理才不会出现混乱,所以涣卦之后就是节卦。节就是节制管理。

"节"的本义是竹节,泛指草木枝干间坚实结节的部分,比喻关键的、能起决定性作用的环节或时机。

水泽节

坎水

兑金

涣与节互为综卦,涣是舟行水上,脱离原来的处所,节是水归于泽中,船停靠于码头。涣是散而无归,节是止而有所归。涣是自由发展,无所节制,节是规范管理,杜绝涣散。

节:亨。苦节,不可贞。

《彖》曰:"节,亨。刚柔分而刚得中。苦节不可贞,其道穷也。说以行险,当位以节,中正以通。天地节,而四时成。节以制度,不伤财,不害民。"

"节,亨。"节,上卦坎为水,下卦兑为泽,泽中有水,必须要节制,否则水满自溢,洪水泛滥,造成水灾。节制是为了更好地有序发挥水的作用,所以亨通吉祥。

"刚柔分而刚得中。"坎水与泽水都是柔中有刚,而且外柔内刚,刚柔相分而刚居中不乱。坎为中男,兑为少女,"刚柔分,男女别",但是男女能深明大义,相互配合,这是节卦的重要意义。

节制就是管理。管,原意为细长而中空之物,其四周被堵塞,中央可通达。使之闭塞为堵;使之通行为疏。管,就表示有堵有疏、疏堵结合。理,本义为顺玉之纹而剖析,代表事物的道理、发展的规律,包含合理、顺理的意思。古时的管理就是治水,顺应规律,疏堵结合。

"苦节不可贞,其道穷也。""苦节"就是管理得过于严格,限制得太死,没有一点灵活性,导致泽中无水,所以苦节只会越来越穷困。

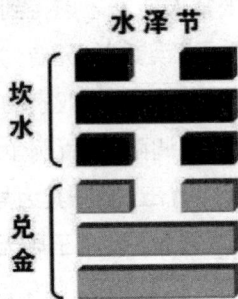

"说以行险"，下卦兑为说，讲习道义，上卦坎为险陷。向人们讲习如何才能排除坎陷。

"当位以节，中正以通。"在适当的位置设置节点，来控制水的流动，同时节点之间要能畅通，保证水的自由流动，从而避免洪水泛滥，并有效地管理水流。

节就是按一定的限度控制水的流动与静止。水的流动有大有小，有强有弱，洪水汹涌澎湃，泛滥成灾；涓涓细流，作用不大难以成势。而泽中之水，有节有度有通，当水太多了，它就往外溢泄；当水太少了，它就积少成多；当人们需要灌溉或饮用时，只要拿器械汲取就行了。水行有节，不但有效地控制了水患，还帮助人们有效地利用水资源，正如大禹治水，李冰修都江堰。

"天地节，而四时成。"天地的运行有一定的规律。人们把一年分为二十四节气，来反映太阳运行周期，以及四季的气候变化。

"节以制度，不伤财，不害民。"有节有度就形成管理。顺应天道来管理社会，管理人们的生产生活，这种管理制度既不伤财又不害民，正真做到无为而治。

社会的管理也一样，既不能管理得过于松散，导致混乱不堪，民不聊生，又不能管理得过于严格，苦节道穷，苦不堪言。只有按照社会发展的规律来管理，能做到不劳民伤财，也就是人尽其才，物尽其用，不瞎折腾，才是最好的管理。

《象》曰："泽上有水，节；君子以制数度，议德行。"

泽上有水，就要节制管理，防止泛滥成灾。君子效法节卦，懂得运用管理之道。

"制数度"就是制定各种规章制度和衡量标准，以进行规范化管理。这应该是古人最早提出的"量化管理"。

"议德行"即评议人们是否遵守道德节操，行为是否遵守规章制度，这就是"德行考核"。

节是古代最重要的管理方法，贯穿了整个社会的方方面面。四时有节气，生活有节日，品德有节操，音乐有节律，持家有节俭，外交有礼节等等，通过节制管理，最终达到人尽其才，物尽其用，这才是管理的最高标准。

初九，不出户庭，无咎。

《象》曰："不出户庭，知通塞也。"

初九,阳居阳位,处于下卦兑的下位,属于平民之位。"不出户庭,无咎",古代房屋,在外者称门,在内者称户。遇到坎险,便足不出户,以躲避风险,所以无咎。

"不出户庭,知通塞也",初九有阳刚之势,但是地位卑下,懂得潜龙勿用。他知道外面的道路堵塞不通,还有坎险暗礁,不可有所作为,所以足不出户,以避风险。

《系辞》:"不出户庭,无咎。子曰:'乱之所生也,则言语以为阶。君不密,则失臣;臣不密,则失身;几事不密,则害成;是以君子慎密而不也也。'"

孔子说:"一切混乱的产生,就是由于言语不谨慎而一步步累积发展而来的。君王言语不慎重周密,就会失去臣子;臣子言语不慎重周密,就会伤害自身;机密大事不能慎重周密地考虑,就会形成灾害;因此君子必须慎重周密,不能太随便。"

初九知道外面道路堵塞,自己遇到了坎险,就足不出户,而且没必要把自己的困境告诉他人。做事还是以缜密为原则,以免引起骚动不安。

九二,不出门庭,凶。

《象》曰:"不出门庭凶,失时极也。"

九二,阳居阴位,处于下卦兑的中位,属于诸侯之位。"不出门庭,凶",外面道路堵塞不通,还有坎险暗礁,便闭门不出,反而招来凶祸。

"不出门庭凶,失时极也。"九二阳刚中正,见龙在田,本应该广施道德文明,大有作为,然而他担心流言蜚语,又惧怕暗礁险滩,做事就畏手畏尾,极度谨慎,大门不出二门不迈。岂不知越是困难重重,越能体现管理才能;又岂不知错失了良机,失去了老百姓对他的信任,只顾自己平安,不顾百姓死活,这样的官员最终的结果是罢官免爵,凶祸连连。

六三,不节若,则嗟若,无咎。

《象》曰:"不节之嗟,又谁咎也。"

六三,阴居阳位,处于下卦兑的上位,属于士大夫精英之位。"不节若,则嗟若",若:状态,样子。嗟(jiē),叹词,表示感慨忧伤。如果长久处于不节制的状态,就会因此而蒙受灾难,而嗟叹伤心,悔不当初。"无咎"如果能够知错就改,见险知止,就不会有大的咎错。

"不节之嗟,又谁咎也。"六三士大夫以阴柔凌驾于阳刚之上,能力不足,却信口开河,不能自我节制,把不住关口,就会身处险境,就会因失败而嗟叹,这又是谁的咎错呢?

六四,安节,亨。

《象》曰:"安节之亨,承上道也。"

六四,阴居阴位,处于上卦坎的下位,属于贤臣之位。"安节,亨","安"就是平安,没有危险。管理之道在于时刻发现问题,解决问题,以达到长治久安,无比亨通。

"安节之亨,承上道也。"六四有阴柔之势,贤能之德,正当其位。虽然泽水四溢,但是溢而有节,就会平安无事。贤臣能顺承君王的意愿,担当社会管理的重担,不骄不躁,谨慎行事,必然能安邦定国。

九五,甘节,吉,往有尚。

《象》曰:"甘节之吉,居位中也。"

九五,阳居阳位,处于上卦坎的中位,属于君王之位。"甘节,吉","甘"是甘甜美好,心甘情愿。管理之道在于使人们心悦诚服,并对管理之道交口称赞。"往有尚",长此以往,就形成了社会上共同遵从的风俗、习惯等。

"甘节之吉,居位中也。"九五居中正之位,上善若水,统御四海,是节制的主体。"当位以节,中正以通",有节有度有通,九五君王"制数度,议德行",制定严密而合理的制度来管理国家,并能做到"节以制度,不伤财,不害民",也就是人尽其才,物尽其用,就一定会受到民众心悦诚服的称赞,这就是"甘节之吉"。

上六,苦节,贞凶,悔亡。

《象》曰:"苦节贞凶,其道穷也。"

上六,阴居阴位,处于上卦坎的上位,属于没落贵族之位。"苦节",过度的管理,限制得过死,社会就缺乏流通,民众苦不堪言。"贞凶",苦节让民众痛苦万分,感受到凶多吉少。"悔亡",上六却从不懊悔,更不会吸取教训,也因此而甘尽苦来。

"苦节贞凶,其道穷也。"上六阴柔,处于坎险之极,他担心管理松懈会导致泽中无水,于是就限制流通,加强围堵,结果管理过死,必然会导致民变,社会不稳,也必然会走向穷途末路,凶险至极。上六也正是因为苦节而被迫退位。

中孚（兑下巽上）

《序卦传》："节而信之，故受之以中孚。"

天地有节，人们就相信天地之道。万物有节，人们就相信万物之道。人若没有节制，私欲就会膨胀，如同洪水猛兽，泛滥成灾。若有节制，就会获得人们的信任，所以节卦之后就是中孚。

"中"指卦象中间空虚，所以能虚心而知足。"孚"指诚信，"鸟之孚卵，皆如其期不失信也。"中孚就是诚实守信。

船浮在坎水上就是涣卦，风吹、水流、船动，四处涣散，此时需要节制，而苦节则困。中孚之道是介于涣卦与节卦之间，不偏不倚，如同船浮于泽水上，可静可动，动静相宜，所以说中孚是中行之道，是中庸之道。

中孚：豚鱼，吉。利涉大川，利贞。

《彖》曰："中孚，柔在内而刚得中。说而巽，孚乃化邦也。豚鱼吉，信及豚鱼也。利涉大川，乘木舟虚也。中孚以利贞，乃应乎天也。"

"中孚，柔在内而刚得中。"中孚卦的四个阳爻位于两端，两阴爻在内，内柔外刚，就像鸟卵。

"说而巽，孚乃化邦也。"下卦兑为说，讲习道义，上卦巽为顺，向人们讲习柔顺的道理，让人们懂得顺天应民，忠诚守信。诚信是立国之本，立身之道，用诚信来教化国民，走向文明。

"豚鱼吉，信及豚鱼也。""豚"指的是小猪，代指比较愚笨的兽类。"鱼"则代表着机灵圆滑的动物。无论是愚笨的猪还是圆滑的鱼都很吉祥，因为它们也受到诚信的教化。无论是天上飞的鸟类，地上跑的兽类，还是水里游的鱼类，万物都讲诚信。

"利涉大川，乘木舟虚也。"中孚卦也是船的形状，中间空虚，四周坚硬。中空的船可以载物并穿越山川河流。

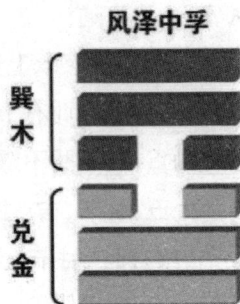

风泽中孚

巽木

兑金

266

"中孚以利贞,乃应乎天也。"中孚是顺应天的诚信,所以才能利贞。天地万物都讲信,信为道之至,信为德之极。天地运行是遵守一定的规律的,日复一日,月复一月,年复一年,从来不会有差错,"天行健"是天地的诚信,"地势坤"是大地的诚信。"君子以自强不息""君子以厚德载物"就是人效法天地的诚信,所以诚信是立人之本。子贡问政,孔子的结论是:"去食。自古皆有死,民无信不立。"孔子明确地说:"道千乘之国,敬事而信,节用而爱民,使民以时。"他主张以诚信作为人与人交往的基础或前提,如果没有这个前提,没有这个基础,人们就无法结成社会群体,因而诚信比军事和经济都重要。

《象》曰:"泽上有风,中孚;君子以议狱缓死。"

中孚是上巽下泽,泽上有风,泽水本来是非常平静的,如果有风吹动,泽水只会泛起涟漪,荡起微波,而不会像坎水那样潮起潮落,随风飘摇,所以中孚是一条线,是为人处世的最基本原则。

中孚继节卦之后进一步谈论管理问题。在节制管理时,对于那些违反管理的行为就要进行制裁,此时君子要效法中孚之道,懂得公平公正,不偏不倚,认真对待"议狱缓死"。"议狱"就是审议罪犯并量刑,量刑原则就是错误行为偏移中孚这条线的程度。中孚卦的错卦是小过卦,中孚卦的同体卦的大过,大过和小过相对于中孚来说都是过,只是偏移中孚这条线的程度不同。如果泽水上飘过微风细雨,那就是小过,既往不咎。如果泽水上刮起狂风并掀起巨浪,那就是大过,必然要受到最严厉的惩罚。

"缓死"就是暂缓执行死刑。鸟之孵卵就是孕育新生命,乘木舟虚也是克服坎险重获新生,上天有好生之德,人道就不能违背天道,所以要"缓死"。以"缓死"的方式教化那些失去诚信、妄行违法的罪犯,给他们改过自新的机会,恢复他们的立人之本即诚信。

《中庸》曰:"唯天下至诚,为能尽其性;能尽其性,则能尽人之性;能尽人之性,则能尽物之性;能尽物之性,则可以赞天地之化育;可以赞天地之化育,则可以与天地参矣。"

只有天下之人达到至诚,才能够完全地明了自己的本性;完全明了自己的本性,就能够完全明了他人的本性;完全明了他人的本性,就能够完全明了事物的本性;这样就可以帮助天地养育万物;帮助天地养育万物,就可以和天地并列了。所以至诚之人懂得人性、物性，并按照事物本性来管理天下，才能做到"议狱缓死"。

初九，虞吉，有它不燕。

《象》曰："初九虞吉，志未变也。"

初九，阳居阳位，处于下卦兑的下位，属于平民之位。"虞吉"，"虞"是古代掌管山泽鸟兽的官吏。有了管理才会吉祥。"有它不燕"，燕：即小燕子，这里指的是燕讹，《幼学琼林·卷三》人事："以下淫上谓之燕。"下面对上面信口开河，说话轻慢，行为自由散漫。有了虞官管理山泽鸟兽，人们才不会像小燕子一样不懂规矩，自由散漫。

"初九虞吉，志未变也。"初九平民有阳刚之气，但自由散漫，无拘无束，言语轻慢，信口开河。没有规矩，不成方圆，规矩并不改变人们的志向，而实现自己的志向就必须遵守规矩，这就如同小燕子必须有虞官的管理，才能和谐安宁，信守承诺，走向正道。

言行需要以诚信为原则进行规范。

九二，鸣鹤在阴，其子和之。我有好爵，吾与尔靡之。

《象》曰："其子和之，中心愿也。"

九二，阳居阴位，处于下卦兑的中位，属于诸侯之位。"鸣鹤在阴，其子和之"，仙鹤在阴蔽之处鸣叫，小仙鹤就跟着应和，一派和谐安宁的景象。"我有好爵，吾与尔靡之"，我有上好的美酒，与你共同分享，其乐融融。

"其子和之，中心愿也"，小鹤应和着父母的召唤，这是它心中的愿望。九二诸侯阳刚中正，信守承诺，节制有度，治理有方。他至诚至善地对待民众，必然使民众对他心悦诚服，想民之所想、急民之所急、办民之所需，与民同乐，众民一定会应和他，这才是中孚之道。

《系辞》："鸣鹤在阴，其子和之，我有好爵，吾与尔靡之。子曰：'君子居其室，出其言善，则千里之外应之，况其迩者乎？居其室，出其言不善，千里之外违之，况其迩乎？言出乎身，加乎民，行发乎远。言行君子之枢机，枢机之发，荣辱之主也。言行，君子之所以动天地也，可不慎乎？'"

孔子说："君子在自己的家中讲话，如果是善言，那么千里之外都能得到赞同，何况是近处呢？如果不是善言，那么千里之外也会有人反对，何况在近处呢？言语从他自身讲出来，就影响到民众；遥远的地方也会产生行动变化。言论和行动,对君子来说好比是门户的转轴或弓箭上的机关一样重要,门轴和机关的发动,就会知道是荣耀还是羞辱。言论和行为,对君子来说是惊天动地的事,怎能不慎重呢?"

诚意正心是君子应该拥有的品德。

六三,得敌,或鼓或罢,或泣或歌。

《象》曰:"或鼓或罢,位不当也。"

六三,阴居阳位,位不当,处于下卦兑的上位,属于士大夫精英之位。"得敌",遭遇到强大的敌人。"或鼓或罢",有时击鼓进攻,有时败退防守。"或泣或歌",败退时就哭泣,进攻时就高歌,这样的言行变化无常,遇事惊慌失措,让人无法信任他。

"或鼓或罢,位不当也。"六三阴柔而不中正,作为士大夫他德薄才疏,只善于花言巧语、投机取巧,真正遇到事,就惊慌失措。时而击鼓进攻,时而败退防守,没有一点诚信和胆略。

六四,月几望,马匹亡,无咎。

《象》曰:"马匹亡,绝类上也。"

六四,阴居阴位,处于上卦巽的下位,属于贤臣之位。"月几望",几乎快达到望月,月盈则亏。"马匹亡",古者驾车用四匹马,中间夹着车辕的两马称为两服,在外侧的两匹马称两骖(cān),不能备纯色,则两服两骖各一色,又小大必相称,故两马为匹,匹就是相配。"马匹亡"就是难以找到与之相匹配的骏马。"无咎",月盈则亏,能力超群,无人匹敌,本来是凶兆,但是他安守本位,忠诚守信,就无咎。

"马匹亡,绝类上也",绝类:超出同类,出众超群。六四有阴柔之势,贤能之德,他能力超群,像一匹出类拔萃的骏马,无人匹敌。六四贤臣容易受到他人嫉妒,恶语中伤,甚至会遭到君王的怀疑,怀疑他结党营私,阴谋篡位,但他诚信专一,忠心耿耿辅佐君王,这是非常难得的人才。

能力超群更应该忠诚守信。

九五,有孚挛如,无咎。

《象》曰:"有孚挛如,位正当也。"

九五,阳居阳位,处于上卦巽的中位,属于君王之位。"有孚挛如",以诚待人,就像对待手足兄弟一样。"无咎",没有咎错。

"有孚挛如,位正当也",九五阳刚中正,正当其位。君王"与天地合其德",以诚信为本,勤政爱民,把臣子看作手足兄弟,臣子也会把君王当作兄长,孟子讲:"君之视臣如手足,则臣视君如腹心;君之视臣如犬马,则臣视君如国人;君之视臣如土芥,则臣视君如寇仇。"君臣能坦诚相待,君王必然能获得臣子的忠诚辅佐,自然就无咎。

上九,翰音登于天,贞凶。

《象》曰:"翰音登于天,何可长也?"

上九,阳居阴位,处于上卦巽的上位,有柔顺之心,属于没落的贵族之位。"翰音登于天",翰音为鸡的代称,《礼记·曲礼下》讲:"凡祭宗庙之礼……羊曰柔毛,鸡曰翰音。"公鸡本来是地面上的司晨之官,却想登上天空,像大雁一样长鸣,真是自不量力。"贞凶",感觉非常凶险。

"翰音登于天,何可长也?"报晓的公鸡以诚实守信为本,人们称它是司晨之官,如果它自不量力,不安守本分,还想要登上天,那就失去诚信。不能忠诚守信,再有能力,又怎么能长久呢?上九阳刚之极,得了君王的宠信之后,就骄傲自大,目中无人,飞扬跋扈,反而辜负了君王对他的信任。

小过（艮下震上）

《序卦传》："有其信者必行之，故受之以小过。"

中孚是诚信，讲诚信的人必然会按照诚信的原则做事，也就是遵守中庸之道，公平公正，不偏不倚，但是具体做事难免会出现过犹不及的现象，所以中孚卦之后就是小过。

小过的行为以诚信为原则，既不超越天道，又不低于道德底线，在此范围内，自由的行动，就像弹簧一样，在一定的范围内发生形变，而这种形变的内在张力就是中孚，中孚与小过就是作用力与反作用力的关系。

中孚是外静内动，小过是外动内静。中孚是表面上平静，但内部发生着变化，而小过是止于动，由运动到慢慢趋于平静，所以中庸之道是中孚与小过的结合。

小过：亨。利贞。可小事，不可大事。飞鸟遗之音，不宜上，宜下，大吉。

《彖》曰："小过，小者过而亨也。过以利贞，与时行也。柔得中，是以小事吉也。刚失位而不中，是以不可大事也。有飞鸟之象焉，飞鸟遗之音，不宜上，宜下大吉，上逆而下顺也。"

"小过，小者过而亨也。"小过是上震下艮，动静结合，动静相宜，一张一弛，文武之道，只要是在一定的范围内，张弛运动没有超过极限就只是小过，这种小过是亨通吉祥的。

"过以利贞，与时行也。"小过有利于人的生存发展，它指人们的行为随天时的变化而进行调整，但小小的偏离不违背中孚之道。

"柔得中，是以小事吉也。"上卦震是阴居中，一阳要上升，两阴辅助。下卦艮也是阴居中，一阳居上照顾两阴，并阻止两阴冒进。由此可见，上下都是柔得中，一动一静，一作一息，相互制约，相互调剂，所以遇到小事，只要在可控的范围内就是吉祥的。

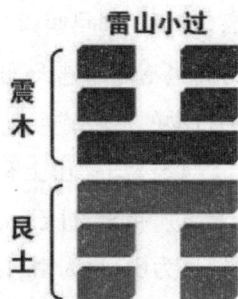

雷山小过

震木

艮土

"刚失位而不中,是以不可大事也。"毕竟阳刚失去了中位,就没有了刚健之势,很容易上下波动,摇摆不定,优柔寡断,所以不可遇到大事。

"有飞鸟之象焉,飞鸟遗之音,不宜上,宜下大吉,上逆而下顺也。"小过的卦象就像小鸟展翅飞翔。小鸟的飞翔是有一定的高度,向上飞,那么鸟鸣叫声对人来说就是逆耳。向下飞,那么鸟鸣叫声就是顺耳。如果飞翔得过高,就听不到鸣叫声。小过以飞鸟遗音告诫人们,尽管天高任鸟飞,但飞得再高也不能超越天,更不能挑衅天的地位,做出大逆不道的事。尊天道是万物行动的上限,"顺天者昌,逆天者亡"。

《象》曰:"山上有雷,小过;君子以行过乎恭,丧过乎哀,用过乎俭。"

过,超出,过于,过度,过甚,过奖,过量,过剩,过犹不及。小过是上震下艮,艮为山,震为雷,山上有雷。雷在山中鸣,会产生大量的回音,回音加上原来的雷鸣,相互激荡,会使雷声大震,异乎寻常。小过就是超出了原来的本身的雷声,虚张声势。君子观此卦象,畏惧天雷,做事以诚信为原则,不敢弄虚作假,因此行事过于恭谦,居丧过度哀伤,用度过于节俭,都是小过的行为。过犹不及,恭敬不及就有点放肆,哀痛不及就有点轻率,节俭不及就有点奢侈。唯适中而已。

初六,飞鸟以凶。

《象》曰:"飞鸟以凶,不可如何也。"

初六,阴居阳位,处于下卦艮的下位,属于平民之位。"飞鸟以凶",鸟儿飞到了凶险的境地。

"飞鸟以凶,不可如何也",初六位卑势弱,又不当位,本应该止于其所,潜龙勿用,但是他却不甘寂寞,非要翱翔于天空,结果使自己处于危险的境地。

不可为而为之就是一种过失,做那些超过自己的能力的事,其结果必然是凶多吉少。

六二,过其祖,遇其妣。不及其君,遇其臣,无咎。

《象》曰:"不及其君,臣不可过也。"

六二,阴居阴位,处于下卦艮的中位,互卦巽的下位,属于诸侯之位。"过其祖,遇其妣",妣(bǐ):原指母亲,这里指祖母。到祖父那里请安,却遇到祖母,就先向祖母请安。这样的小事不能说是过失。"不及其君,遇其臣,无咎"，还没有到达君王那里，却遇到了他的臣子，便向臣子请示，由臣子向君王转达，这没有咎错。

"不及其君，臣不可过也。"六二有阴柔之德，对君王忠诚顺从，能获得君王的信任，主管一方民众，懂得什么可为，什么不可为。六二的职责之一就是上情下达，下情上达。民众的舆情不能直接上达君王，首先要反映给地方诸侯，诸侯要及时向君王上达民情。对于国家大事，臣子不可欺骗、隐瞒君王。

欺上瞒下是非常严重的过错。

九三，弗过防之，从或戕之，凶。

《象》曰："从或戕之，凶如何也？"

九三，阳居阳位，位当正，处于下卦艮的上位，属于士大夫精英之位。"弗过防之"，"弗（fú）"就是不。不过度提防小人。"从或戕之，凶"，"从"通"纵"，放纵。戕（qiāng）：残杀、杀害。放纵或者戕害小人，这都是凶兆。

"从或戕之，凶如何也？"九三有刚健之势，又处于艮卦上位，艮为石，艮为守卫。九三个性刚烈如磐石，能坚持原则，绝不徇私枉法，忠诚守卫门户，不放过任何一个卑鄙小人。但是也不能过于防范小人，一旦放纵或者戕害小人，造成了凶祸该如何办呢？

保家卫国，防贼防火，不能有半点过失。

九四，无咎，弗过遇之，往厉必戒，勿用永贞。

《象》曰："弗过遇之，位不当也。往厉必戒，终不可长也。"

九四，阳居阴位，位不正，处于上卦震的下位，属于贤臣之位。"无咎，弗过遇之"，"遇"指知遇之恩，对待，款待。没有过错，尽管没有得到过多的礼遇。"往厉必戒"，如果前去理论此事，那就危险了，所以必须引以为戒。"勿用永贞"，在这件事上，千万不要有所作为，能保持现状就非常好。

"弗过遇之，位不当也。"九四有刚健之势，尽心尽力地辅佐君王，做事雷厉风行，立下汗马功劳。由于他处于从属的地位，位置不当，却又过于刚健，君王担心他功高盖主，不可掌控，因此没有给他过多的礼遇。"往厉必戒，终不可长也"，作为臣子前去与君王理论此事，那就过于计较名利得失，一定很危险，必须引以为戒。最终一切名利得失都不可能长久，都是过眼云烟。

六五，密云不雨，自我西郊。公弋取彼在穴。

《象》曰:"密云不雨,已上也。"

六五,阴居阳位,处于上卦震的中位,互卦兑的上位,属于君王之位。"密云不雨,自我西郊",从我这看西郊的天空,乌云密布,却没有下雨。"公弋取彼在穴",弋(yì):系有绳子的箭,用来射鸟。鸟兽躲藏在穴中避雨,而王公贵族正好借此机会射猎那些巢穴中的鸟兽。

"密云不雨,已上也",已:太、过。六五君王太过柔弱,阳刚不足,阴柔有余,优柔寡断。当众人建功立业之后,君王应该施恩泽雨露给大家,然而他却"密云不雨",没有给予他们相应的礼遇,这是太过于看重自己的王权和利益。

那些王公大臣一旦从君王处得不到应有的待遇,就会肆无忌惮地欺压百姓,如同射杀躲藏在巢穴中的鸟兽一样公然强取豪夺,不管百姓的疾苦。所以说,柔弱的君王如果过于看重自己的王权,造成的后果是非常严重的,甚至要亡国。如果能得到刚健正直的贤臣来辅佐,阴阳结合,广施雨露,那将会弥补君王的柔弱之势。

上六,弗遇,过之,飞鸟离之,凶,是谓灾眚。

《象》曰:"弗遇,过之,已亢也。"

上六,阴居阴位,处于上卦震的上位,属于没落的贵族之位。"弗遇",没有得到相应的礼遇。"过之",认为这是君王的过错。"飞鸟离之",像飞鸟一样展翅高飞,离君王而去。"凶,是谓灾眚",眚:盲目。由于自己判断失误,就公然背叛君王,后果是非常凶险的,这就是自己造成的灾祸。

"弗遇,过之,已亢也",亢:极度高傲。上六阴柔之极,本来当位就应该安守本分,他却不满足现状,极为好动。没有得到君王的礼遇,就认为是君王的过错,这是极度的傲慢。鸟飞得再高也不能超越上天,臣子能力再强也不能轻慢君王,否则就是天灾人祸。

既济（离下坎上）

《序卦传》："有过物者必济，故受之既济。"

为人处世以诚信为原则，一旦出现过犹不及的现象，就需要调济，使其行为趋于中庸之道，而事物变化的内在原因就是水与火两股能量的相互作用。水火相济就能达到一种平衡，所以小过卦之后就是既济卦。

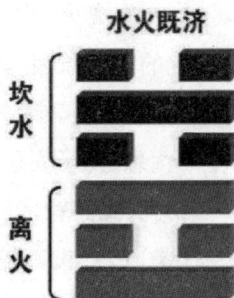

既济，上卦坎为水，下卦离为火。水性润下，火势炎上，水向下的特性被火阻挡，同时，火炎上的气势被水所阻挡，形成水火相济之势。相济就是互相帮助、促成，互相调济，就好比人的心火与肾水，水升而火降，则精神健旺，血气调和。

既济：亨小，利贞。初吉终乱。

《象》曰："既济亨，小者亨也。利贞，刚柔正而位当也。初吉，柔得中也。终止则乱，其道穷也。"

"既济亨，小者亨也。"既济是水火相互调济，所以亨通。但是水火相济只在势均力敌的范围内可以相互调节，所以只能是小范围内亨通。一旦水与火力量不均衡，要么就是水灾，要么就是火灾，难以亨通。

"利贞，刚柔正而位当。"既济卦阴阳爻都当位，刚柔的功能都能得到充分发挥。水的主要功能就是滋养万物，而火的主要功能就是发热发光，提供能量。水的凝聚、溶解、蒸发和升华无不与火提供的能量有关，火提供的能量大小决定了水的功能的发挥。同样，水的功能的发挥又制约着火的能量的大小。水火是万物生化之源，水火既济非常有利于万物的生长变化。

"初吉，柔得中也。"刚开始是吉祥的，因为下卦六二阴柔居中，上卦九五阳刚居中，各得其位。

"终止则乱，其道穷也。"水火相济是一个动态的平衡，水火之势需要有充足的物质作保障，一旦物质穷尽，必然导致水火难以相济，则平衡就被打

275

破,必然出现水灾或者火灾,"火多水干,水多火熄",又重新进入混乱的局面。

要想长久保持既济的状态,就需要有充足的物质作为保障。战场的胜负决定于后勤能否保障。

《象》曰:"水在火上,既济;君子以思患而豫防之。"

坎水在离火之上,水性润下,火势炎上,水火相济,一切亨通。水火是事物变化的内在原因,如果水火相互不能调济,就会发生水灾或者火灾。因此君子要效法既济卦,有忧患意识,并行动起来防止发生水火不济的现象。"生于忧患,死于安乐",时刻准备充足的物质,以应对水火两股能量的消耗。

初九,曳其轮,濡其尾,无咎。

《象》曰:"曳其轮,义无咎也。"

初九,阳居阳位,处于下卦离的下位,属于平民之位。"曳其轮",曳(yè):拉,牵引。当车轮陷入坑里,需要拉拽车轮,才能把车拉出坑。"濡其尾,无咎",车尾被水浸湿了,坐车的人没有大碍,所以无咎。

"曳其轮,义无咎也。"初九有阳刚之势,虽地位卑下,却热心助人。车轮陷入小小的水坑里无法前行,刚健勇猛的他拉拽车轮,艰难地把车拉出坑,虽然浸湿了车尾,但是并无大碍。

当他人困难的时候,也就是水火不济的时候,扶上一把,助人为乐,雪中送炭,就是水火既济的意义之所在。

六二,妇丧其茀,勿逐,七日得。

《象》曰:"七日得,以中道也。"

六二,阴居阴位,处于下卦离的中位,属于诸侯之位。"妇丧其茀,勿逐",茀(fú):妇女的一种头饰。妇女的头饰丢失了,不要惊慌失措,更不要抛头露面去寻找,只要居中守正,静待佳音就行了。"七日得",七日之内会失而复得。

"七日得,以中道也。"六二柔而得中,广施文明之德,秉承中正之道,遇到紧急之事,能从容应对,没有躁动不安。妇女的头饰丢失了,对妇女来讲固然重要,但是一个妇人抛头露面就是失礼的行为,失礼才是真正的大事。因此她不着急,更不会抛头露面去寻找,只会居中守正,静待佳音,七日之内会失而复得。

一个人要明白什么是小事，什么是大事，"物有本末，事有终始，知所先后，则近道矣"，水火既济也要以中道为原则。

九三，高宗伐鬼方，三年克之，小人勿用。

《象》曰："三年克之，惫也。"

九三，阳居阳位，处于下卦离的上位，属于士大夫精英之位。"高宗伐鬼方"，"高宗"是殷代的中兴之主武丁，"鬼方"就是西北的游牧部落，他们神出鬼没，居无定所。高宗当年征伐西北的游牧部落，"三年克之"。与鬼方交战不能一蹴而就，经过三年的苦战才打败鬼方，完成统一大业。"小人勿用"，领兵打仗就不能任用那些刚愎自用、急功近利的小人。

"三年克之，惫也"，惫：疲乏，困顿。九三处于上卦坎水的交汇之处，水火交融，刚柔相济。高宗征伐鬼方，经过三年持久之战，最终使鬼方疲于应对，元气大伤。

士大夫要建功立业，就要有长远的规划，所以水火既济是一个长期相互作用的过程。

六四，繻有衣袽，终日戒。

《象》曰："终日戒，有所疑也。"

六四，阴居阴位，处于上卦坎的下位，属于诸侯之位。"繻（rú）有衣袽"，"繻"当作"濡"，这里的意思是船发生了渗漏。衣袽（rú）：类似于烂衣服或破旧的棉絮。用旧棉絮来堵塞渗漏的船。"终日戒"，整日都要处于戒备状态。

"终日戒，有所疑也。"六四有阴柔之德，处于坎险之地，又与下面离火相邻，属于多事之秋，因此需要整日戒慎警惕，随时处理各种突发事件，这就好像是划着一艘破旧渗水的船，随时准备用旧棉絮来堵塞渗漏的缝隙，以免整个船漏水而沉没。

当处于既济状态时，时刻要预防祸患，准备好处置祸患的工具，不能掉以轻心，这才是既济之道。

九五，东邻杀牛，不如西邻之禴祭，实受其福。

《象》曰："东邻杀牛，不如西邻之时也。实受其福，吉大来也。"

九五，阳居阳位，处于上卦坎的中位，属于君王之位。"东邻杀牛"，东边的邻居宰牛来隆重地祭祀神灵。"不如西邻之禴祭"，禴（yuè）祭：指薄祭。西边的邻居在春祭时用鲜薄的祭品来祭祀，以表达敬畏之心，祈福之愿。

"实受其福",让民众真实地享受福祉,这才是大吉大利的事。

"东邻杀牛,不如西邻之时也。"九五君王上善若水,持中守正,处理政务注重实效,轻于虚华。春季到来,人们祭祀神灵,祈求春雨降临,以解除春季的旱情。但是春季万物尚未成熟,西邻以鲜薄的物品来祭祀神灵,东邻却杀掉了春耕所需的耕牛,进行盛大的祭祀活动,这真是时机不对。"实受其福,吉大来也",让民众真实地享受福祉,这才是大吉大利的事。

管理之道在于根据时机的不同,以实事求是为原则,去解决社会矛盾,并达到水火既济。

上六,濡其首,厉。

《象》曰:"濡其首厉,何可久也?"

上六,阴居阴位,处于上卦坎的上位,属于没落的贵族之位。"濡其首,厉",水浸湿了头顶,真是危险呀!

"濡其首厉,何可久也?"水势太强,已经浸湿了头顶,的确很危险,但是这种情况怎么能持久呢? 上六阴柔之势过强,甚至凌驾于君王之上,用阴谋手段压制光明,其结果将是非常危险的。任何事物都不能长久处于强势,无论是水还是火,水火既济就是用来调节水火失衡的状态,使水火达到一种动态的平衡。

未济(坎下离上)

《序卦传》:"物不可穷也,故受之以未济,
终焉。"

火水未济

离火

坎水

水火两股能量需要充足的物质来转化,才能做
到相互调济。无论哪一股能量耗尽,都会打破平衡,
以至于水火不济,所以既济卦之后就是未济卦。

水火既济用来调节矛盾,使其长久地保持一种
动态平衡,但是随着时间的变化,这种稳定的状态必
然趋于保守,并不思进取,这样不利于社会的进步和发展,也必然会重新出
现火水不济的状态。未济打破了保守的、安宁的状态,必然引起各种冲突,
使社会又变得动荡不安,矛盾激烈,要么发生水灾,要么发生火灾,最终回到
混沌的世界,《易经》六十四卦到此终了。

未济:亨。小狐汔济,濡其尾,无攸利。

《彖》曰:"未济亨,柔得中也。小狐汔济,未出中也。濡(rú)其尾,无攸
利,不续终也。虽不当位,刚柔应也。"

"未济亨,柔得中也。"未济是上离下坎,上卦离是阴柔居中,有向下的心
愿,所以能照耀四方,亨通无阻。

"小狐汔济,未出中也。"上卦离火象征着小狐狸,下卦坎为水为坎险。
小狐口渴想喝水,河水又有坎险,因此不敢离开中心本位。

"濡其尾,无攸利,不续终也。"小狐狸欲济而未济,仅仅弄湿了尾巴,并
没有喝到水,尽管没有达到目的,它也不敢再继续行动。

"虽不当位,刚柔应也。"未济卦中,阴阳爻全部错位,位置不当,但是离卦
为中女,本性阴柔,坎卦为中男,本性阳刚,刚柔相应,阴阳相吸,只是不能相济。

《象》曰:"火在水上,未济;君子以慎辨物居方。"

火在水上,水火不能相济,君子观此象要学会"慎辨物居方"。

离火光明用来辨物,谨慎地分辨万物,使物以群分,可以有效地发挥各

种物质的作用。坎水有聚集的特性,方以类聚,按照事物的特性来安排事物的位置,才能充分发挥它应有的特性。这样就可以聚集充足的物质,以满足水火两股能量的需求,并重新达到既济。事物的变化就是既济与未济相互转化的过程。

初六,濡其尾,吝。

《象》曰:"濡其尾,亦不知极也。"

初六,阴居阳位,处于下卦坎的下位,属于平民之位。"濡其尾",仅仅弄湿了尾巴,就不敢再深入了,便放弃了。"吝",太过于保守,不愿意舍弃。

"濡其尾,亦不知极也。"初六位卑势弱,又深陷谷底,内心的恐惧、自卑,导致多疑多虑,而且吝啬保守,唾手可得的事却放弃了。"小狐汔济",小狐狸到深渊取水,仅仅弄湿了尾巴便放弃了,其实它不知道泉水已经处于最低点,只要再向前一步,就会实现目标。

火是目标理想,水就是坎险,重重坎险使他不知道何时是尽头,最终放弃了对目标的追求,这就是火水未济的结果。

九二,曳其轮,贞吉。

《象》曰:"九二贞吉,中以行正也。"

九二,阳居阴位,处于下卦坎的中位,属于诸侯之位。"曳其轮,贞吉",当车轮陷入坑里,需要拉拽车轮,才能把车拉出坑,这样做是非常吉祥的。

"九二贞吉,中以行正也",九二有阳刚之势,行中正之道。当车轮陷入坑中,他以诸侯之身亲自拉拽车轮,使车子脱离坎险。给予他人温暖,帮助他人渡过难关,能谦恭做人,这才是贞吉。

六三,未济,征凶。利涉大川。

《象》曰:"未济征凶,位不当也。"

六三,阴居阳位,位不当,处于下卦坎的上位,属于士大夫精英之位。"未济,征凶",水火不能相济,当然是凶的征兆。"利涉大川",处困求济,不如求己,当身处坎险之中,反而能磨炼意志,更有利于跋山涉水,克服困难以实现自己的理想。

"未济征凶,位不当也。"六三阴居阳位,位置不当,能力不足,一旦不能渡过坎水,就是凶兆。

未济主要原因就是对自身的能力估计不足,还要去冒险调济矛盾,反而使自身陷入凶险之中。

九四,贞吉,悔亡,震用伐鬼方,三年,有赏于大国。

《象》曰:"贞吉悔亡,志行也。"

九四,阳居阴位,处于上卦离的下位,属于贤臣之位。"贞吉,悔亡",非常吉祥,并无怨无悔。"震用伐鬼方,三年","震"代表着意志坚定的行动,雷厉风行。以震雷般的意志去征讨鬼方,耗时三年,终于打败了它。"有赏于大国",这都归功于大国强大的后勤保障。

"贞吉悔亡,志行也。"九四有刚健之势,文明之德,立志要征伐鬼方,就无怨无悔。水火未济有时候不是一蹴而就的,需要长时间的物资消耗和坚定的意志。

六五,贞吉,无悔。君子之光,有孚吉。

《象》曰:"君子之光,其辉吉也。"

六五,阴居阳位,处于上卦离的中位,属于君王之位。"贞吉,无悔",诚信而吉祥,无怨无悔。"君子之光",君子以文明之光为大众指引方向,以爱心来普渡众生。"有孚吉",诚心诚意地渡人,才是大吉大利。

"君子之光,其辉吉也。"六五君王以柔居尊,居庙堂之上,心怀民间疾苦,看到民众依然生活在水深火热之中,便用自己的光辉照耀天下,遏恶扬善,普渡众生,以便扭转乾坤,拨乱反正,达到吉祥如意。

上九,有孚于饮酒,无咎。濡其首,有孚失是。

《象》曰:"饮酒濡首,亦不知节也。"

上九,阳居阴位,处于上卦离的上位,属于没落的贵族之位。"有孚于饮酒,无咎",怀有真诚之心,饮酒抒情,并无咎错。"濡其首,有孚失是",过分地敞怀豪饮,以至于行为癫狂,把酒水浸湿了自己的头,反而丢失了真诚。

"饮酒濡首,亦不知节也。"上九有阳刚之势,明亮至极。烛能明理,刚能断义,忠肝义胆,戎马一生,看到"君子之光"熠熠生辉,他也可以放心地退隐田园,乐天顺命。对酒当歌,人生几何!荣辱得失皆是浮云,笑看悲欢离合,放下贫富贵贱,忘却一切节制,畅怀豪饮,一醉方休。恰如明朝才子杨慎所写的《临江仙》一样:滚滚长江东逝水,浪花淘尽英雄。是非成败转头空;青山依旧在,几度夕阳红。白发渔樵江渚上,惯看秋月春风。一壶浊酒喜相逢;古今多少事,都付笑谈中。

万物类象

《易经》入门要掌握一些基础知识,包括阴阳学说,五行理论,以及八卦的起源、发展等等,但要更好地理解《易经》就需要认真地学习孔子的《易传》。要理解《易传》,又需要详细地学习并掌握以《说卦传》为核心的万物类象。

万物类象就是把万物按照它的特性归为八类,这八类就是八卦,以下列举一些八卦的万物分类。

一、乾卦

天时:天、冰、雹、霰。

地理:西北方、京都、大郡、形胜之地、高亢之所。

人物:君、父、大人、老人、长者、官宦、名人、公门人。

人事:刚健武勇、果决、多动少静、高上下屈。

身体:首、骨、肺。

时序:秋、九十月之交、戌亥年月日时。

动物:马、天鹅、狮、象。

静物:金玉、宝珠、圆物、水果、刚物、冠、镜。

方位:西北。

五色:大赤色、玄色。

五味:辛、辣。

二、兑卦

天时:雨泽、新月、星。

地理:泽、水际、缺池、废井、山崩破裂之地、其地为刚卤。

人物:少女、妾、歌妓、伶人、译人、巫师。

人事:喜悦、口舌、谗毁、谤说、饮食。

身体：舌、口喉、肺、痰、涎。

时序：秋八月、酉年月日时。

静物：尖刀、金类、乐器、废物、缺器。

动物：羊、泽中之物。

方位：西方。

五色：白。

五味：辛、辣。

三、离卦

天时：日、电、虹、霓、霞。

地理：南方、干亢之地、窑灶、炉冶之所、刚燥厥地、其地面阳。

人物：中女、文人、大腹、目疾人、甲胄之士。

人事：文画之所、聪明才学、相见虚心、书事。

身体：目、心、上焦。

时序：夏五月、午火年月日时。

静物：火、书、文、甲胄、干戈、干燥之物、赤色之物。

动物：雉、龟、鳖、蟹、螺、蚌。

方位：南方。

五色：赤、紫、红。

五味：苦。

四、震卦

天时：雷。

地理：东方、树木、闹市、大途、竹林、草木茂盛之所。

人物：长男。

人事：起动、怒、虚惊、鼓噪、多动少静。

身体：足、肝、发、声音。

时序：春三月、卯年月日时、四三八月日时。

静物：木竹、萑苇、乐器（属竹木者）、花草繁鲜之物。

动物：龙、蛇。

方位：东方。

五味：甘、酸味。

五色：青、绿、碧

五、巽卦

天时：风。

地理：东南方之地、草木茂秀之所、花果菜园。

人物：长女、秀士、寡妇之人、山林仙道之人。

人事：柔和、不定、鼓舞、利市三倍、进退不果。

身体：肱、股、气、风疾。

时序：春夏之交、辰巳月日时。

静物：木香、绳、直物、长物、竹木、工巧之器。

动物：鸡、百禽、山林中之禽、虫。

方位：东南方。

五味：酸味。

五色：青、绿、碧、洁白。

六、坎卦

天时：月、雨、雪、霜、露。

地理：北方、江湖、溪涧、泉井、卑湿之地（沟渎、池沼、凡有水处）。

人物：中男、江湖之人、舟人、资贼。

人事：险陷卑下、外示以柔、内序以利、漂泊不成、随波逐流。

身体：耳、血、肾。

时序：冬十一月、子年月日时。

静物：水带子、带核之物、弓轮、矫揉之物、酒器、水具。

动物：水中之物、狐狸、猪。

方位：北方。

五味：咸、酸。

五色：黑。

七、艮卦

天时：云、雾、山岚。

地理：山径路、近山城、丘陵、坟墓、东北方。

人物：少男、闲人、山中人。

人事：阻隔、守静、进退不决、反背、止住、不见。

身体：手指、骨、鼻、背。

时序：冬春之月、十二月丑寅年月日时、七五十月日、土年月日时。

静物：土石、瓜果、黄物、土中之物。

动物：虎、狗、鼠、百兽、黔喙之物。

方位：东北方。

五色：黄。

五味：甘。

八、坤卦

天时：云阴、雾气。

地理：田野、乡里、平地、西南方。

人物：老母、后母、农夫、乡人、众人、大腹人。

人事：吝啬、柔顺、懦弱、众多。

身体：腹、脾、胃、肉。

时序：辰戌丑未月、未申年月日时。

静物：方物、柔物、布帛、丝绵、五谷、舆釜、瓦器。

动物：牛、百兽、牝马。

方位：西南方。

五味：甘。

五色：黄、黑。